중동의
판타지
백과사전

중동의 판타지 백과사전

초판 1쇄 발행 ㅣ 2019년 3월 1일
초판 2쇄 발행 ㅣ 2023년 4월 25일

지은이 도현신
책임편집 손성실
편집 조성우
디자인 권월화
일러스트 신병근
펴낸곳 생각비행
등록일 2010년 3월 29일 ㅣ 등록번호 제2010-000092호
주소 서울시 마포구 월드컵북로 132, 402호
전화 02) 3141-0485
팩스 02) 3141-0486
이메일 ideas0419@hanmail.net
블로그 ideas0419.com

ⓒ 도현신, 2019
ISBN 979-11-89576-21-9 03380

중동의 판타지 백과사전

도현신 지음

생각비행

한국인들한테 중동은 그리 익숙한 곳이 아니다. 당연한 일이다. 물리적 거리가 굉장히 멀 뿐 아니라 역사적으로 중동과 크게 얽힐 일이 별로 없었기 때문이다. 그래서 우리에게 중동은 다소 생소한 지역으로 여겨지곤 한다.

하지만 조금만 생각해보면 우리가 중동과 아무런 관계없이 사는 건 아님을 알 수 있다. 무슨 소리냐고? 현재 한국에는 기독교 계열의 종교인 천주교(가톨릭)와 개신교를 믿는 인구가 1200만 명에 달한다. 이는 한국 전체 인구의 약 4분의 1을 차지하는 엄청난 수다. 기독교의 뿌리는 유대교이고, 유대교는 중동 이스라엘 사람들의 역사, 문화와 궤를 같이한다.

유대교의 경전인 《구약성경》은 현재 중동 이라크 지역의 고대 문명인 수메르와 바빌론 신화 및 시리아의 고대 문명인 우가리트나 요르단의 문명인 가나안 지역 신화와 전설에서 영향을 받아 형성되었다. 그러므로 고대 중동의 신화와 전설을 들여다본다면 기독교의 배경을 더욱 자세히 이해하는 계기가 될 수 있다.

이 책, 《중동의 판타지 백과사전》은 한국의 독자들이 다소 생소하다고 느낄 수 있는 중동의 신화와 전설을 쉽게 소개할 뿐만 아니라 고대 종교가 얼마나 많은 영향을 서로 주고받았는지를 파악할 수 있는 교재이기도 하다. 중동의 신화, 전설, 민담이 기독교의 경전에 스며들어 영향을 끼친 바가 크므로, 이 책을 읽는 이들은 기독교 안에서 다른 종교의 역사와 문화의 흔적을 발견하게 될 것이다.

이 책을 읽는 독자들 중에서 내가 성경의 내용을 다소 현실적으로 분석한 바(《다니엘》의 짐승이 시리아의 셀레우코스 왕조를 말한다든지, 예수가 말한 가증스러운 우상이 사실 그리스의 제우스 신상이었다든지, 〈요한계시록〉에 등장하는 짐승이 로마 제국을 상징한다든지 하는 내용)를 두고 의아해하거나 다소 불쾌감을 느낄지도 모르겠다.

그러나 오해 없기 바란다. 나는 기독교나 성경을 모독하려는 목적으로 이 책을 쓴 것이 아니다. 성경이 쓰인 시대적, 문화적 배경을 다각도로 전달함으로써 독자들로 하여금 더 넓은 종교 혹은 판타지의 세계를 경험하는 기회가 되길 바랄 뿐이다. 그러므로 나는 각 경전 내용에 대한 독창적인 해석보다 세계 유수의 종교학자들이 주장하는 바를 간추려 쉽게 전달하고자 노력했다.

기독교라는 종교와 관련된 내용을 판타지라는 분류 가운데 놓고 이야기하면서 드는 약간의 걱정은 국내의 다소 안타까운 현실에서 기인한다. 미국이나 유럽 지역에서는 자유주의적 기독교가 대세를 이루고 있는데 반해 국내에서는 아직도 '성경은 신의 계시로 이루어진 신성한 책이어서 결코 오류가 없으며 성경의 문자 하나하나가 모두 진실'이라고 믿는 근본주의적 기독교가 주류를 이루고 있다. 이런 분위기 가운데 기독교에서 갈라져 나온 신흥 종교의 지도자들이 성경의 내용 중에서 '이 세대가 다 끝나기 전에 종말이 온다.'라는 식의 구절을 내세우며 시한부 종말론을 조장하여 사람들을 미혹하는 일이 종종 발생하곤 했다.

그러므로 나는 이 책을 읽는 독자들에게 당부하고 싶다. 《성경》은 그 내용이 기록된 시대의 역사적·문화적 배경을 보여주는 흔적인 동시에, 사람들한테 깨달음을 주기 위한 일종의 우화'로 봐달라는 것이다. 실제로 우리보다 오래 기독교 전통을 간직해온 서양에서는 이런 식의 시각이 폭넓게 자리 잡고 있다. 나는 이렇게 보는 편이 정체도 수상한 온갖 사이비 교주들의 거짓 선전에 속아 인생을 망치는 일을 겪는 것보다 훨씬 낫다고 본다.

나는 이 책을 집필하면서 지금까지 국내에 잘 알려지지 않은 캅카스 지역(아르메니아, 조지아, 오세트족, 바이나크족)의 신화와 전설을 상당 부분 실었다. 이 지역은 유럽의 중심부와 멀리 떨어져 있는 탓에 유럽보다는 중동 쪽에 더 가깝고 오래 전부터 중동과 교류하면서 다양한 영향을 받았기 때문에 중동의 판타지 세계에 넣어도 되지 않을까 하는 마음이 들었다. 그리고

중동의 신화나 전설을 다룬 다른 책들과 차별성을 두고 싶다는 생각도 있었고, 아울러 이번 기회에 국내에 잘 알려지지 않은 캅카스 지역의 신화, 전설, 민담을 마음껏 소개하고 싶기도 했다.

부디 이 책이 독자 여러분의 지식과 교양의 폭을 넓혀주어, 인간의 역사가 고립이 아닌 교류와 수용의 발자취였음을 이해할 수 있다면 더 바랄 것이 없겠다. 지금부터 신비한 중동의 판타지 세계 속으로 여행을 떠나주시길 바란다.

4. 신비한 장소들

5. 영웅과 예언자

6. 신과 악마, 천사들

7. 괴물과 정령들

8. 사후 세계

9. 세상의 끝

1
세상의 시작

001 세상에서 가장 오래된 신들
– 수메르의 창세 신화

지구상에서 가장 오래된 종교는 현재 이라크 지역인 메소포타미아의 수메르와 바빌론에서 믿은 신앙이었다. 유대교와 기독교와 이슬람교의 경전인 《구약성경》에 기록된 창세 신화보다 수메르와 바빌론 신앙의 연대는 약 2000년이나 더 빨랐다.

수메르는 인류 최초로 문명을 일군 지역으로 유명하다. 그런 만큼, 수메르인들이 믿던 종교의 역사도 오래되었다. 수메르인들이 사라지고 나서도, 그들이 남긴 신화는 아카드인과 가나안인, 바빌론인과 유대인 등 후세의 다른 민족들에게 전승되어 큰 영향을 끼쳤다.

그러나 아직까지도 수메르 신화의 원형은 수수께끼에 휩싸여 있다. 수메르 신화의 원전을 기록한 〈에리두 창세기(Eridu Genesis)〉는 점토판에 적힌 상태로 발굴되었는데, 그중 상당수가 파손되어서 무슨 내용이 적혔는지 알수 없기 때문이다.

그나마 현재 남아 있는 점토판의 내용을 해독해서 알아낸 수메르 신화의 기둥 줄거리는 이렇다.

"태초부터 존재했던 원시 바다의 여신 남무는 스스로의 힘으로 하늘의 신 안과 대지의 여신 키를 낳았다. 안은 키와 결혼하여 엔릴과 엔키와 닌릴을 비롯하여 수많은 신을 낳았고, 안과 키의 자녀 신들은 또 서로 남신과 여신 들끼리 짝을 지어 다른 자녀 신들을 낳아서 지금의 세상을 이루었다. 안은 최고의 신이 되었으며, 두 아들 엔릴과 엔키에게 지상을 다스리게 하였다."

다음은 수메르 신들의 명단이다.

남무(Nammu): 신들 중 가장 오래된 존재이며, 바다와 짠물의 여신. 후세의 바빌론 신화에서는 티아마트와 동일시되었다.

안(An): 하늘의 신. 수메르 신화에서는 안이 최고의 신으로 숭배받았다. 바빌론 신화에서는 마르두크에게 최고신의 자리를 내준다.

키(Ki): 땅의 여신이자 안의 아내.

엔릴(Enlil): 대기의 신이자 안의 아들.

닌릴(Ninlil): 바람의 여신.

엔키(Enki): 지혜와 물의 신이자 안의 다른 아들.

난쉬(Nanshe): 엔키의 딸로 정의와 예언과 고기잡이의 여신.

난나(Nanna): 달의 신.

닌갈(Ningal): 갈대밭과 습지의 여신.

닌후르사그(Ninhursag): 땅과 다산의 여신.

우투(Utu): 태양신.

에레쉬키갈(Ereshkigal): 지하 세계와 저승의 여신이자 이난나의 언니.

이난나(Inanna): 사랑과 수확과 전쟁의 여신.

두무지(Dumuzi): 이난나의 남편이자 식물의 신.

루랄(Lulal): 이난나의 아들이자 도시의 수호신.

아마타운타(Amathaunta): 먼 바다의 여신. 남무와 동일한 신인지는 알 수 없음.

아사룰루두(Asaruludu): 보호의 신.

아쉬난(Ashnan): 곡물의 여신.

엔두르사가(Endursaga): 전령의 신.

엔메사라(Enmesarra): 법의 신.

엔누기(Ennugi): 엔릴의 시종.

엔쉬아그(Enshag): 질병의 신.

가툼다그(Gatumdag): 풍요와 부의 여신.

길빌(Gibil): 불의 신.

카브타(Kabta): 벽돌과 곡괭이의 신.

구나라(Gunara)와 하하누(Hahanu): 이름만 언급되는 역할 불명의 신.

시리스(Siris): 맥주의 여신.

수메르 신화보다 나중에 나타난 바빌론 신화는 수메르 신들을 이름만 약간 바꾸어서 그대로 빌려왔다. 안은 아누(Aun), 엔키는 에아(Ea), 엔릴은 엘릴(Elil), 이난나는 이쉬타르(Ishtar), 우투는 샤마슈(Shamash), 난나는 신(Sin)이라고 했다.

002 바닷물의 신을 나누어 만든 세상
 — 바빌론의 창세 신화

고대 바빌로니아의 창세기인 〈에누마 엘리쉬〉에서는 태초의 세계를 "아직 세상에는 하늘과 땅이 없었고 오직 압수(Apsu)와 티아마트(Tiamat), 뭄무(Mummu, 원초적인 생명력)만이 존재했다."라고 묘사하고 있다. 여기서 압수는 지하수를, 티아마트는 바닷물을 뜻한다. 즉 압수는 지하수의 신이며, 티아마트는 바닷물의 여신이다.

압수와 티아마트는 서로 부부가 되어 라홈과 라함(둘 다 진흙이라는 뜻)을 낳았는데, 이들이 서로 몸을 섞어 안샤르(Anshar, 하늘의 정령)와 키샤르(Kishar, 땅의 정령)를 낳았다. 그리고 안샤르와 키샤르는 부부가 되어 하늘의 신 아누(Anu)를 낳았고, 아누는 지혜의 신 에아(Ea)를, 에아는 여신 담키나(Damkina)와 결혼하여 점성술의 신 마르두크를 낳았다. 그 밖에 다른 남자 신들과 여자 신들은 서로 부부가 되어 무수히 많은 신을 낳았다.

그런데 어리고 젊은 신의 수가 너무나 많아져서 시끄럽게 떠드는 소리가 세상에 가득 찼다. 화가 난 압수는 티아마트에게 "저 어린 것들이 낮이고 밤이고 나를 귀찮게 한다. 그러니 저것들을 죽여버리고 우리가 조용히 잠을 잘 수 있도록 해야 한다."라고 말했다.

압수와 마찬가지로 티아마트도 화가 났지만, "그들은 우리의 아이들이니 죽일 수는 없습니다. 비록 시끄럽지만, 그래도 참아야 합니다."라고 일단 신중한 태도를 보였다. 그러나 뭄무는 "아버지 압수여, 우리는 더 이상 그들의 시끄러움을 참을 수 없습니다. 제게 좋은 계획이 있으니, 그대로 하면 앞으로 편안히 잠을 잘 수 있을 겁니다."라고 압수를 부추겼다. 압수는 뭄무의 말에 기뻐하며, 그와 함께 다른 신들을 없애버릴 계획을 열심히 세웠다.

이 소식은 얼마 못 가 다른 신들에게 알려졌다. 압수가 뭄무와 짜고 자신들을 없애려 한다는 사실을 듣고서 신들은 놀라고 두려워서 할 말을 잃었다. 그러나 지혜의 신 에아가 용감히 나서서 주문을 외워 압수와 뭄무를 잠들게 한 다음 그들의 힘을 빼앗고는 압수를 죽이고 뭄무를 붙잡아 가둬버렸다.

이 사실을 안 티아마트는 더 이상 참을 수 없을 만큼 화가 나서, 에아의 편에 선 신들을 모두 죽이기 위해 11마리의 괴물을 만들어냈다. 그들은 바스무(Basmu, 독을 뿜는 뱀), 우숨갈루(Usumgallu, 커다란 용), 무스마후(Musmahhu, 강력한 뱀), 무슈수(Mushussu, 분노한 뱀), 라흐무(Lahmu, 털투성이의 전사), 우갈루(Ugallu, 큰 날씨의 짐승), 우리딤무(Uridimmu, 미친 사자), 길타블룰루(Girtablullu, 전갈 남자), 우무 답루투(Umu dabrutu, 사나운 폭풍우), 쿨룰루(Kulullu, 물고기 남자), 쿠사리쿠(Kusarikku, 황소 남자)였다. 티아마트는 이들 괴물로 이루어진 군대를 지휘하는 장군으로 자신의 아들(혹은 남편)인 킨구(Kingu)를 임명했다. 그리고 자신이 압수를 죽인 에아와 다른 신들에게 복수를 하겠다고 미리 알렸다.

티아마트가 괴물 군대를 이끌고 쳐들어온다는 소식을 접한 신들은 겁에 질려 어쩔 줄을 몰랐다. 그러나 에아는 아들인 마르두크를 불러 "너는 우리 중에서 가장 지혜롭고 강하니, 우리를 대신해서 티아마트와 그 군대를 물리쳐라."라고 지시하면서 그에게 다른 신들을 지휘하는 권한을 주었다.

마르두크는 폭풍을 일으키는 전차를 타고서 신들의 군대를 지휘하여 티아마트와 맞서 싸웠다. 둘은 치열한 전투를 벌였는데, 이를 기록한 자세한 정황은 점토판이 부서져서 제대로 전해지지 않으나 뒤의 내용을 보면 마르두크가 티아마트를 무찔러 죽인 것이 분명하다.

마르두크가 티아마트를 죽이자 그녀가 만든 모든 괴물은 달아나거나 항복했고, 킨구는 붙잡혀 포로가 되었다. 마르두크는 티아마트의 시체를 반으로 나누어서 한쪽으로는 하늘을 만들었고, 다른 한쪽으로는 땅을 만들었다. 그리고 하늘에 걸려 빛을 내며 어둠을 밝힐 태양과 달과 별들을 만들었고, 한 해를 12개의 달로 나누었다. 또한 마르두크는 총 900위(位)의 신을 두 무리로 나누어서 300위의 신은 하늘에 살게 했고, 나머지 600위의 신은 땅에 살도록 했다.

아울러 마르두크를 도운 물과 지혜의 신 에아(수메르 신화의 엔키)는 포로가 된 킨구를 죽여서 그 피에 진흙을 섞고는, 땅 위에 살면서 신들을 닮은 모습과 지혜를 가지고 신들에게 봉사할 생명체인 인간을 만들어냈다.

이렇게 하여 바빌론의 창세 신화는 끝난다.

003 선한 신과 악한 신의 탄생
– 조지아의 창세 신화

구소련의 일부였던 조지아(그루지야) 공화국은 서기 4세기부터 기독교를 받아들여 지금도 동방정교회 국가로 남아 있다. 그러나 기독교를 믿기 전 조지아인들이 믿은 전통 신앙이 한꺼번에 사라진 것은 아니었다. 조지아의 변방, 그러니까 캅카스(코카서스)산맥의 깊은 골짜기 부근은 무려 20세기 초반까지 기독교를 거부하고 전통 신앙을 간직하고 있었다.

조지아 신화의 우주 창조는 이렇게 시작된다. 태초에 세상에는 최고의 신이자 창조주인 모리지 그메르티(Morige Ghmerti)와 그의 누이만이 존재했다.

모리지는 스스로의 힘으로 우주를 만들었다. 우선 하늘인 제스크넬리(Zeskneli)를 만들었고, 그브티스 시빌니(Ghvtis Shvilni)라고 이름 붙인 작은 신들을 만들어서 제스크넬리에 살게 한 다음, 모리지 자신은 가장 높은 9층 하늘의 황금 옥좌에서 살았다. 제스크넬리는 온통 하얀색으로 가득 찬 공간이었다.

모리지는 그다음으로 땅(지구)을 만들었는데, 9개의 산과 바다를 만들어 땅을 감싸게 한 다음, 선한 종족인 인간 남자들을 만들어 땅 위에서 살게 했다. 땅은 붉은색으로 가득 찬 공간이었다.

세 번째로 만든 것은 땅 밑 세계인 크베스크넬리(Kveskneli)였는데, 온통 검은색으로 가득 찬 공간이었다.

이 3가지 세계는 우주의 가장자리에서 자라고 있는 거대한 세계 나무(혹은 탑이나 사슬, 기둥)에 의해 하나로 연결되어 있다. 세계 나무가 지탱하는 우주 바깥에는 가레스크넬리(Gareskneli)라고 불리는 '망각의 세계'가 있었다. 이곳은 끝없는 어둠이 계속되는 공간이었다.

모리지에게는 누이가 있었는데 둘은 사이가 나빠 서로 싸웠고, 화가 난 모리지는 누이를 저주했다. 이에 누이는 모리지에게 복수심을 품었고, 오빠가 만든 세상을 망치기 위해서 사악한 종족인 데비(Devi, 악마), 그벨레샤피(Gveleshapi, 뱀), 카지(Kaji, 사악한 대장장이 혹은 마법사), 도빌니(Dobilni, 전염병을 퍼뜨리는 정령), 알리(Ali, 숲과 동굴과 폐허의 정령)와 쿠디아니(Kudiani, 마녀), 마트실(Matsil, 여행자를 괴롭히는 사악한 영혼), 그리고 인간 여자들을 만들었다.

이들이 땅 위에 가득 차자 세상은 온통 악한 일이 들끓었고, 결국 모리지를 숭배하는 선한 세력과 모리지의 누이를 따르는 사악한 세력 간에 큰 전쟁이 벌어졌다. 이 싸움에서 모리지의 누이와 데비들은 어두운 지하 세계 크베스크넬리로 쫓겨났다. 그리고 그브티스 시빌니들도 싸움에 지쳐서 땅을 버리고 제스크넬리로 도망쳤다.

다만 선한 종족인 인간 남자들과 악한 종족인 인간 여자들은 모두 땅 위에 남았고, 선한 신과 악한 신 모두 인류를 완전히 지배할 힘이 없어서, 인간 남자와 여자 들은 서로 뒤섞여 지상에서 살아가게 되었다.

조지아의 창세 신화는 주변 지역의 신화와 많은 점에서 닮았다. 선한 신과 악한 신이 각각 선한 창조물과 악한 창조물을 만든다는 내용은 이란의 조로아스터교 신화에서 선한 신 아후라 마즈다와 악한 신 아흐리만이 대립한 것, 동유럽의 슬라브 계통 신화에서 선한 신 벨로보그와 악한 신 체르니보그가 대립한 것을 떠올리게 한다. 이는 조지아가 지리상 이란, 동유럽과 가까워서 다분히 영향을 받은 것으로 추측된다.

또한 인간 남자가 선한 종족이고 인간 여자가 악한 종족이라는 설정은 그리스 신화에서 원래 인간은 남자밖에 없었는데, 제우스가 인간을 벌하기 위해 일부러 악한 성격을 가진 인간 여자인 판도라를 아들 헤파이스토스로 하여금 만들게 했다는 내용과 비슷하다. 훗날 이런 선악 이분법적인 인류관은 기독교 이단 종파인 보고밀파나 카타리파에 영향을 끼쳤다.

조지아가 기독교를 받아들인 후, 제스크넬리와 크베스크넬리는 각각 기독교의 천국, 지옥과 동일시되었다. 또한 최고신 모리지는 기독교의 유일신과, 악한 신인 모리지의 누이는 기독교의 악마 사탄과 같은 존재로 받아들여졌다. 이러한 과정은 동유럽의 슬라브족들이 기독교로 개종할 때도 똑같이 벌어져, 슬라브 신화에서 선한 창조신은 기독교의 유일신이 되었고, 악한 신은 기독교의 사탄이 되었다.

004 빛의 신이 365일 동안 만든 세상
― 조로아스터교의 창세 신화

고대 페르시아의 종교인 조로아스터교는 이슬람교와 힌두교에 밀려 지금은 소수 종교로 몰락했으나, 아케메네스 왕조 시절에는 매우 번창하여 유대교 등에 큰 영향을 끼쳤다. 조로아스터교의 창세 신화를 살펴보자.

조로아스터교의 경전인 《아베스타》에서는 우주 창조를 선량한 빛의 신 아후라 마즈다(Ahura mazda)와 사악한 어둠의 신 앙그라 마이뉴(Angra Mainyu)가 경쟁을 벌인 결과로 본다. 태초의 세상에는 오직 아후라 마즈다와 앙그라 마이뉴만 있었다. 끝없는 빛과 어둠이 우주에 있었다고 하는데, 이는 두 신의 속성을 비유한 말이다. 아후라 마즈다는 지혜로워서 앙그라 마이뉴를 알았지만, 앙그라 마이뉴는 무지해서 아후라 마즈다를 몰랐다.

이윽고 아후라 마즈다는 365일 동안 6단계에 걸쳐서 빛과 선량함으로 가득 찬 아름다운 세상을 만들어나갔다. 먼저 1단계의 하늘은 40일 동안 만들었다. 그다음 2단계의 물은 55일 동안, 3단계인 땅은 70일 동안, 4단계인 식물은 25일 동안, 5단계인 동물은 75일 동안, 6단계인 인간은 70일에 걸쳐 만들었다.

한편 아후라 마즈다의 창세 소식을 듣고 앙그라 마이뉴도 가만히 있지 않았다. 그는 아후라 마즈다의 빛을 질투해서, 아후라가 창조한 선한 피조물들에게 해를 끼치는 악한 피조물들을 만들어냈다. 앙그라가 만든 피조물은 뱀과 늑대, 모기와 파리 같은 해로운 생물들, 그리고 지독한 더위와 추위 같은 계절들이었다. 이런 이유로 아후라 마즈다를 섬기는 조로아스터교의 성직자들인 마기(Magi)들은 파충류와 해충과 늑대 등을 보는 대로 모조리 죽여버렸다. 사악한 신 앙그라가 인류를 괴롭히려고 만든 사악한 생명체라고 여겼기 때문이다.

또한 아후라 마즈다는 아메샤 스펜타를 비롯하여 자신을 숭배하고 인류에게 봉사하는 7위의 야자타(Yazata, 천사)를 만들었다. 그들의 이름과 명칭은 아래와 같다.

아메샤 스펜타(Amesha Spenta): 최고의 야자타이자 아후라 마즈다의 대리자.
보후 마나흐(Vohu Manah): 선(善)을 상징. 동물의 보호자.
아샤 바히스타(Asha Vahishta): 최고, 빛, 불을 상징.
크샤트라 바이르야(Kshathra Vairya): 정의, 광물, 금속을 상징.
스펜타 아르마이티(Spenta Armaiti): 신성함. 지구의 감시자.
하우르바타트(Haurvatat): 완벽함. 물의 수호자.
아메레타트(Ameretat): 불멸과 영원함. 식물의 수호자.

한편 앙그라 마이뉴는 야자타들에게 대항하기 위하여 자신을 섬기고 인간들을 괴롭히는 사악한 존재 다에바들을 만들었다. 그들의 이름은 아카 마나흐(Aka Manah, 사악한 생각), 인다르(Indar, 냉담함), 나오냐이티야(Naonhaithya, 불만), 사우르바(Saurva, 압제), 타우르비(Taurvi, 파괴), 자우리(Zauri, 죽음)였다.

조로아스터교는 7위의 야자타 이외에 미트라나 아나히타처럼 페르시아인들이 조로아스터교 이전부터 믿은 다른 신들의 숭배도 허용했다. 다만 그 신들은 아후라 마즈다보다는 그 지위가 다소 낮은 존재로 취급되었다.

아울러 아후라 마즈다는 각각의 창조 후에 5일씩 쉬었다. 이러한 내용은 다분히 《구약성경》에서 유대인들의 신 야훼가 6단계에 걸쳐 세상을 창조한 다음 쉬었다는 안식일과 매우 흡사하다. 이에 대해 대부분의 신화학자들은 유대인들이 조로아스터교의 교리에 영향을 받았을 것이라고 추측하고 있다.

창조가 끝나자 아후라 마즈다는 야자타들 및 다른 신들과 함께 천국에 머물렀다. 앙그라 마이뉴는 아후라 마즈다를 미워하여 그에게 달려들었으나, 아후라 마즈다가 성스러운 시를 외우자 그 소리를 두려워하여 자신을 따르는 다에바들과 함께 영원히 어둠만 계속되는 지옥으로 달아났다. 조로아스터교의 교리에 의하면 앙그라 마이뉴는 지옥에서 3000년을 머물다가 뛰쳐나와 아후라 마즈다가 만든 모든 선한 피조물을 파괴할 것이라고 한다.

005 야훼가 말로써 세상을 만들다 – 구약성경의 창세 신화

오늘날 전 세계에서 20억 명이 넘는 사람이 유대교와 기독교, 이슬람교 등 아브라함 계열의 종교를 믿고 있다. 이 종교들은 교리에 약간의 차이는 있으나, 《구약성경》을 경전으로 한다는 점에서 같은 뿌리를 갖고 있다고 볼 수 있다. 《구약성경》은 신(야훼)이 세상을 만든 내용을 기록한 〈창세기〉로 시작된다.

공동번역 성서 〈창세기〉 1장에 의하면, 아직 땅이 모습을 갖추지 않았고 아무것도 생기지 않은 상태에서 어둠이 깊은 물 위를 뒤덮었는데, 그 물 위에 신의 기운(혹은 영혼)이 움직이고 있었다. 그러다 신이 "빛이 생겨라!"라고 말하자 빛이 생겨나 어둠과 구별되었다. 신은 빛을 낮, 어둠을 밤이라 불러 낮과 밤을 만들었으며 그렇게 하루가 지났다.

두 번째로 신이 "물 한가운데 창공(푸른색의 빈 공간)이 생겨 물과 물 사이가 갈라져라!"라고 말하자 그렇게 되었다. 신은 창공을 만들어 창공 아래 있는 물과 창공 위에 있는 물을 갈라놓았다. 신은 그 창공을 하늘이라고 불렀고, 그렇게 이튿날이 지났다.

세 번째로 신이 "하늘 아래 있는 물이 한 곳으로 모여, 마른 땅이 드러나라!"라고 말하자, 그대로 되었다. 신은 마른 땅을 뭍이라고 불렀으며, 물이 모인 곳을 바다라 불렀다. 그리고 신이 "땅에서 푸른 움이 돋아나라! 땅 위에 낟알을 내는 풀과 씨 있는 온갖 과일 나무가 돋아나라!"라고 말하자 그대로 되었다. 그리하여 땅에는 푸른 움이 돋아났다. 낟알을 내는 온갖 풀과 씨 있는 온갖 과일 나무가 돋아났다. 그렇게 사흗날이 지났다.

네 번째로 신이 "하늘 창공에 빛나는 것들이 생겨 밤과 낮을 갈라놓고 절기와 나날과 해를 나타내는 표가 되어라! 또 하늘 창공에서 땅을 환히 비추어라!"라고 말하자 그대로 되었다. 신은 그렇게 만든 두 큰 빛 가운데서 더 큰 빛(태양)은 낮을 다스리게 하고 작은 빛(달)은 밤을 다스리게 했다.

또 신은 빛나는 별들을 만들어서 하늘에 걸어놓고 땅을 비추게 했다. 이리하여 밝음과 어둠을 갈라놓고 낮과 밤을 다스리게 했다. 그렇게 나흗날이 지났다.

다섯 번째로 신이 "바다에는 고기가 생겨 우글거리고 땅 위 하늘 창공 아래에는 새들이 생겨 날아다녀라!"라고 말하자 그대로 되었다. 그렇게 해서 신은 큰 물고기와 물속에서 우글거리는 온갖 고기와 날아다니는 온갖 새를 만들어냈다. 신은 물고기와 새 들한테 축복을 내려주며 "새끼를 많이 낳아 바닷물 속에 가득히 번성하여라. 새도 땅 위에 번성하여라!" 하고 말했다. 그렇게 닷샛날이 지났다.

여섯 번째로 신이 "땅은 온갖 동물을 내어라! 온갖 집짐승과 길짐승과 들짐승을 내어라!"라고 말하자 그대로 되었다. 신은 그렇게 온갖 들짐승과 집짐승과 땅 위를 기어 다니는 길짐승을 만들었다.

또 신은 "우리 모습을 닮은 사람을 만들어서 모든 동물을 다스리게 하자!"라고 말하여 자신의 모습을 본떠 사람을 만들어 남자와 여자로 나누고, 그들에게 "아이를 낳고 번성하여 온 땅을 정복하고, 모든 동물을 다스려라! 그리고 모든 식물을 양식으로 삼아라!"라고 말했다. 그렇게 해서 엿새가 지나고, 하늘과 땅과 그 가운데에 있는 모든 것이 창조되었다. 창조가 끝나자 신은 모든 일을 마치고 일곱째 날에 쉬었다. 이것이 《구약성경》에 기록된 천지창조 신화의 줄거리다.

다른 지역의 신화에서 남성 신과 여성 신이 서로 성관계를 갖고 아이를 낳는 방식으로 천지창조가 이루어지는 것과 달리 《구약성경》은 신이 말로써 직접 천지를 창조한다는 점이 특이하다. 이런 점은 《신약성경》의 〈요한복음〉 1장 1~3절에서 신을 가리켜 언어(말)를 뜻하는 그리스어 단어인 로고스(logos)라 부르고, 그 로고스가 모든 것을 만들었다는 내용과 이어진다.

그렇지만 '신이 말로 사물을 만들었다'라는 신화가 《구약성경》에서 처음 언급된 것은 아니었다. 이미 고대 이집트 신화에서 바람의 신 아문(Amun)이 말로써 세상을 창조했다는 이야기가 언급된다. 또한 〈창세기〉 1장에서 '아직 땅이 모습을 갖추지 않았고 아무것도 생기지 않은 상태에서 어둠이 깊은 물 위를 뒤덮었는데, 그 물 위에 신의 기운(혹은 영혼)이 움직이고 있었다'라는 표현은 이집트 신화에서 태초의 공간을 가리켜 '형체가 없는 공간(후와 하우헤트)', '물 위의 어둠(쿠크와 카우케트)', '태초의 물(눈과 나우네트)', '보이지 않는 바람(아문과 아메네트)'이라고 표현한 것과 통한다.

〈창세기〉는 기원전 8세기 이후에 작성되었고, 이집트 신화는 그보다 2000년은 앞서서 작성되었으니 유대인 저자들이 이집트 신화의 창세 설화에서 영향을 받아서 《구약성경》의 창세 설화를 만들었다고 볼 수 있다.

2
인류의 출현과 대홍수

006 인류 대홍수 설화의 원형
– 수메르와 바빌론의 대홍수

대부분의 종교나 신화에서는 인간이 신의 사랑을 받고자 창조되었다고 말한다. 이는 인간을 중시하는 휴머니즘의 사고관이 적용된 결과이다.

그러나 수메르 신화에서는 정반대다. 신이 인간을 창조한 이유는 결코 사랑을 베풀기 위해서가 아니라, 신들을 대신해서 힘든 노동을 부과하기 위해서다. 인간 중심의 사고방식이 아닌, 철저하게 신이 중심이 된 사고방식인 셈이다. 수메르 신화를 기록한 〈아트라하시스〉에서는 인간의 창조를 이렇게 설명하고 있다.

"안과 엔릴과 엔키 등은 그들의 자녀이자 종들인 이기기(Igigi) 신들에게 운하를 파라는 지시를 내렸다. 그러나 이기기들은 수로를 파고 무거운 짐을 나르는 노동이 너무나 괴로워서, 항상 울부짖으며 근심에 휩싸였다. 그러던 어느 날, 이기기 신들은 더 이상 고된 노동을 견디지 못해서 작업 도구들을 불태우고 엔릴의 신전을 습격하는 반란을 일으켰다. 이 소식을 들은 최고신 안은 이기기 신들의 고통에 동정심을 느껴서, 그들 대신 운하를 파는 노동을 할 존재인 인간을 만들기로 결정했다. 지혜의 신 엔키는 이기기 신들을 선동하여 반란을 일으킨 신 웨이라를 죽이고 그의 살과 피에 진흙을 섞어서 인간을 창조했다. 그리고 엔키와 다른 신들은 인간에게 신들을 대신하여 노동을 하라고 명령했다."

바빌로니아 신화를 기록한 〈에누마 엘리쉬〉에서도 인간의 출현은 대략 비슷하다. 신들에게 반란을 일으킨 사악한 신 킨구(Kingu)가 죽임을 당하자, 에아가 킨구의 피와 진흙을 섞어서는 땅 위에 살면서 신들을 숭배할 생명체인 인간을 만들었다. 그리고 최고의 신 마르두크는 인간으로 하여금 신들을 위해 농사를 짓고 거기서 수확한 곡식을 제물로 바치라고 지시를 내렸다.

이런 신화는 수메르인들의 자화상이 반영된 것이다. 수메르인들은 메소포타미아 지역의 토지를 경작하면서 땅에 물을 대려고 운하와 수로를 팠는데 그 노동이 매우 힘들었다. 그래서 신들도 자신들처럼 고된 노동을 하다가 이를 견디다 못한 신들 중 일부가 그러한 일을 명령한 상위 신들에게 반란을 일으켰을 것이라는 상상을 담아서 신화를 만든 것이다. 일부 학자들은 수메르 노동자들이 중노동과 낮은 임금 등 열악한 대우를 견디다 못해 파업을 일으켰을 것으로 추측하기도 한다. 실제로 수메르 시대 말기에는 우르카기나(Urkagina)왕이 노동자들과 가난한 사람들의 처우를 개선하는 개혁을 시도하기도 했다.

수메르와 바빌론의 인간 창조 신화에 포함된 흥미로운 부분이 하나 더 있다. 일설에 의하면 신들에게 반란을 일으킨 사악한 신 웨이라와 킨구는 바로 유대교와 기독교에서 신에게 반역하여 악마가 된 천사 루시퍼의 원형이다.

다른 신화들에서처럼, 수메르와 바빌론 신화에도 홍수 설화가 있다. 수메르 신화에서는 신들을 섬기는 사제 지우수드라(Ziusudra)가 엔키로부터 계시를 받는다. 인간들이 내는 소음에 분노한 신들이 장차 대홍수를 일으켜 인간들을 세상에서 쓸어버리려 한다는 것이었다. 지우수드라는 나무로 만든 방주에 가족들을 태우고 대홍수를 피해 살아남았다. 방주는 약 7일 동안 계속된 대홍수를 무사히 버텨냈고, 목숨을 건진 일에 감사한 지우수드라가 신들에게 소와 양을 제물로 바치자, 이에 감동한 신들은 그를 낙원인 딜문으로 보내 영원한 생명을 주어 축복한다.

바빌론 신화의 홍수 설화를 담고 있는 〈길가메시 서사시〉도 그 내용과 구조는 수메르 신화와 비슷하다. 다만 수메르 신화보다 나중에 나온 만큼, 설화의 내용이 보다 구체적이다. 방주에 탄 생존자의 이름은 지우수드라에서 우트나피쉬팀(Utnapishtim)으로 바뀐다. 방주를 만들어 피하라고 계시를 내린 신은 엔키의 바빌론식 발음인 에아가 되었다. 우트나피쉬팀은 방주에 가족은 물론 지상의 동물들을 태우고 6일 동안 대홍수로 물바다가 된 세상을 떠돌아다니다가 니시르산에서 멈추었다. 우트나피쉬팀은 제비와 비둘기와 까마귀를 잇달아 보내 물이 빠졌음을 알아채고 방주에서 나와 생명을 구해준 것에 대한 감사의 마음으로 신들에게 제사를 지낸다. 그도 지우수드라처럼 신들의 은총을 받아서 불사신이 되어 낙원에서 살아가는데, 그 소문을 듣고 찾아온 길가메시에게 영원한 생명을 얻을 수 있는 길을 가르쳐준다.

007 인간의 코에 숨을 불어넣다
– 구약성경의 인류 창조

유대교와 기독교와 이슬람교의 경전인 《구약성경》에서는 인류의 창조에 대해 〈창세기〉의 첫 번째 단락에서 이렇게 묘사하고 있다.

먼저 〈창세기〉 1장 26절~30절에 의하면, 성경의 신 야훼가 하늘과 땅, 빛과 어둠, 물과 식물을 만든 다음 "우리의 모습을 닮은 사람을 만들어서 바다의 고기와 공중의 새, 또 집짐승과 모든 들짐승과 땅 위를 기어 다니는 모든 길짐승을 다스리게 하자!"라면서 자신의 모습을 본떠 사람을 만들고 남자와 여자로 나눈 뒤 이렇게 말했다.

"자식을 낳고 번성하여 온 땅에 퍼져서 땅을 정복하여라. 바다의 고기와 공중의 새와 땅 위를 돌아다니는 모든 짐승을 부려라! 내가 너희에게 온 땅 위에서 낟알을 내는 풀과 씨가 든 과일 나무를 준다. 너희는 이것을 양식으로 삼아라. 모든 들짐승과 공중의 모든 새와 땅 위를 기어 다니는 모든 생물에게도 온갖 푸른 풀을 먹이로 준다."

그런데 《구약성경》의 인류 창조 설화는 이어지는 〈창세기〉 2장에서 한 번 더 반복된다. 〈창세기〉 2장 5~25절에 의하면, 야훼가 진흙을 빚고 코에 입김을 불어넣어 사람을 만들고 이름을 '아담'이라고 지어주었다. 그리고 야훼는 동쪽에 있는 에덴이라는 곳에 동산을 마련하여 아담을 그리로 데려가서 살게 한 다음, 그를 깊이 잠들게 하고서 갈비뼈 하나를 뽑아 여자를 만들어 아내가 되게 했다. 아담은 훗날 여자의 이름을 하와(이브)라고 지었다. '인류의 어머니'라는 뜻이다.

왜 《구약성경》에는 인류 창조 설화가 두 번이나 반복되었을까? 많은 성서학자는 서로 다른 두 개의 전승이 하나로 합쳐진 결과라고 말한다. 즉 출처가 다른 전승들이 시간이 흐르며 하나의 전승으로 통합되어 〈창세기〉에 실렸다는 것이다.

그리고 야훼는 에덴동산에 생명나무와 선과 악을 알게 하는 나무를 심고 아담에게 "네가 선과 악을 알게 하는 나무의 열매를 먹으면 반드시 죽을 테니 먹지 마라."라고 경고했다. 하지만 교활한 동물 뱀의 유혹을 받아 먼저 선악과를 먹은 하와가 아담에게도 먹인 사실이 드러난다. 분노한 야훼는 아담과 하와를 에덴동산에서 쫓아내면서 죽도록 일하고 힘들게 아이를 낳는 고생을 해야 한다는 저주를 내렸다.

에덴동산을 떠난 아담과 하와에게는 세 아들, 카인과 아벨과 셋이 있었다. 카인은 야훼가 자신이 바친 곡식을 받지 않고 아벨이 바친 양을 받자 질투심에 아벨을 돌로 내리쳐 죽이고는 에덴 동쪽 놋(Nod) 땅으로 떠난다. 그는 아내와의 사이에서 에녹이라는 아들을 낳았고, 아들의 이름을 따서 마을을 세웠다. 한편 셋의 먼 후손인 노아는 타락한 세상에서 몇 안 되는 정의로운 사람이어서 야훼의 보호를 받아 가족과 함께 대홍수에서 살아남았다.

이것이 《구약성경》에 실린 인류 창조 설화의 줄거리다. 다만 이 내용은 유대인들의 이웃인 이집트인들의 신화로부터 많은 영향을 받은 것이다. 〈창세기〉에서 신이 자신의 모습을 본떠서 인간을 만들고 그 코에 생명을 불어넣었다는 내용과 인간에게 세상의 모든 동물과 식물을 다스리고 먹으라고 한 내용은 기원전 2200년 무렵에 작성된 고대 이집트 문헌 〈메리카레의 교육서〉에 실린 글귀와 매우 비슷하다. 아래의 문장은 그 내용을 요약한 것이다.

"신은 인간을 위해 하늘과 땅을 만들었고, 인간의 코에 생명을 불어넣었다. 인간은 신의 형상에서 나왔다. 신은 인간을 먹이기 위해 식물과 동물과 새와 물고기를 만들었다."

〈창세기〉와 거의 구분할 수 없을 만큼 흡사하다. 〈메리카레의 교육서〉의 작성 연대가 창세기보다 최소한 1000년은 앞선 것이니, 당연히 유대인들이 이집트 신화를 참조하여 인류 창조 설화를 만들었음을 알 수 있다.

또한 야훼가 진흙을 빚어 최초의 인간 아담을 만들었다는 내용은 이집트 신화에서 창조의 신 크눔이 도자기를 만드는 기술자처럼 물레를 돌려 진흙으로 인간을 만들었다는 이야기와 비슷하다.

아울러 이집트인들이 관에 새긴 문구 중 하나인 〈코핀 텍스트 80〉에 의하면, 태양의 신 아툼의 콧구멍에서 태어난 공기의 신 슈가 "내가 그들(인류)의 코에 생명인 나의 숨을 불어넣겠다."라고 말하는 대목이 나온다. 이 역시 야훼가 인간의 코에 생명을 불어넣었다는 〈창세기〉의 내용과 거의 일치한다.

008 의로운 사람 노아의 방주
– 구약성경의 대홍수

《구약성경》〈창세기〉6~9장에는 정의로운 사람 노아가 신의 선택을 받아 세상을 휩쓴 홍수로부터 살아남아 새로운 인류의 조상이 되었다는 이야기가 실려 있다.

〈창세기〉6장 5절부터 시작하는 내용에 의하면, 신(야훼)은 세상이 사람의 죄악으로 가득 차고 사람마다 못된 생각만 하는 것을 보고는 사람을 만든 것을 후회하여 모두 없애버리겠다고 다짐한다. 다만 노아는 정의롭게 사는 사람이라서 신은 노아와 그의 세 아들 셈과 함과 야벳, 그리고 그들의 아내들은 살려두기로 마음먹었다.

그래서 신은 노아한테 이렇게 말했다.

"세상은 이제 막판에 이르렀다. 땅 위는 그야말로 무법천지가 되었다. 그래서 나는 저것들을 땅에서 다 쓸어버리기로 하였다.

너는 전나무로 배 한 척을 만들어라. 배 안에 방을 여러 칸 만들고 안과 밖을 역청으로 칠하여라. 그 배의 길이는 300큐빗(135미터), 나비는 50큐빗(22.5미터), 높이는 30큐빗(13.5미터)으로 하고, 배에 지붕을 만들어 한 큐빗(45센티미터) 치켜 올려 덮고 옆에는 출입문을 내고, 상중하 삼층으로 만들어라.

내가 이제 땅 위에 폭우를 쏟으리라. 홍수를 내어 하늘 아래 숨 쉬는 동물은 다 쓸어버리리라. 땅 위에 사는 것은 하나도 살아남지 못할 것이다. 너는 네 아들들과 네 아내와 며느리들을 데리고 배에 들어가거라.

그리고 온갖 동물도 암컷과 수컷으로 한 쌍씩 배에 데리고 들어가 너와 함께 살아남도록 하여라. 그리고 너는 먹을 수 있는 양식을 가져다가 너와 함께 있는 사람과 동물 들이 먹도록 저장해 두어라."

이 내용은 이어지는 7장과 그대로 부딪친다. 배 안에 싣는 동물들의 수가 "깨끗한 짐승은 종류를 따라 암컷과 수컷으로 일곱 쌍씩, 부정한 짐승은 암컷과 수컷으로 두 쌍씩"으로 제한되어 있다. 명백히 6장의 내용과 달라서 성서학자들은 이를 "두 가지 홍수 전승이 하나로 합쳐지면서 빚어진 모순이다."라고 해석한다.

여하튼 그렇게 해서 노아는 600세가 되던 해에 신이 계시한 대로 전나무로 방주를 만들었고, 그로부터 7일이 지나자 신은 땅에 비를 퍼붓고 땅 밑에 있는 큰 물줄기를 모두 터뜨려서 대홍수를 일으켰다. 그러자 노아는 곧바로 아들들과 아내와 며느리들, 그리고 동물들을 데리고 방주 안에 들어가 홍수를 피했다.

신이 일으킨 홍수는 40일 동안이나 계속되었고, 방주는 땅에서 높이 떠올랐다. 땅은 온통 불어난 물에 잠겼는데, 산들이 모두 잠기고도 15큐빗(6.75미터)이나 더 차올랐다. 그렇게 모든 사람과 동물과 새들은 물에 휩쓸려 죽어버렸다(다만 바다나 호수와 강에 사는 물고기들은 죽지 않았다).

노아와 그의 가족, 그리고 동물들이 탄 배는 물 위를 이리저리 떠다녔다. 그러다가 신이 바람을 일으켜서 물을 조금씩 빼고, 땅 밑의 큰 물줄기가 나오는 구멍을 막고 하늘에서 더 이상 비를 내리지 않자, 땅에서 물이 줄어들기 시작했다. 그리고 150일이 지난 7월 17일에 노아의 방주는 현재 터키 동부의 아라랏산에 닿아 멈추었다. 40일 후, 노아는 방주의 창문을 열고 비둘기를 내보냈는데, 비둘기는 7일이 지난 저녁때에 올리브 이파리를 물고 돌아왔다. 노아가 다시 7일이 지나 비둘기를 내보내니 비둘기는 돌아오지 않았다.

마침내 노아가 601세가 되던 해인 정월 초하루, 노아가 방주의 뚜껑을 열고 밖을 내다보니 물이 모두 빠져서 땅은 대부분 드러나 말라 있었다. 이윽고 2월 27일에는 땅이 모두 말랐다.

그때 신이 노아한테 "이제 너의 가족과 동물들을 데리고 방주에서 나와라."라고 계시를 주었고, 노아는 그대로 따랐다. 노아는 제단을 쌓고 깨끗한 들짐승과 새를 골라 야훼한테 제물로 바쳤고, 야훼는 그 제물을 받으면서 "나는 두 번 다시 홍수로 인간과 동물을 없애거나 땅을 멸망시키지 않겠다. 내가 구름 사이에 무지개를 둘 터이니, 이것이 나와 너희 사이에 맺은 계약의 징표다."라고 약속했다.

그리하여 인류는 대홍수의 피해를 극복했고, 노아의 자손들이 새로운 인류의 조상이 되었다는 것이 《구약성경》에 실린 대홍수 설화의 줄거리다.

그런데 노아의 대홍수 설화는 기본 구조에서 수메르와 바빌론 신화의 지우수드라와 우트나피쉬팀 홍수 설화와 거의 같다. 노아의 홍수 설화가 실린 〈창세기〉는 기원전 8세기 이후에야 작성된 것으로 추정되는데, 지우수드라와 우트나피쉬팀 홍수 설화는 그보다 최소한 1000~2000년 전에 기록되었으니, 〈창세기〉를 기록한 유대인들이 수메르와 바빌론인들의 홍수 설화를 참조하여 노아의 홍수 설화를 만들었다고 추정할 수 있다.

3

신비한 보물들

009 영생을 주는 바다 식물
– 길가메시의 여행기

　길가메시(Gilgamesh)는 기원전 2650년 무렵 현재 이라크 남부에 있던 도시국가 우루크(Uruk)의 국왕이었다. 그가 주인공으로 등장하는 영웅 전설 〈길가메시 서사시〉를 보면, 중국의 진시황이 그토록 찾아 헤맸던 불로초처럼 젊음을 회복시켜주는 효능을 가진 신비한 풀이 등장한다.

　길가메시는 우루크의 왕 루갈반다(Lugalbanda)와 야생 암소의 여신 닌순(Ninsun) 사이에서 태어난 반신반인(半神半人)이었다. 신의 피를 받았기에 다른 인간들보다 훨씬 힘이 강했고, 그 넘쳐나는 힘 때문에 성질이 포악해서 도시의 주민들을 괴롭히는 데 열을 올렸다. 그러자 주민들은 괴로워서 하늘에 어려움을 호소했고, 그들의 원성을 들은 하늘의 신들이 길가메시를 벌하기 위해 진흙으로 엔키두라는 거인을 만들어 우루크로 보냈다. 우루크로 간 엔키두는 길가메시와 만나서 집이 무너질 만큼 싸우다가 결국 화해하고 친구가 되었다. 길가메시는 엔키두와의 우정으로 더 이상 주민들을 괴롭히지 않고, 그들을 돕겠다고 다짐한다.

　새로운 사람으로 다시 태어난 길가메시는 주민들에게 필요한 나무를 구하러 엔키두와 함께 멀리 북쪽 숲으로 떠나 괴물 훔바바를 죽이고 나무를 베어 온다. 그때 길가메시의 용맹에 반한 사랑의 여신 이난나(이슈타르)가 나타나서 길가메시에게 자신과 결혼하자고 제안한다. 그러나 길가메시는 과거 이난나가 무수히 많은 남자를 유혹했다가 버린 사실을 들춰내면서 그녀의 제안을 거부한다. 자신의 구애가 거절당하자, 화가 난 이난나는 아버지인 하늘의 신 아누를 찾아가서 길가메시한테 복수를 해달라고 부탁한다. 딸의 부탁에 아누는 힘이 센 하늘의 황소를 우루크에 보내 도시를 파괴시키게 하는데 길가메시와 엔키두가 나서서 힘을 합쳐 황소를 죽인다.

그러나 하늘의 황소를 죽인 벌로 엔키두는 병에 걸려 신음 속에 죽는다. 친구를 잃은 슬픔에 빠진 길가메시는 인생의 허무함을 느끼다가 죽지 않는 방법을 찾아 길을 떠난다.

길가메시는 먼 옛날 신들이 대홍수를 일으켜 인류를 멸망할 때, 미리 큰 배(방주)를 만들어 대홍수를 견뎌내고 유일하게 살아남은 우트나피쉬팀 (Utnapishtim)이 살고 있다는 곳으로 향했다. 소문에 의하면 그는 신들의 은총을 얻어 영원한 생명을 누리며 낙원에서 살고 있으니, 혹시 그를 찾아가면 영생의 비밀을 알 수 있을까 하는 한 가닥 희망에서였다.

우트나피쉬팀을 찾아 떠난 길은 멀고도 험했다. 길가메시는 밤중에 산을 넘다가 사자들을 만나자 달의 신인 신(Sin)에게 기도하여 보호를 받고, 사자를 죽이고서 그 가죽을 벗겨 입고 다녔다. 그리고 세상의 끝인 마슈 (Mashu)산의 쌍둥이 봉우리에 도착하여, 수컷과 암컷 전갈 괴물이 지키고 있는 동굴 입구에 다다랐다. 수컷 전갈은 길가메시를 쫓아내려고 했으나 암컷 전갈이 길가메시를 동정하여 통과시켰다. 그리하여 길가메시는 동굴을 지나 보석이 가득한 낙원인 신들의 동산에 도착했다. 그곳을 지키는 여인 시두리(Siduri)는 길가메시에게 인간은 결코 영생을 얻을 수 없다며 돌아가라고 말했으나, 길가메시의 고집에 못 이겨 우트나피쉬팀이 살고 있는 바다 건너의 섬으로 가는 것을 허락했다.

시두리가 안내해 준 뱃사공이 모는 배를 타고 바다를 건너 마침내 우트나피쉬팀을 만난 길가메시는 자신의 목적을 밝혔다. 우트나피쉬팀은 "당신이 영원한 생명을 얻고 싶다면, 6일 낮과 7일 밤 동안 잠을 자지 않고 지내야 하오."라고 말했다. 길가메시는 그 말이 무척 쉽다고 여겼으나, 그만 졸음이 몰려와 6일 내내 잠에 빠져버렸다. 길가메시에게 실망한 우트나피쉬팀은 이제 그만 돌아가라고 말했다. 하지만 길가메시가 계속 영생을 얻고 싶다는 의지를 밝히자 마음이 약해져서 "바닷속에 들어가면, 가시가 달린 식물이 있소. 그것을 땅으로 가져와서 먹으면 늙은이가 다시 젊어져서 영원한 생명을 얻게 되오."라고 가르쳐주었다.

그 말을 듣고 길가메시는 바닷속으로 헤엄을 쳐서 한참을 헤맨 끝에 그 식물을 찾아서 땅 위로 가져오는 데 성공했다. 이제 자신은 물론이고 모든 우루크 주민이 영원한 젊음을 누리며 행복하게 살 수 있다는 희망에 기뻐한 길가메시는 우트나피쉬팀의 섬을 떠나 우루크로 향했는데, 도중에 너무 더워 샘물에 들러 목욕을 했다. 그런데 그 사이에 뱀 한 마리가 나타나 길가메시가 샘물 옆에 놓은 식물을 집어먹더니 허물을 벗고 젊어져서는 달아났다.

한순간의 실수로 인류에게 영생을 줄 기회를 잃어버린 길가메시는 모든 사람이 죽을 수밖에 없다는 절망과 슬픔에 젖은 채 우루크로 돌아갔다. 이것이 〈길가메시 서사시〉의 결말이다.

010 선악을 알게 하는 열매
– 구약성경의 선악과

《구약성경》의 〈창세기〉에는 사람이 열매를 먹으면 선과 악을 알게 된다는 나무 이야기가 전해져 온다. 그 내용은 이렇다.

〈창세기〉 2장 8~9절을 보면, 성경의 신 야훼가 에덴동산에 보기 좋고 맛있는 열매를 맺는 온갖 나무를 그 땅에서 돋아나게 했고, 또 그 동산 한가운데는 생명나무와 선과 악을 알게 하는 나무도 돋아나게 했다고 한다. 그리고 2장 15~17절에서는 야훼가 자신이 만든 최초의 인간 아담을 데려다가 에덴에 있는 동산을 돌보게 하면서 "이 동산에 있는 나무 열매는 무엇이든지 마음대로 따먹어라. 그러나 선과 악을 알게 하는 나무 열매만은 따먹지 마라. 그것을 따먹는 날, 너는 반드시 죽는다."라고 경고한다.

이어진 〈창세기〉 3장을 보면, 야훼가 창조한 짐승인 뱀이 아담과 그 아내 하와에게 "너희들이 선과 악을 알게 하는 나무 열매를 먹어도 절대로 죽지 않는다. 그 나무 열매를 먹으면 너희의 눈이 밝아져서 야훼처럼 선과 악을 알게 될 것을 야훼가 알고서 그렇게 말한 것이다."라면서 선악과를 먹어도 괜찮다고 유혹한다. 하와는 뱀의 유혹에 넘어가 선악과를 따서 아담과 함께 먹었는데(〈창세기〉 3장 2~7절), 이 사실을 알고 야훼는 이렇게 탄식한다.

"이제 이 사람이 우리들처럼 선과 악을 알게 되었으니, 손을 내밀어 생명나무 열매까지 따먹고 끝없이 살게 되어서는 안 되겠다."

그러고는 아담과 하와를 에덴동산에서 내쫓았다. 에덴동산에서 쫓겨난 아담과 하와는 그 뒤로 스스로 힘들게 농사를 지으며 살아야 했다. 이것이 《구약성경》에서 말하는 인류의 기원 설화다.

그런데 이 선악과 설화는 여러 가지로 이상한 부분이 많다. 우선 야훼는 왜 에덴동산에 군이 선악과가 열리는 나무를 심어두었을까? 야훼가 아담이 선악과를 먹는 것을 원하지 않았다면, 처음부터 선악과가 열리는 나무를 에덴동산에 심어두지 말았어야 하지 않을까? 그러면 아예 문제가 일어나지 않았을 텐데 말이다.

또한 생명나무라는 설정도 이해가 가지 않는다. 처음에 야훼는 아담한테 선악과를 먹으면 너희는 반드시 죽는다고 경고했다. 그렇다면 선악과를 먹지 않은 상태의 아담은 영원히 살 수 있었다는 말인가? 영원히 산다면 생명나무를 군이 에덴에 만들어둘 필요도 없지 않은가? 아니면 아담은 선악과를 먹지 않아도 어차피 죽을 운명이었다는 뜻일까?

아울러 야훼가 〈창세기〉 3장 22절에서 "우리들처럼 선과 악을 알게 되었으니"라고 언급한 부분도 이상하다. 우리라는 표현을 썼다면, 야훼 말고 다른 신적인 존재들이 에덴동산에 더 있었다는 뜻일까?

성서학자 게리 그린버그는 이런 의문에 대해 그의 저서 《성서가 된 신화》에서 이렇게 설명한다. 〈창세기〉에 언급된 선악과나 생명나무 같은 설정은 다분히 이집트나 수메르의 신화를 보고 〈창세기〉 저자가 따온 것들이라고 말이다.

우선 선악과를 먹으면 죽는다는 야훼의 경고는 고대 이집트 신화에서 인간이 선과 악을 알면, 즉 도덕적으로 살아가면 저승의 신 오시리스가 영원한 생명을 준다는 가르침에 대한 반박이라는 것이다. 이집트인들은 그렇게 믿었지만, 〈창세기〉를 쓴 이스라엘인들은 인간이 선과 악을 안다고 해도 결코 영원한 생명을 얻을 수 없다고 믿어서 일부러 이집트 신화의 주장을 〈창세기〉에 넣고 반박했다고 한다.

또한 게리 그린버그는 생명나무와 선악과가 열리는 나무도 이집트 신화에서 생명의 신 슈, 그리고 선과 악(도덕)을 알게 하는 신 테프누트에서 따온 설정으로 추정하고 있다.

아울러 최초의 인간이 영원한 생명을 얻을 기회를 잃고 죽음과 질병의 고통을 받으며 살아간다는 〈창세기〉의 설화는 고대 수메르 신화에 등장하는 최초의 인류 아다파의 설화에서 다분히 영향을 받았다고 한다.

아다파는 에아에 의해 만들어진 최초의 인간이었는데 에아는 그에게 지혜만 주고 영원한 생명은 주지 않았다. 그래서 아다파는 에아를 찾아가 영원한 생명을 달라고 요구했으나, 에아가 내민 생명의 음식과 물(먹으면 영원한 생명을 얻게 되는 보물들)을 자신을 죽이려는 것으로 착각해 먹지 않았다. 이 광경을 본 신들의 아버지이자 하늘의 신인 아누는 아다파에게 영원한 생명을 주는 대신 질병과 죽을 운명을 주고 신들의 세계에서 지상으로 쫓아버렸다.

아담과 하와는 에덴동산에서 쫓겨나기 전까지는 벌거벗고 살았는데, 이런 묘사는 고대 수메르 신화에서 먼 옛날 인류가 옷을 입을 줄 몰랐고 벌거벗은 채 돌아다녔다는 이야기에서 유래한 것이다.

011 승리를 주는 성스러운 상자
– 구약성경의 언약궤

《구약성경》〈출애굽기〉25장 10~22절을 보면, 이스라엘 백성들을 이집트에서 데리고 나온 모세가 이스라엘의 신 야훼로부터 성스러운 상자(언약궤)를 만들라는 명령을 받는 장면이 나온다.

언약궤는 우선 아카시아 나무로 몸체를 만든다. 그 길이는 2큐빗(114센티미터) 반, 너비와 높이는 모두 1큐빗 반(68센티미터)이었다. 상자의 안팎에는 순금으로 만든 판이 붙었고, 상자의 둘레에도 금테가 둘러졌다. 그리고 상자의 네 귀퉁이 밑에 황금 고리 4개가 붙었고, 아카시아 나무로 만든 채를 상자 양쪽에 붙은 고리에 끼워 상자를 들도록 했다.

언약궤 위에는 순금으로 만든 길이 2큐빗 반, 너비 1큐빗 반의 속죄판이 붙었다. 속죄판의 양쪽에는 황금으로 만든 2개의 케루빔(천사) 모형이 설치되었는데, 케루빔들은 날개를 위로 펼쳐 속죄판을 덮었고 얼굴을 맞대었다.

이스라엘 백성들은 그들의 신 야훼가 약속한 땅인 가나안으로 들어갈 때, 이 언약궤를 앞세우고 행군했다. 《구약성경》〈민수기〉10장 33~36절을 보면, 이스라엘 백성들이 언약궤를 가지고 행군할 때마다 모세가 "야훼여, 일어나십시오. 당신의 원수들을 쫓으십시오. 당신의 적수들을 면전에서 쫓으십시오."라고 외쳤으며, 반대로 언약궤가 머무를 때에는 모세가

"야훼여, 돌아오십시오. 이스라엘 군대에 복을 내리십시오."라고 외쳤다고 한다. 이는 곧 언약궤를 야훼와 동일시했음을 보여주는 대목이다.

그러나 언약궤가 이스라엘 백성들에게 언제나 좋은 결과만 가져다준 것은 아니었다. 《구약성경》〈사무엘상〉 4장 2~11절을 보면, 언약궤를 가지고 전쟁터에 나간 이스라엘 군대가 참패한 놀라운 사실이 적혀 있다. 그 내용은 대략 이렇다.

가나안에 정착한 이스라엘 백성들은 불레셋이라는 집단에게 지배를 당하게 되었다. 불레셋은 해양민으로, 기원전 14세기부터 지금의 그리스와 이탈리아 남부 시칠리아섬 같은 남부 유럽 지역에서 배를 타고 이집트 같은 중동 지역으로 대규모 이주를 해왔다. 이들은 이집트로 쳐들어갔다가 이집트의 방어에 막히자, 진로를 북쪽으로 돌려 지금의 이스라엘이 있는 팔레스타인 지역에 눌러 앉았다. [팔레스타인이라는 이름도 이 불레셋(펠레스틴)인들이 산다고 해서 붙여진 이름이다.]

불레셋인들이 몰려오자 이스라엘 백성들은 그들의 지배를 받게 되었다. 당시 불레셋인들은 쇠로 만든 칼과 창을 사용했다. 반면 이스라엘 백성들은 쇠를 다룰 줄 몰랐다. 고작 청동으로 만든 창과 칼이 전부였다. 이 때문에 이스라엘 백성들은 불레셋인들에게 힘에서 눌렸고, 그들의 지배를 받을 수밖에 없었다. 또한 불레셋인들은 행여 이스라엘인들이 철제 무기를 손에 넣을까 봐 그들에게 철제 무기 만드는 방법을 결코 가르쳐주지 않았다.

이런 배경에서 이스라엘 백성들은 불레셋의 지배에서 벗어나기 위해 자주 싸웠으나 번번이 졌다. 〈사무엘상〉 4장에도 이런 전투 장면이 나온다. 이스라엘 군사들이 불레셋 군사와 에벤에젤에서 전투를 벌이다 패배하여 4000명이나 전사했는데, 이를 본 이스라엘의 장로들이 "야훼께서 주신 언약의 궤를 가져오라! 그것이 있으면 우리가 이길 수 있다!"라고 말하여 이스라엘 군사들은 언약궤를 앞세우고 다시 전쟁터로 나갔다.

그러나 언약궤가 나타났다는 사실을 알자, 불레셋 군사들은 오히려 더욱 힘을 내어 이스라엘 군사들을 맹렬히 공격하여 3만 명을 죽이고 언약궤를 빼앗아갔다. 이 전투에서 이스라엘의 제사장인 엘리의 두 아들 홉니와 비느하스가 전사했고, 이 소식을 들은 엘리도 놀라 뒤로 넘어져 목이 부러져 죽는 등 그 충격은 실로 막심했다.

한편 언약궤를 빼앗아간 불레셋 진영에서는 갑자기 종기가 돌고 쥐들이 들끓어 고통을 받았다. 이에 불레셋인들은 황금으로 종기와 쥐 모양을 각각 5개씩 만들어 언약궤와 함께 이스라엘 쪽으로 돌려보내기로 결정했다. 이때 만든 황금 종기와 쥐는 면죄의 제물이었다. 이 언약궤가 암소가 끄는 수레 위에 실려 돌아오는 모습을 본 벳세메스 사람들은 야훼의 벌을 받아서 그만 70명이나 죽고 말았다(《사무엘상》 6장 19절).

그런데 이토록 중요한 보물인 언약궤는 어느 순간부터 성경에서 그 존재가 소리 없이 사라져버린다. 그리고 현재까지 언약궤는 그 흔적을 알 수 없다. 어떻게 된 영문인지도 모른다. 다만 에티오피아의 전설에 의하면, 이스라엘의 솔로몬왕과 시바 여왕 사이에서 태어난 아들 메넬라크가 언약궤를 에티오피아의 악숨으로 훔쳐 왔다고 한다. 그 때문인지 현재까지 악숨에서는 언약궤를 기리는 축제가 열리고 있다.

012 목숨을 구해주는 구리 뱀
– 모세의 불뱀

《구약성경》〈민수기〉 21장 4~9절을 보면, 모세가 구리로 뱀을 만들자 그것을 본 사람들이 죽다가 살아났다는 신비한 이야기가 실려 있다. 그 내용은 대략 이렇다.

이집트에서 강제 노역을 하던 이스라엘 백성을 불쌍히 여긴 이스라엘의 신 야훼가 모세를 보내 그들을 가나안으로 이끌고 갈 무렵, 이스라엘 백성들이 모세한테 불평을 늘어놓았다.

"도대체 어쩌자고 우리를 이집트에서 여기로 데려왔습니까? 이 광야에서 우리를 죽일 작정입니까? 이곳에서는 먹을 것도 마실 물도 없습니다. 거친 음식은 이제 진저리가 납니다."(〈민수기〉 21장 5절)

여기서 이스라엘 백성들이 말한 '거친 음식'이란 만나를 뜻한다. 만나는 〈민수기〉 11장 7~9절에 언급되는데, 고수풀의 씨처럼 생기고 맛은 과자 같았다는 음식이다. 이스라엘 백성들은 광야에 널린 이 만나를 주워서 맷돌에 갈거나 절구에 빻아 냄비에 넣고 구워 빵을 만들어 먹었다고 한다. (오늘날 만나의 정체는 벌레들이 나무를 갉아서 흘러나온 수액의 결정체로 추정되고 있다.) 그러나 같은 음식만 계속 먹다 보면 질리는 법이고, 이스라엘 백성들도 그렇게 만나에 질려 저처럼 불평을 늘어놓았던 것이다.

사실 거칠고 황량한 땅에서 부대끼는 사람들이 풍족한 음식을 먹고 살리가 없다. 〈민수기〉를 보면 이스라엘 백성들이 굶주림에 지쳐, 차라리 강제 노역으로 고통을 받았지만 각종 음식이 넉넉했던 이집트가 더 나았다는 불평을 늘어놓는 장면들이 나온다.

"아, 고기 좀 먹어 봤으면. 이집트에서는 공짜로 먹던 생선, 오이, 참외, 부추, 파, 마늘이 눈앞에 선한데, 지금 우리는 먹을 것이 없어 죽는구나. 보기만 해도 지긋지긋한 이 만나밖에 없다니."(〈민수기〉 11장 4~6절)

"너희는 어찌하여 우리를 이집트에서 데리고 나와 이 못된 고장으로 이끌었느냐? 어찌하여 우리를 곡식도 무화과도 포도도 석류도 자라지 않고 마실 물도 없는 이곳으로 끌어내었느냐?"(〈민수기〉 20장 4~5절)

이처럼 이스라엘 백성이 모세에게 불평을 늘어놓자, 화가 난 야훼는 그들을 벌하기 위해 불뱀을 보냈다. 이 불뱀이 어떤 동물인지는 모르나, 아마 물리면 불처럼 뜨겁고 고통을 주는 독을 가진 뱀인 것으로 추정된다. 여하튼 불뱀이 이스라엘 백성을 물어서 많은 사람이 죽었다. 그러자 겁을 먹은 이스라엘 백성은 모세에게 와서 "우리가 괜히 불평을 늘어놓아 잘못을 저질렀으니, 저 뱀이 물러가게 야훼께 기도를 해주십시오."라고 부탁했다.

이에 모세가 야훼한테 기도를 하자, 야훼는 모세한테 "너는 불뱀을 만들어 기둥에 달아 놓고 뱀에게 물린 사람마다 그것을 쳐다보게 하여라. 그리하면 죽지 아니하리라."라고 가르쳐주었다. 야훼가 시킨 대로 모세가 구리로 뱀을 만들어 기둥에 달아놓자, 그 구리 뱀을 쳐다본 사람들은 불뱀에 물려도 죽지 않았다고 한다(《민수기》 21장 6~9절).

그런데 수많은 이스라엘 백성을 살려낸 이 구리 뱀은 먼 훗날 이스라엘의 왕국 시대에 유다 왕국의 국왕 히즈키야에 의해 그만 부서지고 만다. 그때의 정황을 기록한 《구약성경》 〈열왕기하〉 18장 4절을 보면, 히즈키야는 유다의 왕이 되고 나서 이스라엘 백성들이 '느후스탄'이라고 불렸던, 모세가 만든 구리 뱀을 산산조각 내었다고 한다. 이유는 이스라엘 백성들이 구리 뱀에게 제물을 불태워 바치며 숭배의 대상으로 삼았다는 것인데, 그렇다면 야훼가 이스라엘 백성들한테 우상 숭배의 단서를 제공했다는 결론이 되어서 다소 이상하다.

히즈키야왕이 구리 뱀을 파괴한 진짜 이유는 '사람을 살려내는 구리 뱀'이 수메르 신화에서 유래했기 때문이었다. 수메르 신화에는 닌기스지다(Ningishzida)라는 신이 있는데, 인간의 수명을 늘려주는 권능을 지녔다. 그리고 이 닌기스지다의 상징이 바로 기둥에 몸이 얽힌 두 마리의 뱀으로, 모세가 만들도록 했다는 구리 뱀 느후스탄의 원형이었다. 히즈키야왕은 이런 속사정을 제대로 알고 있어서, 오직 야훼만 섬겨야 한다는 종교 개혁을 일으켜서 느후스탄을 파괴한 것이 아닐까?

013 태산을 베는 보검
– 무함마드의 칼

줄피카르(Zulfiqar)는 이슬람교의 전설에 나오는 칼이다. 원래는 이슬람교의 창시자인 예언자 무함마드의 칼이었는데, 그의 사촌동생이자 사위인 알리 이븐 아비 탈리브(Ali ibn Abi Talib, 601~661)한테 주었다고 한다.

다른 지역의 신화나 전설에도 강력한 힘을 가진 칼은 많지만 그중에서도 줄피카르는 무척 특이하다. 마치 가위처럼 두 개의 칼날로 이루어졌기 때문이다. 그러니까 줄피카르는 칼자루에서 뻗어 나오는 칼날의 몸체는 하나인데, 끝부분이 가위처럼 두 갈래로 갈라진 모습이었다고 상상하면 될 것이다.

줄피카르라는 이름의 뜻은 확실히 알 수 없다. 다만 '등뼈'를 뜻하는 아랍어 단어 파카르(faqar)에서 유래했다는 해석에 기대자면 '등뼈를 부수는 것'이라고 이해할 수 있다. 이슬람 신학 서적들에서는 줄피카르를 가리켜 "등뼈를 분리시킨다."라고 표현하거나 이 칼이 원래 사람이 만든 것이 아니라 천국에서 내려온 신비한 보물이라는 점을 강조한다. 그런가 하면 줄피카르는 원래 끝이 가위처럼 두 갈래로 갈라진 칼이 아니라 양날이 달린 일반적인 모양의 칼이라는 견해도 있다.

여하튼 줄피카르는 수많은 이슬람교도에게 깊은 인상을 남겼다. 줄피카르와 관련된 흥미로운 전설도 무척이나 많다. 그중 하나는 이런 내용이다.

원래 줄피카르는 두 알 피카르(Du-l-Fiqar)라고 하여 예언자 무함마드가 가진 보물이었다. 칼집의 표면에 섬세하고 아름다운 조각이 새겨져 있고 칼자루는 은으로 만들어진 보검이었다. 625년 무함마드가 메카의 군대와 싸운 우후드 전투에서 사촌동생 알리가 자신의 칼로 가장 강력한 메카 전사의 방패와 투구를 일격에 쪼개버렸으나 그만 자신의 칼도 산산조각이 나고 말았다. 그 장면을 본 무함마드는 알리의 용맹에 감탄하여 "이제부터 내가 가진 칼을 자네한테 주겠네."라면서 두 알 피카르를 알리한테 넘겨주었고, 그 뒤로 두 알 피카르는 새로운 주인 알리를 만나 줄피카르라고 불리면서 수많은 전쟁터에서 강한 적들을 쓰러뜨리는 무시무시한 명검이 되었다.

이슬람 사회에 전하는 민담에는 이런 것도 있다. 알리가 어느 날 수많은 기독교도와 싸우다가 그만 포위되었는데, 칼을 휘둘러 크고 높은 산을 잘라내고는 달아나는 데 성공했다는 이야기다. 산을 베어버리는 데 사용한 칼이 바로 줄피카르였다. 칼로 산을 베다니, 너무 지나친 과장 같지만 그만큼 이슬람교도들이 줄피카르를 막강한 위력을 지닌 보물로 여기고 있음을 알 수 있는 대목이다.

또한 이슬람교의 타락한 천사 이블리스와 알리가 싸운 이야기도 있다. 이블리스가 강력한 마법을 사용하여 알리를 위기에 몰아넣자 알리는 줄피카르를 꺼내 이블리스를 향해 휘둘렀는데, 이블리스가 그만 겁을 먹었다. 만약 그때 예언자 무함마드가 알리를 말리지 않았다면 알리는 줄피카르로 이블리스를 죽이고 말았을 것이라는 민담이다.

그런 이유로 이슬람교도들은 "알리와 같은 영웅은 없으며, 두 알 피카르(줄피카르)와 같은 검은 없다."라고 찬양을 늘어놓았다.

알리가 죽고 나서 거의 1000년이나 지난 후에도 줄피카르의 명성은 여전히 이슬람 사회에 남아 있었다. 16~17세기 유럽을 공포에 떨게 했던 강력한 이슬람 국가 오스만 제국(지금의 터키)의 정예 부대 예니체리 병사들이 들고 다녔던 깃발에도 줄피카르의 그림이 그려져 있었다. 그들은 전설적인 영웅 알리와 무서운 보검 줄피카르의 힘을 빌려 적들을 제압하려고 했던 것이다.

또한 1794년부터 1925년까지 존속한 이란의 카자르 왕조에서는 줄피카르의 전설적인 모습을 본뜬 칼이 생산되기도 했다. 그 칼의 가장자리에는 뾰족한 톱날이 달려 있어서 적을 베는 데 꽤나 뛰어난 효과를 발휘했다고 한다. 그러한 형태의 칼날은 인도를 지배했던 이슬람 세력인 무굴 왕조 시대(1526~1857년)에도 만들어졌다.

오늘날에도 이란에 줄피카르라는 이름의 전차가 있고, 심지어 유럽 국가 중에서 이슬람교를 믿는 보스니아는 1992년 4월부터 1995년 12월까지 벌어진 보스니아 전쟁 중에 줄피카르라는 이름의 특수 부대를 운용하기도 했다.

014 금보다 귀한 쇠로 만든 침대
– 바산 왕의 침대

《구약성경》〈신명기〉 3장을 보면, 모세가 이집트에서 데리고 나온 이스라엘 백성이 요르단강 동쪽을 건너 바산 쪽으로 올라가던 도중에 바산을 다스리던 왕 옥(Og)이 자신의 모든 백성을 거느리고 나와서 이스라엘 백성들을 상대로 에드레이에서 싸움을 걸었다는 내용이 나온다.

그런데 옥은 평범한 사람이 아니었다. 〈신명기〉 3장 11절에 의하면 옥은 마지막으로 남은 거인족이었다. 여기서 거인족은 〈창세기〉에서 신의 아들들(천사)과 사람의 딸들(인간 여자) 사이에서 태어난 혼혈 종족 네피림을 가리킨다.

현재 기독교 정경에는 네피림을 단순히 힘이 센 용사라고만 기술하고 있지만 외경인 〈에녹서〉나 그 밖의 유대인 전승에 의하면, 그 키가 무려 1350미터나 될 만큼 어마어마하게 컸다. 그리고 옥은 지상을 물로 휩쓸어버린 노아의 대홍수가 닥쳤을 때도 빠져 죽지 않고, 노아 가족이 탄 방주를 잡고 살아남았으며(일설에 의하면 덩치가 너무나 커서 노아의 대홍수조차 발목밖에 차지 않았다), 대홍수가 끝나자 요르단 동쪽의 바산으로 가서는 60개 도시를 다스리는 왕이 되었다.

그러니까 옥은 키가 굉장히 큰 거인족이었고, 아마 그를 따랐던 백성들도 마찬가지로 보통 사람보다 훨씬 덩치가 크고 힘이 센 거인족이었을 것이다.

하지만 막상 전투가 벌어지자 승패는 너무나 쉽게 갈렸다. 모세를 따르는 이스라엘 백성이 옥과 그 백성을 하나도 남기지 않고 절멸시켰던 것이다. 이스라엘의 신(야훼)이 옥과 그 백성을 이스라엘 백성의 손에 넘겨서 그렇게 되었다고는 하지만, 굉장히 허무하게 끝나서 어쩐지 맥이 빠진다.

옥이 다스리던 60개 도시는 높은 성벽과 성문과 빗장으로 튼튼하게 방비가 되어 있었고, 그 밖에 성벽이 없는 시골 마을도 매우 많았다고 한다. 옥을 죽인 이스라엘 백성은 그곳까지 쳐들어가서 모든 성과 마을에서 남자와 여자와 아이를 구별하지 않고 몰살했으며, 가축을 포함하여 모든 물건을 약탈하여 전리품으로 삼았다.

그렇게 해서 이스라엘 백성은 옥을 죽이고 그의 도시를 빼앗았는데, 그의 물건을 뒤져보다가 놀라운 것을 하나 발견했다. 살아생전 옥이 사용하던 침대였다. 온통 쇠로 만들어진 침대는 그 길이가 아홉 큐빗(4미터), 너비가 네 큐빗(2미터)가량 되었다(〈신명기〉 3장 11절).

고작 쇠로 만든 침대가 뭐가 그리 대단하냐고 생각하는 사람도 있을지 모르겠다. 요즘처럼 쇠를 공장에서 대량생산하는 시대에야 쇠가 별것 아니지만, 〈신명기〉의 사건이 있어났을 것으로 추정되는 기원전 14세기에 쇠는 황금이나 은보다 귀중한 보물이었다.

당시에 쇠는 다루기가 무척이나 어려운 금속이었다. 고대 중동에서 쇠는 현재 터키 지방에 있었던 히타이트인들만 만들 수 있었는데, 그들은 쇠를 만드는 방법을 국가 1급 기밀로 간주하여 외부로 새어나가는 것을 엄격히 막았다. 그래서 히타이트와 국운을 건 대결을 벌인 이집트의 람세스 2세조차 쇠를 만드는 방법을 끝내 알아내지 못했다.

다만 기원전 12세기 무렵, 중동의 해안을 침략해온 해양민들은 쇠를 다루는 방법을 알고 있었고 쇠로 만든 창칼로 무장한 상태였다. 그들이 어떻게 쇠를 만드는 방법을 알아냈는지는 의문인데, 그저 히타이트 왕국을 공격해 멸망시키면서 철기 제조법을 알아냈다고 추정할 뿐이다. 이들은 이집트를 침공하려다 실패하자 지금의 팔레스타인 지역으로 후퇴하여 정착했는데, 쇠를 만들거나 다루는 방법을 몰랐던 이스라엘인들을 강하게 억압하고 지배했다.

〈사무엘상〉 13장 19~22절을 보면, 이스라엘의 초대 국왕 사울이 해양민의 후손 불레셋인들과 전쟁을 할 때 이스라엘에는 (쇠를 다루는) 대장장이가 없었다. 불레셋인들은 이스라엘인들이 쇠로 창칼을 만들지 못하도록 했기 때문이다. 그래서 전쟁이 터졌을 때 쇠로 만든 칼과 창을 가진 사람은 사울과 그의 아들 요나단뿐이었다고 한다.

또한 《구약성경》 〈여호수아〉 17장 17~18절이나 〈사사기〉 1장 19절을 보면, "가나안 사람들은 쇠로 만든 전차가 있고 강력해서 쫓아내지 못한다."라는 구절도 나온다. 이는 쇠에 대한 이스라엘인들의 두려움을 드러내는 대목이다. 따라서 온통 쇠로 만들어진 바산 왕 옥의 침대는 이스라엘인들한테 황금이나 다이아몬드로 만든 침대만큼이나 귀중한 보물이었을 것이다.

다만 전승에서 옥이 노아의 방주를 붙잡고 다녔다거나 대홍수도 옥의 발목까지밖에 차오르지 않았다는 이야기를 떠올리면, 길이가 고작 5미터도 안 되는 옥의 쇠침대는 작아도 너무 작다. 대홍수 이후로 옥의 덩치가 작아진 것이 아니라면 전승마다 옥의 체격이 다르다고 보아야 할 것이다.

4

신비한 장소들

015 슬픔과 고통이 없는 낙원
– 수메르 신화의 딜문

아직까지 기록상으로 인류 최초의 신화인 수메르 신화에서는 딜문(Dilmun)이라는 낙원이 언급된다. 그 내용은 이렇다.

딜문은 현재 중동 걸프만의 바레인 근처로 여겨지는데, 너무나 깨끗하고 눈부시게 빛나는 땅으로 묘사된다. 점토판에 적힌 딜문의 모습은 그야말로 환상적인 낙원이다.

"딜문에서는 사자와 늑대와 들개가 다른 동물들을 죽이거나 잡아먹지 않는다. 생명이 죽는 일도 없어서 남편을 잃고 슬픔에 빠진 과부는 딜문에서 있을 수가 없다. 또한 딜문에서는 질병이나 늙음도 없기 때문에 당연히 슬픔도 없다. 그리고 딜문에 사는 여신과 여자 들은 인간 세상에서처럼 열 달 동안 고통스러운 임신과 출산을 겪지 않으며, 고작 9일 동안의 임신 끝에 아무런 고통 없이 아이를 낳는다."

다만 딜문도 완벽한 곳은 아니었다. 딜문에도 한 가지 부족한 점이 있었는데, 바로 깨끗한 물이었다. 그래서 물의 신 엔키(Enki)는 태양의 신 우투(Utu)에게 "땅으로부터 깨끗한 물을 가져와서 딜문에 공급해 주시오."라고 부탁했다. 우투는 엔키의 요청에 응답하여, 땅에서 물을 끌어올려 딜문을 적셔주었다. 물이 풍부하게 공급된 덕분에 딜문은 온갖 풀이 우거지고 과일들이 자라는 훌륭한 안식처가 되었다.

그러자 땅과 다산의 여신 닌후르사그(Ninhursag)는 딜문에 8종류의 식물을 심었다. 풍족한 물로 식물들이 잘 자라났는데, 그 모습을 본 엔키가 그만 먹음직스럽게 생긴 식물들을 모조리 가져가서 먹어버렸다.

자신이 애써 심고 기른 식물들을 아무런 상의도 없이 멋대로 가져가 먹어버린 엔키의 행동에 화가 난 닌후르사그는 엔키에게 질병과 죽음이 걸리는 저주를 내리고는 딜문에서 떠나버렸다.

닌후르사그의 저주에 걸린 엔키는 자신이 먹어치운 식물의 종류대로 몸의 8군데가 병에 걸렸고, 그 고통으로 신음하고 있었다. 닌후르사그가 내린 저주는 오직 그녀만이 풀 수 있는 것이라서 다른 신들은 엔키를 불쌍하게 여기며 돕고 싶어도 어찌할 방도를 몰랐다.

그때 웬 여우 한 마리가 엔키를 찾아와서는 "제가 닌후르사그 여신을 데려와서 당신의 병을 낫게 해드리겠습니다. 그 대신 저한테 합당한 상을 내려주십시오."라고 제안했다. 몸이 아파 고통을 받던 엔키는 다급한 마음에 "그렇게 해주겠다."라고 약속했고, 여우는 서둘러 닌후르사그를 찾아 나섰다. (여우가 요구한 상이 무엇인지는 점토판에 나와 있지 않다. 아마 점토판이 훼손되어 그 내용을 알 수 없는 탓이라고 여겨진다.)

여하튼 그렇게 해서 여우는 닌후르사그를 데려와서 "물의 신 엔키가 이대로 병에 걸려 죽어간다면 장차 세상에 물이 사라질 것이고 그러면 딜문에 가득 찬 식물들도 모두 없어질 것입니다."라고 설득했다. 그리하여 닌후르사그는 엔키의 병이 든 신체 8곳을 치료하는 신을 만들어서 엔키를 치료하게 했다. 그들은 아부(Abu), 닌툴라(Nintulla), 닌수투(Ninsutu), 닌카시(Ninkasi), 난쉐(Nanshe), 아지무아(Azimua), 닌티(Ninti), 엔샤그(Enshag) 등

8위의 신이었다. 이들의 치료로 엔키는 병이 나아 건강해졌고, 딜문은 다시 예전처럼 질병과 죽음과 고통이 없는 아름다운 낙원으로 되돌아갔다.

사실 이 딜문 신화는 여러 면에서 《구약성경》의 에덴동산 설화와 너무나 흡사하다. 우선 딜문에 물이 부족해서 엔키가 우투에게 깨끗한 물을 부탁했다는 내용은 〈창세기〉 2장 5~6절에서 언급된 "땅에는 아직 아무 나무도 없었고, 풀도 돋아나지 않았다. 마침 땅에서 물이 솟아 온 땅을 적시자"라는 구절을 떠올리게 한다.

또한 딜문 신화에서 병이 든 엔키의 신체 부위 8곳 중 하나는 갈비뼈인데, 수메르어로 갈비뼈는 티(ti)라고 부른다. 즉 엔키의 갈비뼈를 치료하기 위해 만들어진 여신이 닌티인데, 닌티라는 말은 수메르어로 '생명을 만드는 갈비뼈의 고귀한 여인'이라는 뜻도 담고 있다. 이는 《구약성경》에서 남자 아담의 갈비뼈로 만들어진 여자 하와를 떠올리게 하는 대목이다.

아울러 엔키가 8종류의 식물을 먹었다가 죽음의 저주를 받는 딜문 신화의 내용도 에덴동산 설화에서 아담과 하와가 금단의 열매를 먹었다가 신으로부터 죽음의 저주를 받았다는 내용과 거의 일치한다.

따라서 《구약성경》의 에덴동산 이야기는 수메르 신화의 딜문 이야기에서 영감을 받아 유대인들이 만들어낸 설화라고 볼 수 있다.

016 아담이 살았던 곳은 어디일까
– 구약성경의 에덴동산

유대교와 기독교와 이슬람교의 경전인 《구약성경》의 〈창세기〉 2장부터 3장을 보면, 태초에 인류는 에덴동산이란 낙원에서 살고 있었다. 그 내용은 이렇다.

아직 땅에 나무도 풀도 없고 비도 없던 시절, 마침 땅에서 물이 솟아 온 땅을 적시자 《구약성경》의 신 야훼는 진흙으로 빚고 코에 입김을 불어넣어 사람을 만들고는 그 이름을 '아담'이라고 지어주었다. 그리고 야훼는 동쪽에 있는 에덴이라는 곳에 동산을 마련하여 아담을 그리로 데려가서 살게 해주었다.

에덴에서 강 하나가 흘러 나와 동산을 적신 다음 네 줄기로 갈라졌다. 첫째 강줄기의 이름은 비손이라 하는데, 은과 금이 나는 하월라 땅을 돌아 흐르고 있었다. 그 땅은 좋은 금뿐 아니라 브돌라라는 향료와 홍옥수 같은 보석이 나는 곳이었다. 둘째 강줄기의 이름은 기혼이라 하는데, 구스 온 땅을 돌아 흐르고 있었다. 셋째 강줄기의 이름은 티그리스라 하는데, 아시리아 동쪽으로 흐르고 있었다. 넷째 강줄기의 이름은 유프라테스라고 했다.

야훼는 에덴동산에 보기 좋고 맛있는 열매를 맺는 온갖 나무를 자라나게 했으며, 또 에덴동산의 한가운데에 생명나무와 선과 악을 알게 하는 나무도 자라나게 했다. 그러고 나서 야훼는 아담을 데려다가 에덴동산을 돌보게 하면서 이렇게 말했다.

"이 동산에 있는 나무 열매는 무엇이든지 마음대로 따먹어라. 그러나 선과 악을 알게 하는 나무 열매만은 따먹지 마라. 그것을 따먹는 날, 너는 반드시 죽는다."

또한 야훼는 아담이 혼자 있는 것은 좋지 않다고 여겨서 그에게 짝을 지어주었다. 아담을 깊이 잠들게 한 다음, 그 갈빗대를 하나 뽑아 여자를 만들고 그 자리는 살로 메웠다. 여자의 이름은 하와(이브)라고 했다. 아담은 하와와 어울려 부부가 되었는데, 둘은 옷을 입지 않은 알몸이었어도 부끄러운 줄을 몰랐다.

그런데 하와는 "선과 악을 알게 하는 나무 열매를 따먹어도 너희는 결코 죽지 않고, 오히려 신처럼 된다."라는 뱀의 말을 믿고 그 열매를 먹었고, 아담한테도 먹게 했다. 이제 그들은 알몸의 부끄러움을 알았다. 야훼는 이 사실을 알고서 "너희는 내 명령을 어겼으니 이 동산에 있을 자격이 없다."라며 에덴동산에서 쫓아내면서 죽도록 일하고 힘들게 아이를 낳아 고생을 해야 한다는 저주를 내렸다. 그리하여 인류가 오늘날 세상에 존재하게 되었다는 것이 《구약성경》에서 말하는 태초의 낙원, 에덴동산의 설화다.

앞서 언급했듯이 이 에덴동산 이야기는 유대인들이 그들보다 앞서서 문명을 이룬 이집트인들과 수메르인들의 신화에서 영향을 받아 만들어낸 것이다.

우선 에덴동산의 위치부터 살펴보도록 하자. 앞서 언급한 강줄기에서 힌트를 얻을 수 있다. "첫째 강줄기의 이름은 비손이라 하는데, 은과 금이 나는 하윌라 땅을 돌아 흐르고 있었다." 〈창세기〉 10장에서는 하윌라를 가리켜 구스의 아들이라고 부른다. 여기서 구스란 지금의 에티오피아를 말한다. 그리고 "둘째 강줄기의 이름은 기혼이라 하는데, 구스 온 땅을 돌아 흐르고 있었다."라는 부분 역시 에티오피아를 말한다.

셋째 강줄기 티그리스와 넷째 강줄기 유프라테스는 명백히 현재 이라크 지역이다. 그렇다면 에티오피아와 거리가 너무 멀다. 《성서가 된 신화》를 쓴 게리 그린버그는 이에 대해 "원래 유대인들은 이집트 신화에 나오는 '불타는 섬'을 모방하여 에덴동산 이야기를 만들었는데, 훗날 바빌론 유수 때 그들이 바빌론으로 끌려가면서 새로 접한 바빌론 신화의 딜문 이야기를 모방하여 에덴동산 이야기를 고치는 바람에 혼동이 생겼다."라고 주장한다. '불타는 섬'은 이집트 신화에 언급되는 세계 최초의 장소인데, 바다의 신 눈(Nun)으로부터 솟아오른 불타는 산으로 이루어진 땅이었다.

또한 아담과 하와가 선과 악을 알기 전에는 옷을 입지 않고 벌거벗은 채로 다녀도 부끄러운 줄을 몰랐다는 〈창세기〉의 구절은 기원전 7세기에 나온 바빌론 신화의 이야기 중 "태초의 인류는 옷으로 몸을 가릴 줄 몰라서 알몸으로 사방으로 돌아다녔다."라는 내용에서 유래했음을 짐작할 수 있다.

그리고 야훼가 에덴동산에서 인류를 내쫓으면서 앞으로 너희가 힘들게 일해서 먹고 살아야 한다고 명령하는 부분은 수메르와 바빌론 신화에서 신들이 인류에게 "너희는 신들을 대신하여 농사와 제방 쌓기 같은 힘든 일을 하는 것이 의무다!"라고 다그치는 부분과 거의 흡사하여 눈길을 끈다.

017 인류의 언어가 갈라진 곳
– 구약성경의 바벨탑

하늘을 찌를 듯이 높이 솟아오른 건물을 마천루 혹은 바벨탑이라고 부른다. 바벨탑 이야기는 《구약성경》〈창세기〉 11장 1~9절에 나오는 설화에서 유래했는데, 그 내용은 대략 이렇다.

노아의 홍수를 거치면서 절멸 상태에 놓였던 인류가 다시 번성했다. 그때까지만 해도 온 세상의 인류는 하나의 언어를 쓰고 있었다. 그들은 동쪽으로부터 이주해 오다가 시날이라는 지방의 들판에 자리를 잡았고, 벽돌을 빚어 불에 구워 단단하게 만든 다음, 하늘에 닿을 만큼 높이 탑을 쌓아 자신들의 이름을 널리 알려서 사방으로 흩어지지 않도록 하자고 의견을 모으고는 탑을 쌓기 시작했다.

이에 신(야훼)이 하늘에서 땅으로 내려와 사람들이 세운 탑을 보고는 "저들이 서로 말이 같은 하나의 종족이라서 이런 일이 가능했구나. 이것은 앞으로 인간들이 하려는 일의 시작에 불과할 것이다. 저들이 하려고만 하면 못할 일이 없겠다. 당장 저들이 쓰는 언어를 나누어 놓아 서로 알아듣지 못하도록 해야겠다."라고 결심한 끝에 인류가 쓰는 언어를 서로 다르게 만들어놓았다.

그러자 사람들은 서로 사용하는 언어가 달라 의사소통이 되지 않았고,

더는 탑을 쌓는 작업을 같이할 수가 없어서 사방으로 흩어져버렸다. 이런 이유로 사람들이 하늘에까지 닿을 만큼 쌓던 탑을 가리켜 바벨(Babel)이라고 불렀는데, 히브리어로 '혼란스럽다'라는 뜻이다. 이것이 인류의 언어가 서로 달라진 이유에 대한 성경 속 이야기다.

그런데 사실 '인류의 언어가 원래 하나였는데 신이 그것을 서로 다르게 갈라놓았다.'라는 식의 설화는 유대인들이 《구약성경》에서 순수하게 창작한 것이 아니라 그들보다 앞서서 문명을 이룩한 수메르인들의 신화에서 비롯된 것이다.

수메르 신화에 의하면, 먼 옛날에는 전 세계의 모든 사람이 하늘을 다스리는 최고의 신 안(An)의 아들이자 대기의 신인 엔릴(Enlil)을 하나의 언어로 찬양했는데, 지혜의 신이자 엔릴의 형제인 엔키(Enki)가 인류의 언어를 수십 개로 갈라놓아서 그때부터 인간들 사이에 분쟁과 다툼이 일어났다.

엔키가 왜 인류의 언어를 갈라놓았는지는 언급되어 있지 않으나, 아마 전 인류가 엔릴을 한목소리로 찬양하는 모습에 질투심을 느껴서 그런 듯하다.

그렇다면 바벨탑의 원형은 어디에서 비롯되었을까? 이는 수메르인들과 바빌론인들이 하늘의 신들에게 제물을 바치기 위해 높이 쌓은 제단인 지구라트(Ziggurat)에서 유래했다. 지구라트들은 높이가 제각각이었는데, 가장 높은 것은 80미터나 될 만큼 매우 크고 높은 고대의 마천루였다.

기원전 587년 바빌로니아 왕국에게 멸망당한 유다 왕국의 유대인들은 바빌로니아의 수도인 바빌론으로 끌려가면서 지구라트들을 보게 되었고, 그와 동시에 바빌론 신화들을 알게 되면서 "옛날 여기 바빌론인들의 조상들이 하늘에까지 닿을 만큼 높은 탑을 쌓다가 신의 노여움을 사서 탑이 하늘에 닿지 못했고, 인류의 언어가 여러 개로 나뉘어졌구나!"라고 생각하여 〈창세기〉에 바벨탑 설화를 적어넣었던 것이 아닐까?

실제로 바벨이란 말은 바빌로니아인들이 쓰던 언어인 칼데아어로 '신의 문'이라는 뜻이다. 많은 성서학자들은 이 바벨이란 단어가 유대인들이 쓰던 언어인 히브리어로 '혼란스럽다'라는 뜻인 바벨과 그 소리가 비슷해서 일종의 혼동을 일으킨 것으로 추측하고 있다.

또한 바빌론은 당시 중동에서 가장 크고 번화한 도시여서 수많은 민족이 모여들었고, 그들이 사용하는 여러 가지 언어로 도시가 굉장히 시끄러웠다. 그러다 보니 유대인들이 "바빌론은 시끄러운 곳이다!"라고 여겼을 법도 하다.

사실 중동 지역의 교역 중심지로 오랫동안 눈부신 번영을 누리던 바빌론에 비하면 유대인들이 살았던 예루살렘이나 유대 왕국은 그야말로 가난한 시골 변방에 불과했다. 그런 이유로 바빌론의 흥청거리는 부귀영화는 바빌론이 망하고 없어진 지 600년이 지난 후에 기록된 〈요한계시록〉에서조차 로마를 바빌론으로 부를 정도로 유대인들한테 정신적으로 큰 충격을 주었고 강한 인상을 남겼다.

기원전 539년, 페르시아 제국의 키루스 2세는 바빌론을 점령하면서 바빌론인들이 지구라트들을 페르시아 군대한테 맞서는 용도로 사용할 것을 우려하여 모조리 파괴해버렸다. 그래서 현재까지 남아 있는 지루라트는 거의 없고, 간혹 있는 것은 현대에 들어서 몇몇 고고학자가 재현해놓은 작품들이다.

018 신의 유황불로 멸망한 도시
– 구약성경의 소돔과 고모라

《구약성경》의 〈창세기〉 18장 16절에서 19장 29절까지 보면, 소돔(Sodom)과 고모라(Gomorrah)라는 두 도시가 나온다. 이곳들은 큰 죄악을 저질러서 거기에서 울려 퍼지는 아우성 소리에 신(야훼)이 화가 날 지경이었다고 하는데, 그 자세한 내막은 이렇다.

신이 보낸 천사 두 명이 저녁 무렵 소돔에 도착했다. 소돔의 성문 옆에 앉아 있던 롯이라는 사람이 그들을 보고 자신의 집으로 데려갔다. 롯은 신이 축복을 내린 정의로운 사람 아브라함의 조카였다. 롯은 누룩이 들지 않은 빵을 천사들에게 대접하고 있었는데, 얼마 후 노인과 젊은이를 포함한 소돔의 시민들이 롯의 집으로 몰려와서 이렇게 소리를 질렀다.

"오늘 밤 너의 집에 온 자들이 어디에 있느냐? 우리가 그들과 재미를 좀 보게(혹은 볼일이 있으니) 끌어내라!"

여기서 언급된 '재미를 좀 보게'라는 표현은 완곡하게 번역을 한 것이다. 영어 성경을 보면 이 표현은 강간을 뜻하는 'rape'로 적혀 있다. 즉 소돔 시민들은 노인이고 젊은이고 가릴 것 없이 천사들을 강간하러 롯의 집으로 몰려왔던 것이다. 시민들의 성별이 명확히 드러나 있지는 않으나, 성경에서 강간의 주체는 대부분 남자고 천사들도 남자로 묘사된 점으로 볼 때, 신이 분노했다던 소돔의 죄악은 남자와 남자끼리의 동성애였던 것일까? 보수적인 기독교 교단에서는 그렇다고 가르치고, 진보적인 기독교 교단에서는 동성애가 아니라 성적 폭력인 강간이 문제라고 가르친다.

그러나 성경에서 동성애를 부정적으로 묘사하고 있다는 점(《로마서》 1장 27절, '남자들 역시 여자와의 정상적인 성관계를 버리고 남자끼리 정욕의 불길을 태우면서 서로 어울려서 망측한 짓을 합니다.'), 그리고 합법적으로 결혼을 한 부부끼리의 성관계가 아닌 모든 성관계는 죄악이며, 음욕에 불타는 자는 결코 천국에 들어가지 못한다는 성경의 가르침으로 보건대, 이 부분에서는 보수적 교단의 해석도 일견 타당해 보인다.

여하튼 천사들은 손을 내밀어 소돔 시민들의 눈을 잠시 멀게 했다. 그리고 롯에게 "우리는 신의 명령으로 이 도시를 멸망시키러 왔다. 너는 가족들을 데리고 어서 여기를 떠나라. 하지만 그 과정에서 결코 뒤를 돌아다보아서는 안 된다."라고 말했다.

롯은 딸들의 약혼자들에게 찾아가 "이 도시는 천벌을 받아 망할 테니, 우리와 함께 떠나자."라고 권유했으나, 예비 사위들은 롯이 정신이 나가 헛소리를 한다고 비웃으며 거부했다. 결국 롯은 아내와 두 딸만 데리고 소돔을 빠져나가 '소알'이라는 작은 도시로 피신했다.

롯이 빠져나가자, 신은 하늘에서 직접 유황불을 소돔과 고모라에 퍼부었다. 소돔은 상세히 언급되었는데 고모라는 그저 이름만 나온 것을 보면, 아마 고모라도 소돔과 마찬가지로 동성 강간이 일상으로 벌어졌던 듯하다. 아무튼 신이 소돔과 고모라에 퍼부은 불로 두 도시에 살던 사람들은 물론, 땅에 돋은 식물들까지 모조리 불에 타 죽고 말았다. 나중에 아브라함이 소돔과 고모라가 있던 곳으로 가보니, 그곳에는 연기만 피어오르고 있었다고 한다.

한편 롯의 아내는 피신하던 와중에 천사들의 말을 어기고 뒤를 돌아보다가 그만 소금 기둥으로 변해버렸다. 아내를 잃은 롯은 소알로 피신했다가 소알 시민들을 두려워하여 소알에서 나와 두 딸을 데리고 산속으로 들어갔다. 그 후 딸들은 "우리가 세상에 시집을 갈 남자들이 없으니, 아버지의 씨를 받아서 가문을 이어야겠다."라며 롯에게 술을 먹여 취하게 한 다음, 그와 잠자리에 들어 각각 모압과 벤암미라는 아들을 낳았다. 모압은 모압족의, 벤암미는 암몬족의 시조가 되었다.

소돔 설화는 여러 면에서 흥미롭다. 우선 롯의 아내가 뒤를 돌아보다 소금 기둥으로 변했다는 내용은 그리스 신화에서 저승을 빠져나오던 오르페우스가 뒤를 돌아보지 말라던 저승의 신 하데스의 말을 어기고 뒤를 돌아 아내 에우리디케를 본 탓에 그만 그녀가 저승으로 끌려가 사라졌다는 내용과 비슷하다. 그래서 성서학자 게리 그린버그는 《성서가 된 신화》에서 소돔은 지상이 아닌 저승에 있던 도시였다고 주장한다.

또한 롯의 딸들이 "우리가 세상에 시집을 갈 남자들이 없다."라고 말한 부분도 흥미롭다. 소알이라는 도시와 그곳에 사는 사람들이 있었고, 아니면 주변에 다른 도시들을 찾아가서 그곳 남자들과 결혼하면 될 텐데 말이다. 전 인류가 멸망한 상태가 아니라면 도저히 나올 수 없는 말이다. 이 때문에 영국의 신화학자 사무엘 헨리 후크는 《중동 신화》에서 소돔 설화는 노아의 대홍수와 비슷한 인류 멸망 전설이었다고 주장한다.

019 세상을 다스리는 큰 도시의 멸망
– 요한계시록의 대바빌론

《신약성경》의 마지막 책인 〈요한계시록〉의 17장과 18장을 보면, 대바빌론이라는 도시가 나온다. 이 대바빌론에 대해 〈요한계시록〉에서는 다음과 같이 부정적으로 묘사하고 있다.

광야에 진홍색 짐승을 탄 여자 하나가 나타났는데, 그 짐승은 7개의 머리와 10개의 뿔이 달렸고, 몸에는 신을 모독하는 이름이 가득히 적혀 있었다. 짐승을 탄 여자는 주홍과 진홍색 옷을 입고 금과 보석과 진주로 단장하고 있었으며 자기 음행에서 비롯된 흉측하고 더러운 것이 가득히 담긴 금잔을 손에 들고 있었다. 그리고 이마에는 "온 땅의 탕녀들과 흉측한 물건들의 어미인 대바빌론"이라는 이름이 상징적으로 기록되어 있었다. 그 여자는 성도들의 피와 예수 때문에 순교한 사람들의 피에 취해 있었다.

〈요한계시록〉의 저자를 돕기 위해 나타난 천사의 해설에 의하면 여자가 탄 짐승의 머리 7개는 그 여자가 타고 앉은 7개의 언덕이며 또 7명의 왕을 가리킨다. 그중 다섯은 이미 넘어졌고 여섯째는 아직 살아 있으며 마지막 하나는 아직 나타나지 않았다. 마지막 왕이 나타나더라도 잠시 동안밖에는 살지 못할 것이다. 또 전에 있다가 지금은 없는 그 짐승은 바로 여덟째 왕이다. 그 왕도 일곱 왕과 함께 멸망한다.

그리고 짐승의 뿔 10개는 10명의 왕이다. 그들은 아직 나라를 차지하지는 못했지만 그 짐승과 함께 한때 왕 노릇 할 권세를 받을 것이다.

또, 짐승을 탄 여자가 앉아 있는 물은 백성들과 군중들과 나라들과 언어들이다. 그런데 짐승은 여자를 미워하여 벌거벗기고 처참한 지경에 빠뜨린 다음, 여자의 살을 뜯어먹고 마침내 불살라버릴 것이다. 여자의 정체는 세상 임금들을 다스리는 큰 도시를 가리킨다.

여기까지는 〈요한계시록〉 17장의 내용이고 다음 18장에서는 대바빌론이라 불렸던 여자, 즉 도시가 패망한다.

하늘로부터 큰 권세를 가지고 내려온 천사가 힘찬 소리로 "악마들의 거처이자 악령들의 소굴이었던 대바빌론이 무너졌다!"라고 크게 외친다.

그러자 하늘로부터 "그 여자의 죄에 휩쓸리지 말고 그 여자를 버리고 나오너라. 그 여자의 죄는 하늘에까지 닿았으니 신이 복수를 하여 질병과 슬픔과 굶주림 등의 재난이 닥치다가 불에 타 버릴 것이다."라는 목소리가 들려왔다.

그러자 대바빌론이 망하는 것을 보고 세상의 상인들도 이제는 그들의 상품을 사줄 사람이 하나도 없기에 "무서운 일이다! 그렇게도 많던 재물이 일시에 잿더미가 되고 말았구나! 저렇게 큰 도시가 또 어디 있었단 말인가? 이 큰 도시에 화가 미쳤구나! 항해하는 배의 선주들이 모두 그 도시의 사치 생활로 말미암아 부자가 되었건만, 그것이 다 일시에 잿더미가 되고 말았구나!"라고 울며 슬퍼했다.

또 힘이 센 다른 천사 한 명이 큰 맷돌 같은 바윗돌을 들어서 바다에 던지며 "큰 도성 바빌론이 이렇게 던져질 것이니 다시는 그 모습을 찾아볼 수 없을 것이다. 다시는 그 도성 안에서 어떤 음악과 노랫소리도 들리지 않을 것이다. 예언자들과 성도들과 땅에서 죽임을 당한 모든 사람의 피가 그 도시에서 발견되었기 때문이다."라고 저주를 내렸다. 그렇게 해서 사악한 도시 대바빌론은 완전히 사라진다.

그런데 〈요한계시록〉이 기록된 서기 2세기 무렵, 이미 바빌론은 600년 전에 망해서 폐허가 된 지 오래였다. 또한 그 무렵 바빌론은 파르티아(현재 이란)의 영토였고, 기독교도들에게 무슨 나쁜 일을 할 상황이 아니었다.

그렇다면 〈요한계시록〉에서 계속 언급하는 대바빌론은 사실 바빌론이 아니라 다른 곳일 테다. 과연 어딜까? 바로 로마다. 〈요한계시록〉 17장 18절에서 "네가 본 그 여자는 세상 임금들을 다스리는 큰 도시를 가리키는 것이다."라는 구절이 나오는데, '세상의 임금들을 다스리는 큰 도시'란 로마 제국의 수도 로마를 뜻한다. 또한 〈요한계시록〉 18장 7절에서 탕녀 대바빌론을 가리켜 "그 여자는 마음속으로 '나는 여왕의 자리에 앉아 있고 과부가 아니니 결코 슬픔을 맛보지 않을 것이다!' 하고 말한다."라는 구절이 있는데, 로마의 별명이 '세계의 여왕'이었다.

그렇다면 어째서 〈요한계시록〉을 기록한 사람은 오래전에 망해서 없어진 바빌론을 빌려와 로마를 빗대어 풍자했던 것일까? 그 이유는 대략 두 가지로 추정된다. 유대인들이 포로로 끌려가서 보고 느꼈던 바빌론의 인상이 워낙 강력하여 600년이 지난 후에도 바빌론을 악의 도시로 기억했거나, 아니면 로마인들에게 기독교를 전파하려는 목적에서 일부러 로마라는 이름 대신 먼 옛날의 바빌론을 끌어왔을 거라는 가설이다. 실제로 지금 남아 있는 《신약성경》의 문헌들은 되도록 로마를 나쁘게 묘사하지 않으려는 인상을 주기 때문이다.

020 최후의 심판 이후에 오는 세상
– 새로운 예루살렘

기독교의 경전인 《신약성경》의 마지막 부분을 차지하는 〈요한계시록〉의 끝을 보면, 신이 악으로 물든 세상을 정화하는 최후의 심판을 마친 다음, 하늘에서 거룩한 도시인 '새로운 예루살렘'이 내려온다고 묘사되어 있다. 그 내용은 이렇다.

최후의 심판이 이루어지면 먼저 예전의 하늘과 땅과 바다는 사라지고, 새로운 하늘과 땅이 나타난다. 그리고 앞서 설명한 대로 하늘에서 예루살렘이 내려오는데, 그 모습은 그야말로 휘황찬란하다.

새로운 예루살렘은 신의 영광에 휩싸여 도시 전체가 보석처럼 빛이 나고, 마치 수정이나 맑은 벽옥과도 같다. 예루살렘에는 크고 높은 성벽과 12개의 대문이 있는데 대문마다 지키는 천사가 한 명씩 있다. 또한 대문에는 이스라엘의 자손인 12지파들의 이름이 하나씩 적혀 있다. 12개의 대문들은 동서남북에 각각 3개씩 있다.

예루살렘의 성벽에는 12개의 주춧돌이 있는데, 주춧돌마다 어린 양의 열두 사도의 이름이 하나씩 적혀 있다.

예루살렘은 네 면이 반듯하고 그 길이와 너비가 같다. 천사가 그 길이와 너비와 높이를 재보니, 모두 똑같이 1만 2000스타디온(1스타디온은 185미터이니 2220킬로미터)이다. 또한 성벽의 두께는 140큐빗(약 65미터)이다. 예루살렘을 두른 성벽은 벽옥으로 이루어졌고, 도시 전체는 온통 맑은 수정 같은 순금으로 만들어졌다.

성벽의 주춧돌은 갖가지 보석으로 꾸며져 있다. 첫째 주춧돌은 벽옥으로, 둘째는 사파이어로, 셋째는 옥수로, 넷째는 비취옥으로, 다섯째는 홍마노로, 여섯째는 홍옥수로, 일곱째는 감람석으로, 여덟째는 녹주석으로, 아홉째는 황옥으로, 열째는 녹옥수로, 열한째는 청옥으로, 열두째는 자수정으로 꾸며져 있다.

또한 예루살렘의 대문 12개는 12개의 각각 다른 진주로 만들어져 있다. 그리고 그 도시의 거리는 투명한 유리 같은 순금이다.

예루살렘에는 따로 성전이 설치되어 있지 않고, 태양이나 달의 빛이 비치지도 않는다. 왜냐하면 예루살렘 자체가 신의 도시이기 때문에 성전이 있을 이유가 없고, 신의 영광으로 밝게 빛나기 때문에 해나 달이 필요 없는 것이다.

그리고 예루살렘에는 신과 어린 양(구세주인 예수 그리스도)이 앉는 옥좌로부터 수정같이 빛나는 생명수의 강이 흘러나와 도시의 넓은 거리 한가운데를 흐르고 있다. 그 생명수의 강 양쪽에는 12가지 열매를 맺는 생명의 나무가 있어서 달마다 열매를 맺고, 그 나뭇잎은 모든 백성을 치료하는 약이 된다.

예루살렘에 사는 사람들의 이마에는 신의 이름이 적혀 있으며, 신의 빛이 언제나 도시를 비추어 밤이 없으므로 등불이 필요 없고, 온종일 집 대문들을 닫을 일도 없다. 아울러 신이 친히 주민들과 함께 살기 때문에 죽음과 슬픔과 고통도 없다.(그러나 치료하는 약이 있다는 말로 보아 병은 있는 듯하다.)

또한 예루살렘 밖에 사는 다른 지역의 왕들과 사람들은 그들의 보물을 가지고 예루살렘에 들어온다.(이는 최후의 심판 이후, 땅에 사는 사람들이 예루살렘

한 곳에만 국한되지 않는다는 사실을 보여준다.)

다만 예루살렘에 들어가려면 어린 양이 가진 생명의 책에 이름이 적혀 있어야만 한다. 그들은 모두 신을 독실하게 믿고 선량하게 산 사람들이다.

덧붙여 예루살렘에는 비겁한 자와 믿음이 없는 자와 흉측스러운 자와 살인자와 간음한 자와 마술쟁이와 우상 숭배자와 거짓말쟁이는 결코 들어가지 못한다. 여기서 말하는 '믿음이 없는 자'는 종교가 없는 무신론자이거나 기독교를 믿다가 등을 돌린 냉담자이며, '간음한 자'는 정식으로 결혼을 한 남자와 여자로 이루어진 부부가 아닌 상태에서 성관계를 가진 사람들이고, '우상 숭배자'는 다른 종교를 믿는 사람들을 말한다. 이들은 영원히 불과 유황이 타오르는 바다인 지옥에 던져져 끝없이 고통을 받는다.

5
영웅과 예언자

021 이스라엘을 이집트에서 구하다
– 모세

《구약성경》〈창세기〉에 이어지는 책인 〈출애굽기〉의 주인공은 모세다.
〈출애굽기〉는 모세에 대해서 무척이나 생동감 있게 묘사하고 있는데, 그
내용은 대략 이렇다.

이스라엘인 요셉은 이집트에 노예로 팔려왔다가 파라오(이집트의 국왕)의
신임을 사서 총리가 되었고, 요셉의 가족들도 기근이 들자 식량을 구하기
위해 이집트로 이주하여 정착했다. 그 이후로 이집트에 살던 이스라엘인들
은 그 수가 계속 늘어났고, 이를 불안하게 여기던 새로운 파라오가 이스라
엘 백성의 수를 줄이기 위해서 모든 이스라엘인 남자 아이를 강제로 죽이
라는 명령을 내렸다.

그러던 와중에 이스라엘 레위 가문에서 한 남자 아이가 태어나자, 부모
는 그 아기를 왕골상자 안에 넣어 갈대숲 속에 버렸는데, 강가로 목욕하러
나온 파라오의 딸이 아기를 궁궐로 데려가서 모세라는 이름을 지어주고 자
기 아이로 길렀다.

어른이 된 모세는 동족인 이스라엘 백성을 괴롭히는 어느 이집트인을 죽
이고 모래 속에 파묻었다가 이 사실이 들통나자 겁이 나서 이집트를 떠나
미디안 땅으로 도망갔다. 그곳에서 모세는 르우엘(이드로)이란 사람의 딸

시뽀라와 결혼했고, 오랜 세월 후에 이스라엘의 신 야훼로부터 "이집트에서 고생하는 내 백성인 이스라엘인들을 이집트로부터 데려와라."라는 계시를 받아 이집트로 가서 파라오한테 야훼의 뜻을 알렸다.

그러나 노동력이 필요했던 파라오는 야훼의 요구를 거부했다. 이 사실을 모세가 고하자, 야훼는 이집트에 10가지 재앙을 내린다. 10가지 재앙은 강물이 피로 변하고, 개구리가 들끓고, 모기 떼가 습격하고, 등에가 극성을 부리고, 가축들이 병에 걸려 죽고, 피부병이 이집트 전역에 퍼지고, 우박이 퍼붓고, 메뚜기 떼가 곡식을 먹어치우고, 어둠이 온 땅을 뒤덮고, 모든 이집트인의 첫째 아이가 죽는, 실로 무시무시한 것들이었다.

더는 버틸 수가 없게 된 파라오는 이스라엘 백성이 그들의 고향인 가나안 땅으로 돌아가는 것을 허용했다. 이에 모세는 이스라엘 백성을 이끌고 이집트를 떠나 바다를 건너 가나안 땅으로 향했는데, 도중에 마음이 바뀐 파라오가 직접 군대를 이끌고 이스라엘 백성을 붙잡으려고 오다가 야훼가 내린 기적으로 인해 바닷물에 휩쓸려 모든 군사와 함께 빠져 죽었다. 이렇게 하여 모세와 이스라엘 백성은 무사히 이집트에서 벗어나 가나안 땅으로 향했다는 것이 〈출애굽기〉의 줄거리다.

그러나 이 출애굽의 이야기에 대해 오랜 세월 무수히 많은 논란이 있었다. 그중 몇 가지만 살펴보자.

우선 출애굽 자체의 신빙성에 대한 의문이다. 〈출애굽기〉 12장 37~38절을 보면, 이집트를 떠날 당시 이스라엘 백성들 중 장정(성인 남성)만 60만 명이라고 했는데, 그들의 부모와 아내와 어린아이들까지 합치면 거의 3~4배 이상이 된다. 그렇다면 무려 240만 명이나 되는 거대한 행렬이 이집트를 떠났는데 말인데, 문제는 이집트 역사 기록을 다 뒤져 보아도 그런 내용이 전혀 보이지 않는다는 것이다.

더구나 〈출애굽기〉에 의하면 저 방대한 수의 이스라엘 백성이 계속 야훼를 의심하는 죄를 지어 곧바로 가나안 땅으로 들어가지 못하고 40년 동안이나 광야에서 헤매었다. 그렇다면 수백만이나 되는 사람이 도대체 어떻게 척박한 광야에서 식량을 구했던 것일까? 이 의문에 대해 〈출애굽기〉에서는 만나(나무의 수액)와 메추라기 떼를 야훼가 보내주었다고 하지만, 수백만 명이나 되는 사람이 하루에 먹어치우는 식량의 양만 하더라도 어마어마할 텐데, 과연 그 정도로 해결이 되었을지 의문이다.

그리고 이스라엘 백성이 그렇게 많았다면, 차라리 반란을 일으켜 이집트를 차지해버리는 게 나았을 텐데, 왜 굳이 풍요로운 땅인 이집트를 떠나서 황량한 가나안 땅으로 갔는지도 알 수 없다.

아울러 이집트 역사 기록 어느 곳에서도 파라오가 자국 안에 거주하는 이스라엘 백성의 모든 남자 아이를 죽이라고 명령했다거나, 하룻밤 사이에 모든 이집트인 가정의 첫 번째 아이들이 죽었다거나, 파라오가 직접 군대를 이끌고 갔다가 바다에 빠져 죽었다는 내용을 찾아볼 수 없다.

또한 출애굽이 도대체 어느 시기에 일어난 것인지도 확실하지 않다. 기원전 15세기의 아멘호테프 2세 시절인지, 기원전 13세기 람세스 2세 시절인지 알 수가 없어서 그저 학자들 사이에 논란만 계속되는 실정이다.

심지어 모세가 과연 실존 인물이었는지도 확실하지 않다. 그리고 모세의 일화가 기원전 20세기 아카드의 사르곤 대왕이 태어난 일화와도 비슷한데다. 모세라는 이름 자체가 다분히 이집트식이어서(파라오의 이름인 투트모세 1세) 모세가 실제로는 이스라엘인이 아니라, 세계 최초로 태양신 아툼을 섬기는 유일신 신앙을 만들어낸 파라오 아케나톤을 따랐던 이집트인이었다는 주장도 있다.

022 가나안 정복 전쟁을 이끌다
- 여호수아

이집트에서 강제 노역에 시달리던 이스라엘인들을 데리고 나와 가나안 땅으로 향하던 모세가 죽자, 그의 후계자 여호수아는 이스라엘인들을 이끌고 가나안 땅으로 진격해 들어갔다.

이러한 여호수아에 대해 《구약성경》에서는 아예 〈여호수아〉라는 별도의 장을 마련하여, 상세하게 묘사하고 있다. 그 내용의 대부분은 여호수아가 이끄는 이스라엘 백성들이 가나안 땅으로 침입하여 예리고나 아이 및 에글론 같은 현지의 도시들을 공격하여 주민들을 모두 죽이고 성을 불 질러 폐허로 만드는 정복 전쟁을 무사히 끝냈다는 식이다.

"예리고는 이스라엘 백성 앞에 굳게 닫혀 있어 드나드는 사람의 그림자 하나 없었다. 백성들은 고함을 지르고 나팔 소리는 울려 퍼졌다. 나팔 소리가 울리자 백성은 "와!" 하고 고함을 질렀다. 그 순간 성벽이 무너져 내렸다. 그러자 백성은 일제히 성으로 곧장 쳐들어가 성을 점령하였다. 남녀노소 가리지 않고 소건 양이건 나귀건 모조리 칼로 쳐 없애버렸다." ― 〈여호수아〉 6장 1~21절

"여호수아는 아이를 불 질러 영원한 폐허로 만들었다. 그래서 오늘까지 그곳은 돌무더기로 남아 있는 것이다." - 〈여호수아〉 8장 28절

"여호수아는 온 이스라엘을 거느리고 라기스에서 에글론으로 발길을 돌려 진을 치고 에글론을 쳤다. 그들은 그날로 그 성을 공략하고 주민을 칼로 무찔러 숨 쉬는 것이면 하나도 살려두지 않고 모조리 없애버렸다.

여호수아는 온 이스라엘을 거느리고 에글론에서 헤브론으로 쳐 올라가 그 성을 공략하고 왕과 모든 위성 마을의 주민을 칼날로 무찔러 모조리 없앴다.

여호수아는 온 이스라엘을 거느리고 돌아와서 드빌을 쳤다. 여호수아는 그 성과 모든 위성 마을을 공략하여 왕을 사로잡고 사람들을 칼로 무찔렀다. 그리고 숨 쉬는 것이면 하나도 살려두지 않고 모조리 죽여 버렸다. 이렇게 하여 여호수아는 그 온 지역을 정복하였다."

- 〈여호수아〉 10장 34~42절

그러나 《구약성경》에 묘사된 여호수아의 정복 전쟁은 수많은 의문점을 품고 있다. 만약 《구약성경》의 내용처럼 여호수아가 이끄는 이스라엘인들이 여러 도시를 닥치는 대로 공격해서 멸망시킬 정도로 강력한 집단이었다면, 왜 그 이후 오랫동안 불레셋인들의 지배를 받으며 살았는가? 더구나 불레셋은 중동의 강대국인 이집트나 바빌론처럼 하나로 통합된 왕국이 아니라, 여러 부족의 연맹체였다. 여러 도시 국가를 멸망시킬 만큼 무시무시했던 이스라엘인들이 어째서 불레셋을 상대로는 그렇게 못하고 오랜 세월 그들의 지배를 받았단 말인가?

또한 성경 내부에서도 여호수아의 정복 전쟁 내용은 앞뒤가 맞지 않는다. 먼저 〈여호수아〉 10장 5~42절에서는 여호수아가 이끄는 이스라엘인

들이 예루살렘을 정복했다고 나오지만, 〈사무엘하〉 5장 6~7절을 보면 다윗왕이 예루살렘에 사는 여부스인들을 몰아내고 비로소 예루살렘을 정복했다고 나온다.

결정적으로 〈여호수아〉의 내용은 고고학적 발굴의 결과와 어긋난다. 〈여호수아〉의 배경으로 추측되는 시기는 대략 기원전 14세기이다. 하지만 고고학적 발굴 결과 아이성과 여리고성은 각각 기원전 25세기와 16세기에 폐허가 되었다. 즉 여호수아의 시대보다 이미 훨씬 전에 황폐해진 것이다.

아울러 〈여호수아〉에서 묘사한 것처럼 이스라엘인들은 결코 가나안 원주민들을 말살하지 않았다.(사실 그럴 능력이 없었다고 봐야 옳을 것이다.) 오히려 뒤에 나오는 〈사사기〉를 보면, 이스라엘인들은 여부스인 같은 가나안 원주민들과 함께 살면서 그들의 바알 신앙을 폭넓게 받아들였다.

그렇다면 《구약성경》에서 생동감 있게 묘사한 여호수아의 가나안 정복 전쟁 이야기는 어떻게 받아들여야 할까? 그것은 실제로 일어난 역사적인 사건이 아니라, 이솝 우화처럼 가르침을 주려는 일종의 우화로 봐야 한다. 즉 이스라엘인들이 가나안 원주민들을 말살하고 그들의 문화를 철저히 파괴했다면 이스라엘인들의 전통 문화인 야훼 신앙을 순수하게 지킬 수 있었을 거라는 교훈을 주기 위해서 여호수아가 이스라엘인들을 이끌고 가나안 원주민들을 일방적으로 정복하고 멸망시켰다는 식으로 지나치게 과장을 했던 것이다.

023 전쟁 영웅이 된 여자들
– 드보라와 야엘, 유디트

《구약성경》시대에 여성 인권은 무척이나 낮았다. 당시 유대인들이 여자를 얼마나 하찮게 여겼느냐 하면, 사람의 수를 셀 때 여자들은 아예 넣지도 않았다. 즉 유대인들은 여자를 사람 취급하지도 않았던 것이다.

그러나 아무리 유대 사회가 여자를 천하게 여겼어도 용감하고 뛰어난 여자들이 종종 등장했다. 《구약성경》에는 드보라와 야엘과 유디트라는 여걸이 나온다.

《구약성경》〈사사기〉 4장에 의하면, 가나안의 왕 야빈은 900대의 전차로 이루어진 막강한 군대를 거느리며 20년 동안 이스라엘을 심하게 억압했다. 이 군대의 지휘관은 시스라였다.

그 무렵 이스라엘은 라삐돗이라는 사람의 아내이자 예언자(사사)인 드보라가 다스리고 있었다. 드보라는 납달리 케데스에 사람을 보내 아비노암의 아들 바락한테 신(야웨)의 이름을 빌려 "당신은 납달리 지파와 즈불룬 지파에서 1만 명을 뽑아 다볼산으로 가시오. 그러면 나는 시스라를 키손강으로 유인할 것이고, 내가 그의 군대를 모두 당신의 손에 맡겨서 쳐부수도록 하겠소."라고 뜻을 전했다. 이에 바락은 1만 명의 군대를 이끌고 다볼산으로 올라갔다.

이 소식을 듣고 시스라는 900대의 전차가 포함된 군대를 이끌고 키손강으로 쳐들어왔는데, 그만 전차대가 혼란에 빠지는 바람에 바락의 군대가 습격하여 전멸시켰고, 시스라는 전차에서 내려 두 발로 목숨만 건져 달아났다.

도망친 시스라는 켄 부족 사람 헤벨의 아내 야엘이 사는 천막으로 피신했다. 헤벨의 집안은 야빈왕과 우호 관계를 맺고 있었던 터라, 헤벨의 아내라면 안심하고 자기 몸을 맡길 수 있으리라고 판단한 것이다.

그런데 헤벨은 옛날 이스라엘 백성을 이집트에서 데리고 가나안 땅으로 인도한 모세의 처남 호밥의 자손이었다. 따라서 그도 간접적으로 이스라엘 백성에 포함된다고 볼 수 있는 관계였다.

여하튼 시스라가 들어오자 야엘은 "어서 들어오십시오."라고 안심을 시키고 담요로 그를 덮어주었다. 그리고 시스라한테 우유가 든 가죽부대를 주어 마시게 했다. 긴장이 풀린 시스라는 그대로 곯아떨어졌다.

하지만 그것은 치명적인 실수였다. 야엘은 시스라가 잠든 것을 확인하고는 천막을 치는 데 사용하는 말뚝과 망치를 가지고 조용히 다가와서는 시스라의 관자놀이 부분에 말뚝을 대고 망치로 힘껏 내리쳤다. 어찌나 세차게 내리쳤는지, 말뚝이 땅에 꽂힐 정도였다. 한참 자고 있던 시스라는 그렇게 비명도 지르지 못하고 죽어버렸다.

그리고 시스라를 쫓아온 바락한테 야엘은 시스라의 시체를 보여주었고, 그 후로 야빈은 힘이 약해져 망했다고 한다.

《구약성경》 외경인 〈유딧서〉에 나오는 유디트(유딧)도 야엘과 비슷하지만, 더 생동감 있게 묘사된다. 유디트는 므라리의 딸이자 므나쎄의 아내였는데, 남편이 보리 추수 때 일사병에 걸려 죽은 이후로 줄곧 재혼하지 않고 살아온 아름답고 부유한 과부였다.

그런데 아시리아의 왕 느부갓네살이 홀로페르네스 장군에게 군대를 주어 유다(유대) 왕국을 공격하게 하자, 유디트는 아시리아 군대를 찾아가 홀로페르네스를 만났다. 그리고 홀로페르네스가 아시리아 군대를 이끌고 유다로 쳐들어갈 때, 자기가 길 안내를 해주겠다고 거짓으로 속이고 그를 안심시켰다.

이 말을 듣고 홀로페르네스는 크게 기뻐하여 유디트를 위해 성대한 잔치를 열어주었다. 잔치가 끝나고 홀로페르네스의 막사 안에는 그와 유디트 단둘만 남았다. 홀로페르네스는 잔뜩 술에 취해서 쓰러졌는데, 바로 그때 유디트가 침대 기둥에 걸린 칼을 꺼내서 홀로페르네스의 목을 잘라 죽였다.

그런 후에 유디트는 홀로페르네스의 머리를 데려온 하녀에게 주었고, 하녀는 그 머리를 곡식 자루에 집어넣고는 아시리아 군대를 빠져나가 유다로 돌아가서 사람들한테 보여주었다. 이에 모든 유다 사람이 신과 유디트를 찬양했다.

한편 장군이 죽은 것을 안 아시리아 군대는 놀라고 겁을 먹어 사기가 떨어졌고, 그 틈을 노려 유다 군대가 공격하자 아시리아 군대는 대부분 죽거나 달아나서 마침내 유다가 무사히 평화를 누렸다는 것이 〈유딧서〉의 줄거리다.

그러나 〈유딧서〉의 내용은 실제로 일어난 역사가 아니다. 왜냐하면 느부갓네살(네부카드네자르)왕은 아시리아를 무너뜨린 바빌로니아의 왕인데, 〈유딧서〉에는 엉뚱하게도 아시리아의 왕으로 나온다. 이는 〈유딧서〉를 쓴 저자가 역사에 무지했거나, 이스라엘과 유다 왕국을 멸망시킨 아시리아와 바빌로니아에 대한 적개심을 부추기려고 일부러 그렇게 설정한 것이다.

024 믿을 수 없는 괴력의 소유자
— 삼손

《구약성경》〈사사기〉에서 가장 강렬한 활약상을 보이는 영웅은 삼손이다. 삼손(Samson)이라는 이름 자체가 어원적으로 '태양의 사람'이라는 뜻인데, 바빌론 신화에서 태양신 샤마슈(shamash)의 이름과도 그 발음과 뜻이 통한다. 그래서 일설에 의하면 삼손은 그리스 신화의 영웅 헤라클레스처럼 태양이 의인화된 인물이기도 하다.

〈사사기〉 13~16장에 실린 삼손의 일생을 요약하면 이렇다. 이스라엘 백성이 40년 동안 불레셋인들의 지배를 받을 무렵, 이스라엘의 12지파 중 하나인 단 지파의 사람 마노아의 아내는 야훼가 보낸 천사로부터 "너는 이제 아기를 낳을 테니, 그 아이한테 포도와 포도주와 술과 부정한 음식을 먹이지 말고, 머리카락을 잘라주지도 마라. 그 아이는 불레셋인들로부터 이스라엘을 구할 것이다."라는 계시를 받고 아들을 낳아 이름을 삼손이라 지어주었다.

삼손은 어른이 되자 딤나에 사는 불레셋 여자와 사랑에 빠져 결혼하고 싶어 했다. 불레셋은 이스라엘을 억압하고 있었기에, 삼손의 부모는 "우리 겨레 중에서는 여자가 없어서 이방인 여자와 결혼하겠단 말이냐?" 하고 반대했지만 삼손은 고집을 꺾지 않았다.

삼손이 딤나로 가던 도중에 사자 한 마리와 싸워 죽었는데 그 몸에 벌이 꿀을 쳐놓은 것을 보고는 결혼식장에서 신부 측 들러리인 불레셋인들한테 "먹는 자한테서 먹는 것이 나오고, 힘센 자한테서 단 것이 나오는데, 그것이 무엇인가? 알아맞히면 옷 30벌을 주겠다."라는 수수께끼를 냈다.

불레셋인들은 정답을 알지 못해 머리를 싸매다가 삼손의 아내한테 가서 "당신 남편을 통해 그 답을 우리한테 알려 달라. 안 그러면 당신 친척들을 불에 태워 죽이겠다."라고 협박했다. 이에 삼손의 아내는 삼손을 졸라 답을 알아내어 그들에게 말했고, 그들이 "정답은 꿀과 사자다!"라고 맞추자, 삼손은 화가 나서 아스클론 도시 사람들 30명을 죽이고 그들의 옷을 벗겨 주고는 자기 집으로 가버렸다. 신랑이 떠나자 삼손의 장인은 어쩔 수 없이 딸을 들러리 중 한 명한테 주어버렸다.

그러고 나서 얼마 후, 삼손은 아내 생각이 나서 장인의 집에 갔는데, 장인이 "내 딸은 이미 다른 사람한테 보냈다. 그 대신 처제를 자네한테 보내겠다."라고 달랬으나 삼손은 더욱 화가 나서 여우 300마리의 꼬리에 횃불을 붙여 불레셋인들의 밭에 들어가게 하여 모조리 불태워버렸다. 봉변에 당황한 불레셋인들은 삼손의 짓이라는 사실을 알고는 삼손의 아내였던 불레셋 여인과 그 일가족을 모두 불에 태워 죽였다.

이 소식을 듣고 화가 난 삼손이 불레셋인들을 마구 죽이고 에탐의 동굴로 달아나자, 불레셋인들은 유다 지방을 마구 공격했고, 자초지종을 알게 된 유다인들은 에탐으로 가서 삼손을 붙잡아 불레셋인들한테 넘겨주었다. 불레셋인들이 삼손을 죽이려 달려들자, 삼손은 당나귀 턱뼈를 휘두르며 1000명의 불레셋인을 죽였다.

그 후 삼손은 가자에 갔다가 어느 창녀의 집에 머물렀는데, 가자 사람들이 자신을 죽이려 몰려오자 삼손은 가자의 성문을 뽑아서 헤브론 맞은편 산꼭대기에 갔다 버리는 무시무시한 힘을 보여주어 가자 사람들을 겁먹게 만들기도 했다.

하지만 삼손은 불레셋 여자로 인해 결국 파멸을 맞는다. 삼손은 소렉 골짜기에 사는 들릴라라는 불레셋 여자를 사랑했는데, 불레셋의 추장들은 "삼손의 힘이 어디서 나오는지 알아낸다면 우리가 너한테 은 1100세겔씩을 주겠다."라고 회유했다. 그래서 들릴라는 삼손에게 "당신은 어떻게 하면 약해질 수 있나요?"라고 물었고, 처음에는 "새 밧줄로 내 몸을 묶거나 내 머리카락을 말뚝에 묶으면 된다."라고 장난스럽게 말하던 삼손도 들릴라의 계속되는 질문에 그만 "머리카락을 자르면 나는 약해진다."라고 사실대로 털어놓았다. 그러자 들릴라는 사람을 불러 삼손의 머리카락을 잘라버리고, 불레셋인들을 불러 삼손을 붙잡아가게 했다.

불레셋인들은 삼손의 눈을 뽑아 장님으로 만들고는 가자로 끌고 가서 놋쇠 사슬을 채워 감옥에 가두고 맷돌을 돌리게 하며 괴롭혔다. 그러는 동안 삼손은 머리카락이 자라서 다시 힘을 얻었다.

그런 줄도 모르고 불레셋인들은 삼손을 감옥에서 끌어내어 그들의 신전으로 데려가 구경거리로 삼았다. 하지만 삼손은 예전의 힘을 되찾은 상태여서, 자기 손을 붙잡고 이끌어주는 젊은이한테 몸을 기대고 싶으니 기둥으로 데려가 달라고 한 다음, 신전 기둥 둘에 손을 대고 야훼한테 복수를 하게 해달라고 기도하면서 있는 힘껏 밀어버렸다. 그러자 기둥이 무너져 신전 옥상과 아래에 있던 불레셋인들 3000명이 모조리 죽고 말았다. 물론 삼손 역시 무너지는 신전에 깔려 죽었다.

그 후 삼손의 친척들은 그의 시체를 거두어서 소라와 에스다올 사이에 있는 그의 아버지 마노아의 무덤에 장사를 지냈다고 전한다. 그는 20년 동안 이스라엘의 예언자(사사)로 있었다.

025 의로운 왕인가 권력의 찬탈자인가 – 다윗

《구약성경》에 등장하는 수많은 인물 중에서 가장 돋보이고 유명한 사람이 바로 다윗이다. 《구약성경》에서 그는 용맹한 전사이자 훌륭한 왕으로, 그의 명성이 얼마나 높은지 《신약성경》에서 신의 아들이자 구세주로 등장하는 예수조차 '다윗의 후손'이라고 불릴 정도였다.

《구약성경》〈사무엘상〉 17장에 의하면 다윗은 유다 베들레헴 출신 이새의 여덟 아들 중에서 막내였으며, 양 떼를 돌보는 목동이었는데 사자나 곰이 나타나 양을 물어 가면 돌팔매를 던져 쫓아내고 구해왔다. 그러던 다윗은 군대에 가 있는 형들한테 빵과 치즈를 도시락으로 전해주려고 심부름을 갔다. 그 무렵 이스라엘 군대는 적군 불레셋 군대와 대치하고 있었다.

불레셋인들은 골리앗이라는 거인 장수를 내보내 싸움을 걸었는데, 그는 머리에 놋쇠 투구를 쓰고 몸에 5000세겔(57킬로그램)이나 되는 무거운 비늘 갑옷을 입었으며, 정강이에는 놋쇠로 만든 보호대를 찼고 어깨에는 쇠 창날과 놋쇠 창대로 이루어진 무게 600세겔(6.8킬로그램)짜리 창을 메고 있었다.

이러한 골리앗의 모습을 본 이스라엘의 사울왕과 군인들은 모두 겁에 질려 싸우러 나갈 엄두를 내지 못하고 있었는데, 다윗이 용감하게 나서서 돌팔매를 골리앗의 이마에 던져 쓰러뜨린 다음, 그의 칼로 목을 베어 죽이자 불레셋군의 사기가 떨어지고 이스라엘군의 사기가 올라가 사울왕이 승리할 수 있었다. 이 일로 다윗은 사울의 딸 미갈과 결혼하여 왕의 사위가 되었고, 사울이 죽자 그의 왕위를 물려받아 새로운 이스라엘의 왕이 되어 나라를 번성하게 만들었다는 것이 《구약성경》에서 설명하고 있는 영웅 다윗의 일대기다.

그러나 사실 다윗은 열정에 불타는 순수한 청년이 아니라 매우 음흉하고 교활한 인물이었다. 우선 다윗과 사울은 그리 화목한 사이가 아니었다. 〈사무엘상〉 18장에서 이스라엘 여자들이 "사울은 수천을 치셨고, 다윗은 수만을 치셨다네!"라고 다윗을 사울보다 더 추켜세우는 노래를 부르자, 이스라엘의 민심이 자신이 아닌 다윗에게 쏠리는 것을 질투하고 두려워한 사울은 다윗에게 창을 던져 죽이려고 했으며, 또한 자신의 딸 미갈과 결혼하는 대가로 불레셋인들의 포경(성기의 껍데기) 100개를 잘라오라고 시켰는데 이는 불레셋인들의 손을 빌려 다윗을 죽일 속셈으로 벌인 일이었다.

그렇다면 다윗은 자신을 죽이려고 하는 장인을 가만히 보고만 있을 만큼 착한 사람이었을까? 《구약성경》에서는 다윗을 미화하기 위해 다분히 그런 식으로 묘사하고 있으나, 자세히 들여다보면 꼭 그렇지만도 않다.

〈사무엘상〉 31장에서 사울은 불레셋군과 싸우다 전황이 불리하자 스스로 칼을 뽑아 자살했다고 나오지만, 이어지는 〈사무엘하〉 1장을 보면 사울은 자살한 것이 아니라 지나가던 아말렉인한테 자신을 죽여달라고 해서 그의 손에 죽었다고 한다. 이때 사울의 왕관과 팔찌를 벗겨서 다윗한테 가져온 아말렉인을, 다윗은 이스라엘의 왕을 죽였다는 이유로 곧바로 처형해버렸다. 왜 그랬을까? 혹시 다윗이 은밀히 그 아말렉인을 고용하여 사울을 죽이고 왕관과 팔찌를 벗겨 오게 한 다음, 비밀이 새어나갈까 봐 그를 서둘러 죽여버린 것은 아니었을까?

사울의 죽음이 석연치 않다는 것은 〈사무엘하〉 3장을 보면 알 수 있다.

이 장에서는 "사울 왕실과 다윗 왕실 사이의 싸움은 오래 계속되었다. 다윗은 갈수록 강해졌고 사울 왕실은 갈수록 약해졌다."라고 적고 있다. 그리고 사울의 장군 아브넬이 죽은 사울의 후궁 리스바를 겁탈하자, 이를 사울의 아들 이스보셋이 문제 삼았는데 오히려 아브넬은 화를 내며 "내가 사울과 당신을 위해 충성을 바치고 당신을 다윗한테 넘겨주지 않았는데 하찮은 여자 일로 나를 꾸짖는 것이오? 이 나라 사울 왕실을 다윗한테 넘겨주어야겠소."라고 협박하는 장면이 나온다.

이런 점을 미루어볼 때 다윗은 사울로부터 평화적으로 권력을 넘겨받은 것이 아니라, 사울 가문과 치열한 내전을 벌인 끝에 힘으로 권력을 빼앗은 것이다. 달리 말해, 폭력적인 쿠데타라고 해도 틀리지 않다.

찬탈자 다윗에 대한 반발심은 다윗이 죽고 그의 손자 르호보암 시대에 가서도 이스라엘 민중 사이에 남아 있었다. 르호보암이 이스라엘 백성에게 노역을 줄여주지 않자, 그들은 화가 나서 "우리가 다윗에게서 받을 몫이 어디 있느냐? 이새의 아들에게서 받을 것이 없구나. 다윗이여, 이제 네 집 안이나 돌보아라."(《열왕기상》 12장 16절)라고 울분을 터뜨린다.

아울러 《구약성경》에서 묘사하고 있는 다윗에 대한 내용도 지나치게 과장되었다는 비판이 있다. 이스라엘의 고고학자 핑컬스타인은 그의 책 《성경: 고고학인가 전설인가》에서 수십 년 동안의 고고학적 발굴 결과를 토대로 다윗은 중앙집권화된 관료 체제를 갖춘 왕국의 군주가 아니라, 산간 지역을 무대로 활동한 군벌에 가깝다고 주장한다.

026 황금 성전을 세운 왕
– 솔로몬

다윗왕의 아들로 이스라엘의 3번째 왕이 된 솔로몬은 《구약성경》에서 가장 화려한 번영을 맞이한 인물로 꼽힌다. 《구약성경》〈열왕기상〉에서는 솔로몬 시절의 부귀영화를 가히 입에 침이 마르도록 칭송을 퍼부으며 묘사하고 있다.

먼저 솔로몬은 이집트 국왕 파라오와 결혼 동맹을 맺어, 그의 딸을 아내로 맞이했다고 한다. 이집트에서 강제 노역을 하던 노예의 후손이 옛 상전이던 이집트 국왕의 딸과 결혼을 했으니, 위상이 크게 올라간 것이라 할 수 있다.

아울러 솔로몬은 유프라테스강으로부터 블레셋 땅을 지나 이집트 국경에 이르는 지역의 모든 왕국을 지배했다. 그 왕국의 왕들은 솔로몬이 살아 있는 동안 조공을 바치며 섬겼다. 또한 솔로몬은 유프라테스강 서쪽의 모든 지역을 다스려 사방으로 평화를 유지했다.

그러나 《구약성경》에서 평가하는 솔로몬의 가장 큰 업적은 예루살렘 성전을 완성한 일이었다. 이 대공사를 하기 위해 솔로몬은 이스라엘 전국에 근로소집령을 내려서 3만 명의 노동자들을 모았으며, 그들을 레바논으로 보내어 1만 명이 한 달씩 번갈아 일하게 했다. 그들은 레바논에서 한 달,

본국에서 두 달을 보냈다. 이 부역의 책임자는 아도니람이었다. 또한 솔로몬은 짐을 나르는 인부 7만 명과 돌을 깨는 석공 8만 명을 산악 지대에 두었는데, 그 외에도 일을 감독하는 고급 관리 3300명이 있었다. 그들은 솔로몬의 명령에 따라 돌을 새겨 신전의 기초를 놓으려고 크고 값진 돌들을 다듬었다.

이스라엘 백성이 이집트 땅에서 탈출해 나온 지 480년이 지난 해이자 솔로몬이 이스라엘을 다스린 지 4년째 되던 해의 둘째 달에 솔로몬은 예루살렘 성전을 짓기 시작했다. 솔로몬이 만든 성전은 본당의 길이가 60큐빗(27미터), 너비가 20큐빗(9미터), 높이가 30큐빗(13.5미터)이었다. 성전의 본당 앞에 있는 현관의 길이는 성전 자체의 너비 그대로 20큐빗(9미터)이었다. 성전의 천장은 송백나무 들보와 널빤지로 되었다. 또 본 성전 곁에 건물을 지었는데 각 층은 높이가 5큐빗(2.25미터)으로서 송백나무 재목으로 성전과 맞붙게 했다.

밀실은 성전의 가장 깊숙한 곳에 꾸며놓았고 거기에 야훼의 계약궤를 모셨다. 그 밀실은 길이와 너비와 높이가 모두 20큐빗(9미터)이다. 솔로몬은 예루살렘 성전 전체를 황금으로 입혔다. 마침내 솔로몬이 공사를 시작한 지 7년째 되던 해에 예루살렘 성전이 완성되었다. 이 예루살렘 성전은 오랫동안 이스라엘인들이 신성하게 여기던 성지였으며, 로마에 의해 파괴되고 없어진 지금에 와서도 여전히 유대인들이 소중하게 생각하는 성지이자 유대교의 상징이기도 하다.

그 밖에 지금의 예멘으로 추정되는 시바의 여왕이 솔로몬을 사모하여 많은 시종과 황금과 보석을 싣고 예루살렘을 방문한 일도 〈열왕기상〉에 실려 있다. 에티오피아의 전설에 의하면 시바의 여왕이 솔로몬과 사랑을 나누어 메넬리크라는 아들을 낳았는데, 그가 에티오피아의 초대 국왕이 되었다.

솔로몬의 부귀영화는 갈수록 화려해졌다. 1년 동안 솔로몬이 벌어들인 황금의 양만 666달란트(39.96톤)나 되었으며, 얼마나 황금이 많았던지 옥좌는 상아로 만든 다음 황금을 입혔고 술잔과 집기도 모두 황금으로 만들었으며, 은은 돌처럼 흔해졌다고 한다.

그러나 오늘날 고고학자들은 수십 년 동안의 발굴 결과를 토대로 《구약성경》에서 묘사한 솔로몬의 번영은 지나친 과장이라고 비판하고 있다. 이스라엘의 고고학자 핑컬스타인은 《성경: 고고학인가 전설인가》에서 기원전 10세기 이스라엘의 전체 인구가 고작 4만 5000명에 불과했으며, 솔로몬이 살았다는 웅장한 규모의 궁전이나 도시는 전혀 존재하지 않았다고 주장한다. 또한 핑컬스타인은 솔로몬이나 그 후대의 군주들은 변방 지역의 외딴 농촌을 다스렸으며, 다윗 왕조가 대규모 부를 소유했다거나 중앙집권화된 행정체제를 갖추었다는 증거도 전혀 없다고 단언한다.

핑컬스타인의 주장이 다소 과격해 보여도 일리는 있다. 만약 《구약성경》에서 묘사한 대로 솔로몬 시절 이스라엘이 그토록 번영하고 강성한 나라였다면, 주변 강대국인 이집트와 히타이트, 바빌론 같은 나라들이 주고받은 외교문서에 솔로몬이나 이스라엘이라는 이름이 몇 차례는 언급되어야 할 텐데, 전혀 그런 기록이 없다. 또한 《구약성경》의 기록과 달리, 이집트 공주가 이스라엘 군주한테 시집을 갔다는 기록도 없다. 그러므로 구약의 솔로몬 이야기는 역사적 사실이라기보다는 이스라엘인들이 염원했던 번영을 불러오는 이상적인 지도자에 관한 우화 정도로 받아들여야 하지 않을까?

027 세계 최강국에 맞서 승리한 장군 – 마카베오

　기원전 587년 유다(유대) 왕국이 신바빌로니아 왕국한테 멸망한 것을 시작으로 유대인들은 신바빌로니아를 거쳐 페르시아 제국(아케메네스 왕조)의 지배를 받다가, 기원전 330년 페르시아가 그리스 북부 마케도니아의 알렉산더 대왕한테 멸망당하자 마케도니아의 지배를 받았다. 알렉산더 대왕은 323년에 갑자기 죽었고, 그의 뒤를 이어 유대를 포함한 중동의 대부분은 대왕의 부하 장군이 세운 셀레우코스 왕조(기원전 312~63년)가 지배했다.

　셀레우코스 왕조는 전성기인 안티오코스 3세(기원전 241~187년) 시대에는 지금의 터키에서 인도까지에 이르는 광활한 영토를 다스렸다. 그러니까 기원전 3~2세기까지 셀레우코스 왕조는 그야말로 세계 최강대국이라고 해도 과언이 아니었다.

　셀레우코스 왕조를 세운 마케도니아, 즉 그리스인들은 자신들의 문화에 대한 우월의식이 매우 높았고 그에 비례하여 다른 민족들의 문화를 무척이나 깔보는 오만한 성향이 강했다.

　유대인 같은 피지배층 이민족의 입장에서야 이전의 지배자들도 모두 나름대로 오만했으니 그 정도라면 그럭저럭 참을 만했는데, 문제는 셀레우코스 왕조의 그리스인들은 단순히 오만한 정도를 넘어서서 아예 자신들의 문화를 유대인들한테 강요하려 했다.

그러한 일은 기원전 167년, 셀레우코스 왕조의 8번째 왕 안티오코스 4세(기원전 215?~163년)가 유대인들을 상대로 발표한 칙령에서 비롯되었다. 칙령에 따르면 유대인들은 그들의 신 야훼한테 제물과 술을 바치는 숭배를 하지 못하고, 일주일 중 하루를 쉬는 안식일을 포함해 모든 유대교의 축제일을 지키지 못하며, 제우스를 포함한 그리스 신들을 숭배하는 그리스식 제단과 신전을 세워서 거기에 유대인들이 부정하다고 생각하는 돼지와 낙타 같은 동물을 희생 제물로 바쳐야 하고, 유대교에서 남성에게 행하는 할례 의식(포경 수술)도 금지해야 했다.

덧붙여 안티오코스 4세는 유대교의 토라(율법서)를 가지고 있거나 유대교의 율법을 지키다가 발각되는 자는 모두 사형에 처한다는 명령까지 내렸다. 그리고 실제로 자신의 명령을 어기고 자기 아이들에게 할례를 받게 한 유대인 여자들은 안티오코스 4세의 명령에 따라 사형에 처했고, 그 아이들도 목을 매달아 죽였으며, 그 가족들한테 할례를 해준 사람까지 모두 죽였다. 그뿐만 아니라 안티오코스 4세는 유대인들의 성지인 예루살렘 성전에 군대를 이끌고 쳐들어가서 성전에 보관된 황금 술잔과 그릇, 금향로, 휘장 같은 보물을 모조리 빼앗아가는 신성 모독마저 저질렀다.

그러자 더는 셀레우코스 왕조의 폭압을 견딜 수 없었던 유대인들이 요하립 가문 출신의 제사장 마타티아스를 중심으로 반란을 일으켰다. 마타티아스는 "우리는 신이 주신 율법과 종교를 절대로 버릴 수 없다!"라고 외치며 그리스 신들한테 제사를 지내는 유대인과 자신을 회유하러 온 안티오코스 4세의 사신들까지 모두 죽였다. 마타티아스는 셀레우코스 왕조가 보낸 군대와 싸우다 전사했으나, 그의 아들 유다 마카베오가 아버지의 뒤를 이어 저항군의 지도자가 되어 계속 저항했다.

이에 안티오코스 4세는 기원전 166년 4만 6000명의 보병과 8500명의 기병, 306마리의 코끼리로 이뤄진 대군을 보내 마카베오가 이끄는 유대 저항군을 진압하도록 했다. 그러나 놀랍게도 마카베오가 지휘하는 불과 5000명의 유대 저항군들은 신앙을 지키려는 의지에 불탔고, 자신들보다 수적으로 10배가 넘는 셀레우코스 왕조의 군대와 맞서 싸워 이기고 말았다.

뜻밖의 참패에 당황한 셀레우코스 왕조는 유대인들에게 종교의 자유를 허락하고 더는 그리스 신앙을 강요하지 않겠다고 회유했으나, 유대인들은 그리스인들에게 복종하기를 거부하고 항쟁을 계속했다. 비록 유다 마카베오는 기원전 160년 3월, 오늘날 요르단강 서안 지구 팔레스타인 부근의 라말라에서 셀레우코스 군대와 싸우다 전사했지만, 그의 동생 요나단과 시몬이 새로운 저항군 지도자가 되었고, 마침내 기원전 142년 시몬은 예루살렘에서 셀레우코스 군대를 몰아내고 유대의 독립을 이루어낸다. 그리고 시몬 때부터 그의 가문은 이른바 하스모니안 왕조라고 하여 기원전 63년 로마 장군 폼페이우스한테 굴복하기 전까지 약 59년의 짧은 시간이나마 독립 왕국을 이룩했다.

그러나 마카베오의 승리는 결과적으로 유대인들에게 나쁜 영향을 끼쳤다. 유대인들은 세계 최강대국인 셀레우코스 왕조와 싸워 이기자 자신들의 능력을 지나치게 믿었고, 이 때문에 훗날 셀레우코스 왕조를 대신하여 그들의 새로운 지배자가 된 로마 제국을 상대로 무모한 항쟁을 고집하다가 결국 100만 명이 잔혹하게 학살을 당하고 고향에서 2000년 동안 쫓겨나 세상을 떠도는 비참한 신세로 전락하고 만다.

028 세상의 종말을 외친 예언자
- 예수

세계 역사상 가장 위대한 종교인이자 예언자라면 예수 그리스도를 빼놓을 수 없다. 대략 33세의 나이로 죽었다고 알려진 예수는 살아생전에 그리 빛을 보지 못했으나, 죽은 이후에는 그를 따르는 기독교도들에 의해 절대불멸의 신이 되었다. 예수의 탄생을 기념하는 12월 25일은 전 세계에서 수십억 명이 축제일로 여길 만큼, 예수의 흔적은 오늘날에도 강하게 남아 있다.

그러나 정작 기독교의 경전인 《신약성경》의 4대 복음서 〈마가복음〉, 〈마태복음〉, 〈누가복음〉, 〈요한복음〉에 나온 예수의 모습은 서로 앞뒤가 맞지 않아 혼란을 일으킨다.

대표적인 예로 예수는 〈마태복음〉 5장 40절에서 "누가 오른뺨을 치거든 왼뺨마저 돌려대고"라고 말하지만, 〈요한복음〉 18장 22절에서는 예수 본인이 대사제 안나스의 경비병한테 뺨을 맞자 "내가 한 말에 잘못이 있다면 대보아라. 그러나 잘못이 없다면 어찌하여 나를 때리느냐?"라고 항의한다.

또 〈마태복음〉 5장 9절에서 예수는 "평화를 위하여 일하는 사람은 행복하다."라고 말했지만, 같은 책 10장 34~36절에서 "내가 세상에 평화를 주러 온 줄로 생각하지 마라. 평화가 아니라 칼을 주러 왔다. 나는 아들은 아버지와, 딸은 어머니와, 며느리는 시어머니와 서로 맞서게 하려고 왔다. 집안 식구가 바로 자기 원수다."라고 말한다.

〈마태복음〉 26장 52절에서 예수는 "칼을 쓰는 사람은 칼로 망하는 법이다."라고 말했지만, 〈누가복음〉 22장 36절에서는 "칼이 없는 사람은 겉옷을 팔아서라도 칼을 사 가지고 가거라."라고 전혀 다른 말을 한다. 또한 〈마태복음〉 5장 44절에서 예수는 "원수를 사랑하고"라고 말했지만, 〈누가복음〉 19장 27절 비유에 등장하는 인물은 "내가 왕이 되는 것을 반대하던 내 원수들은 여기 끌어내다가 내 앞에서 죽여라."라고 말한다.

이렇게 서로 모순된 발언들을 모아놓고 보면, 여러 명의 예수가 제각기 다른 말을 하고 있는 듯한 착각마저 불러일으킨다. 이러한 의문은 어떻게 이해해야 하는가? 성서학자들의 주장에 의하면 4대 복음서는 있는 그대로 예수의 행적을 기록한 문헌이 아니라, 예수에 대한 해석을 담은 기록이다. 즉 4대 복음서에 묘사된 예수의 말과 행동은 실제로 있었던 일이 아닐 수도 있다는 뜻이다.

아울러 4대 복음서에서 예수는 바리새인들과 자주 논쟁을 벌이고 그들을 가리켜 위선자나 독사의 새끼들이라는 극단적인 발언을 했는데, 이 부분도 실제 역사와 다르다. 당시 유대 사회에서 위선자나 독사의 새끼들이라고 불리던 기득권층은 바리새인이 아닌 사두개인들이었다. 사두개인들은 로마가 유대를 지배하자 적극 협력하여 기득권을 보장받은 자들이었고, 엄격한 율법을 강요하여 유대 민중으로부터 위선자라고 미움을 받았다. 반면 바리새인들은 율법을 자유롭게 적용하고 로마에 대한 저항을 외쳤기에 많은 유대인으로부터 지지를 얻고 있었다.

그런데 4대 복음서에서는 로마에 결탁한 사두개인들이 아닌 바리새인들이 위선자라며 비판의 대상이 되고 있다. 이는 4대 복음서를 쓴 사람들이 바리새인들을 미워하던 집단이었다고 추측할 수 있다. 일설에 의하면 4대 복음서는 유대인들뿐만 아니라 로마인들에게도 기독교를 전파하기 위해 작성된 문헌이라고 하는데, 그 때문에 로마인들의 환심을 사기 위해서 로마에 맞서 싸우자고 외친 바리새인들을 부정적으로 묘사했던 것일까?

예수는 4대 복음서에서 종말이 임박했다고 여러 차례 주장한다. 〈마가복음〉 9장 1절에서 예수는 "여기 서 있는 사람들 중에는 죽기 전에 하느님 나라가 권능을 떨치며 오는 것을 볼 사람들도 있다."라고 말했다. 이는 예수와 그를 따르던 제자와 사람들이 살아 있을 적에 세상의 종말이 온다는 뜻으로 해석할 수 있다. 실제로 초대 교회의 신도들은 자신들의 살아생전에 세상이 다 끝나고 신이 최후의 심판을 내린다고 굳게 믿었다. 그러나 예수와 그 제자들이 다 죽을 때까지 세상의 종말은 오지 않았다.

4대 복음서의 내용을 종합하면, 예수는 유대의 제사장들에게 고발당해 로마 총독 빌라도에게 끌려가 십자가형을 받고 죽었다. 그러나 4대 복음서에 들어가지 않은 다른 문서들, 이를테면 1945년 이집트에서 발견된 나그함마디 문서에서는 예수가 자기 대신 시몬(Simon)이라는 사람을 십자가에 못 박혀 죽게 하고 재빨리 도망쳐서는 자신을 놓치고 알아보지 못한 로마인들의 어리석음을 비웃었다고 나온다. 이는 나그함마디 문서가 로마 제국에 적대적이었던 사람들에 의해 작성되었기 때문이다.

예수의 정체는 도대체 무엇인가? 평화를 노래하던 히피였나, 체제 전복을 꿈꾸던 혁명가였나, 아니면 종말론을 외치던 예언자였나? 2000년이 지난 지금까지 정확하게 결론을 내릴 수는 없다. 그저 각자가 원하는 대로의 예수를 마음속에 그릴 뿐이다.

029 세계 종교 기독교의 창시자
– 바울

기독교의 시조는 예수 그리스도이지만, 기독교를 세상에 널리 퍼뜨리는 데 결정적인 공헌을 한 사람은 사도 바울(서기 5~64, 67년?)이다. 그래서 성서학자 중에는 바울이야말로 기독교의 진정한 창시자라고 주장하는 사람들도 있다.

바울은 복잡한 배경에서 자란 사람이었다. 분명 그는 유대인이었지만, 태어나면서부터 로마 시민권을 가진 몸이었다. 이해를 위해 비유를 들자면, 오늘날 미국에서 태어나 미국 시민권을 가진 한국계 미국인과 같다고 보면 된다. 아울러 바울은 로마 제국의 주류 문화인 그리스 문화에 상당히 빠져든 인물이었고, 대부분 문맹이었던 예수의 제자들과는 달리 세련된 글쓰기가 가능하여 많은 기록을 남긴 뛰어난 지식인이기도 했다.

본래 바울은 유대교를 믿었고, 유대교의 새로운 분파로 여겨지던 기독교를 굉장히 미워하여 유대교도들의 기독교도 박해에 적극 가담했다. 그러다가 다마스쿠스로 가던 도중에 환상 속의 예수를 만나 "왜 나를 괴롭히느냐?"라는 말을 듣고 정신적인 충격을 받아 기독교도로 개종을 하고 나서, 사방으로 기독교를 전파하러 다니다가 로마에서 죽임을 당했다고 전해진다. (전승의 내용이라 역사적 사실이 아닐 수도 있다.) 여기까지가 오늘날 기독교에서 말하는 바울의 일대기다. 그러나 《신약성경》에서 묘사하고 있는 바울의 모습을 보면, 그렇게 순탄하고 단순하지만은 않다. 놀랍게도 바울은 예수와 사뭇 다른 가르침을 전하고 있었다.

가령 예수는 "내가 율법이나 예언서의 말씀을 없애러 온 줄로 생각하지 마라. 없애러 온 것이 아니라 오히려 완성하러 왔다. 천지가 없어지는 일이 있더라도 율법은 일 점 일 획도 없어지지 않고 다 이루어질 것이다."(《마태복음》 5장 17~18절)라며 율법의 신성함을 강조했다.

그러나 정작 바울은 "율법을 지키는 것으로는 누구를 막론하고 하느님과 올바른 관계를 가질 수가 없기 때문입니다. 율법을 지킴으로써 하느님과 올바른 관계를 맺으려는 여러분은 그리스도와 관계가 끊어졌고 은총에서 벗어났습니다."(《갈라디아서》 2장 16절, 5장 4절)라고 율법을 지키는 일이 무의미하며 신의 은총을 받지 못한다고 부정적으로 보았다.

"세상이 없어져도 율법은 없어지지 않고 다 이루어진다."라는 예수의 말과 "율법을 지키는 것으로는 신의 은총을 받지 못한다."라는 바울의 말은 차이점이 두드러진다.

사실 오늘날 대다수의 기독교인은 예수의 말이 아닌, 바울의 말에 따라 《구약성경》에 신이 정해놓은 율법을 그대로 지키지는 않는다. 예수를 믿는다는 기독교인들이 왜 이런 것일까?

그것은 기독교 교회의 역사에서 바울의 말을 따른 세력이 주도권을 잡았고, 바울의 말을 따르지 않은 세력은 몰락해버렸기 때문이다. 바울이 살았을 무렵, 기독교인들은 바울의 말을 따르는 바울파, 그리고 베드로 같은 다른 사도들의 가르침대로 유대 율법을 지키는 율법파 등 두 분파로 갈라져 있었다.

엄밀히 말하면, 당시 기독교 교회의 주도권은 율법파가 차지하고 있었다. 어찌 보면 당연한 일이다. 살아생전 예수를 직접 만나고 따라다녔던 베드로와 예수를 전혀 보지도 못하고 그가 죽은 다음에야 환영으로 예수를 만난 바울, 두 사람 중에서 베드로가 더 힘이 있었을 테니까.

그런데 서기 66년에 터진 제1차 유대 반란이 뜻밖의 변화를 초래했다. 예수를 신으로 믿는 것 이외에는 유대교와 똑같이 유대 율법을 엄격히 지키던 율법파 기독교도들이 이 반란에 대규모로 참가했다가 로마군에게 무참히 전멸당하고 말았다. 반면 반란에 참가하지 않은 바울파는 대부분 무사히 살아남았고, 그 결과 그들이 기독교 교회의 주류 세력이 되었던 것이다.

본래 율법파 기독교도들은 대부분의 유대인들처럼 유대를 지배하던 로마를 증오했고, 언젠가 반란을 일으켜 그들을 몰아내려고 했다. 반대로 바울은 "세상의 모든 권위는 다 하느님께서 세워주신 것"(《로마서》 13장)이라고 했는데, 이는 실제적 의미와 달리 로마의 유대 지배를 인정하는 발언으로 이해할 수도 있는 것이어서 더더욱 율법파로부터 반발을 샀다.

한편 바울은 "유대인이 아닌 이방인들은 구원받지 못한다."라는 유대 율법의 한계에서 벗어나 "유대인이든 이방인이든 남자든 여자든 그리스도 안에서는 아무런 차이가 없다."라는 새로운 교리를 만들었다. 율법이나 혈통에 구애받지 않는 바울의 가르침은 로마인을 포함한 이민족들로부터 환영을 받았고, 그리하여 오늘날 세계 보편 종교인 기독교가 탄생할 수 있었던 것이다.

030 동굴 속 수도사들의 비밀
– 에세네파

기원전 2세기 무렵, 한 무리의 유대인이 현재 이스라엘과 요르단의 국경 지대에 있는 사해 인근의 쿰란(Qumran) 고원 속으로 들어가 자신들만의 비밀 종파를 만들었다. 이들을 에세네파(Essenes)라고 부르는데, 사두개파와 바리새파와 더불어 유대교의 3대 종파로 분류된다.

에세네파를 한마디로 요약하자면 곧 다가올 종말을 기다리는 신흥 종교 집단이었다고 할 수 있다. 이들은 쿰란 고원의 동굴 속에서 자기들끼리 모여서 살았는데, 세상은 타락하고 악으로 오염되었으며 자신들은 그런 세상을 버리고 나와 깨끗함을 보존하며 장차 신이 내릴 최후의 심판 날에 구원을 받기 위해 산다고 믿었다.

오늘날 에세네파에 대한 기록이 가장 많이 남아 있는 것은 유대인 역사학자 요세푸스가 남긴 《유대 고대사》다. 기록에 의하면 에세네파에 소속된 수도자는 대략 4000명이었는데, 거기에 유대 사회 곳곳에서 에세네파의 교리를 믿는 사람들까지 합치면 그 수는 더 늘어난다. 에세네파는 동굴 속에 모여 살았지만 그들이 퍼뜨린 가르침은 당대 유대 사회에서 꽤나 널리 퍼져 있었던 듯하다.

요세푸스의 기록에 의하면 에세네파는 성관계를 더러운 것으로 여겨서 수도사 대부분이 결혼하지 않은 상태로 평생 혼자 살았다. 에세네파 수도사들 중 일부는 결혼하여 아이를 낳기도 했으나, 일단 아이가 태어나고 나면 더 이상 아내와 성관계를 하지 않았다. 그런데 이러한 에세네파의 교리는 《구약성경》의 교리에 어긋난다. 〈창세기〉에 의하면 신이 인간에게 직접 아이를 낳고 번성하여 땅에 퍼져 세상을 정복하라고 가르쳤기 때문이다.

성관계와 더불어 에세네파는 물질적인 부도 죄악시했다. 그래서 외부인이 에세네파에 들어가려면 일단 가진 모든 재산을 에세네파에 바쳐야만 가능했다. 그처럼 에세네파에 소속된 모든 수도사는 자신의 소유를 교단에 바쳤고, 교단에서 재산을 공동 관리했다. 하지만 성관계와 마찬가지로 물질적인 부에 대한 입장도 《구약성경》의 가르침에 어긋나는 일이었다. 《구약성경》〈욥기〉에 의하면 물질적인 부와 풍요는 결코 죄악이 아니며, 오히려 신이 인간에게 준 축복으로 간주되었기 때문이다.

그렇다면 왜 에세네파는 성관계와 물질적인 부를 유독 나쁘게 보았을까? 정확한 이유는 알 수 없으나 추측하건대, 곧 종말이 다가올 테니 자녀 출산이나 부를 쌓는 일이 무의미하다고 보았을 수 있다. 혹은 사람이 마음속으로 음란한 욕망을 품기만 해도 죄를 짓는다는 식의 극단적인 금욕주의를 에세네파가 믿고 있었다는 가설도 세울 수 있다.

이러한 주장들의 흔적은 《신약성경》에도 나타난다. 사도 바울의 가르침을 담은 〈고린도전서〉 7장 26~31절을 요약하면 "때가 얼마 남지 않았으니, 이제부터는 아내 있는 사람은 없는 사람처럼 지내고, 세상과 거래를 하는 사람은 세상과 거래를 하지 않는 사람처럼 살아야 합니다. 이 세상의 형체는 사라집니다."라는 내용이다. 쉽게 풀어 얘기하자면, 앞으로 세상이 사라지는 종말이 올 것이니 바울의 편지를 받는 사람들은 이혼이나 상거래 같은 일상적인 일들을 하지 말라는 뜻이다.

또한 〈마태복음〉 5장 28~30절을 보면, 예수는 "누구든지 여자를 보고 음란한 생각을 품는 사람은 벌써 마음으로 그 여자를 범했다. 오른눈이 죄를 짓게 하거든 그 눈을 빼어 던져버려라. 몸의 한 부분을 잃는 것이 온몸이 지옥에 던져지는 것보다 낫다."라고 설교한다. 이는 에세네파의 극단적인 금욕주의와도 통한다.

그런데 에세네파의 본거지인 쿰란의 동굴들을 발굴한 고고학자들에 의하면, 그곳에서 칼과 화살촉 같은 무기들을 만드는 대장간과 기마병과 보병의 합동 전술을 가르치는 문서가 발견되었다. 이는 다분히 전쟁을 염두에 둔 모습인데, 그렇다면 에세네파가 입교자들한테 재산을 바치라고 요구한 진짜 이유는 그들의 재산을 군자금으로 쓰려고 했던 것이 아닐까?

실제로 에세네파는 서기 66년에 발생하여 73년에 끝난 제1차 유대 로마 전쟁 무렵, 로마군의 공격을 받아 멸망한 것으로 여겨진다. 만약 에세네파가 그저 평화롭기만 한 수도사들의 집단이었다면 군이 로마군이 그들을 공격할 필요가 있었을까? 이는 곧 에세네파가 유대를 지배하는 로마를 몰아내기 위한 전쟁을 은밀히 준비하던 무장 투쟁 단체였음을 증명하는 일이 아닐지.

031 구세주를 자처한 반란군 지도자
– 시몬 바르 코크바

시몬 바르 코크바(Simon bar Kokhba ?~서기 135년)는 서기 132년부터 135년까지 로마 제국의 지배에 맞서 반란을 일으킨 유대인들의 군사 지도자다. 유대인들은 기원전 63년 폼페이우스가 이끄는 로마군이 예루살렘을 점령한 이후, 거의 200년 동안 로마의 지배를 받아왔으나, 독립 정신이 매우 투철하여 기회만 생기면 반란을 일으켜 로마를 몰아내려고 했다.

시몬은 먼저 유대인들의 성스러운 도시인 예루살렘에서 반란을 일으켜 로마 수비대를 신속히 제거했다. 당시 예루살렘에는 로마군 제10군단 프레텐시스(Fretensis)가 주둔하고 있었으나, 시몬이 이끈 유대 반란군의 기습을 받고 큰 사상자를 냈다. 예루살렘 근처의 이즈라엘(Yizrael) 계곡에 주둔하고 있던 로마군 제6군단 페라타(Ferrata)가 10군단을 지원하기 위해 예루살렘으로 급히 출동했으나, 유대 반란군의 기세가 워낙 거세 도저히 제압할 수 없었다.

그래서 유대 지방 인근의 로마군 주둔 병력인 제3군단 갈리카(Gallica)와 키레나이카(Cyrenaica), 제22군단 데이오타리아나(Deiotariana), 제2군단 트라이아나 포르티스(Traiana Fortis)가 예루살렘으로 출동했다. 하지만 제22군단 데이오타리아나는 예루살렘으로 가던 도중에 유대 반란군의 매복에 걸려 부대가 해체될 정도로 큰 피해를 보았다.

잇따른 승리에 기고만장해진 시몬은 유대인 사회에서 존경받던 랍비(Rabbi, 율법학자)인 아키바(Akiva)로부터 '별의 아들'이라는 뜻의 '바르 코크바'라는 이름을 얻었다. 이는 곧 시몬이 '유대인들을 구해낼 구세주'라는 뜻이었다. 또한 시몬은 스스로를 가리켜 '이스라엘의 왕자'라는 뜻인 '나시 이스라엘(Nasi Israel)'이라고 불렀고, 바르 코크바라는 글자가 새겨진 동전까지 발행할 정도로 거의 한 나라의 국왕이나 다름없는 위치에까지 올랐다. 바르 코크바가 로마를 몰아내고 유대의 독립을 가져다줄 구세주라고 믿고 반란군에 합류한 유대인이 무려 40만 명이나 되었다고 한다.

로마군은 유대 반란군이 머문 도시들을 포위하고 그들의 식량과 물자 보급을 끊어 고립시키는 장기전으로 들어갔다. 또한 로마 황제 하드리아누스는 섹스투스 율리우스 세베루스(Sextus Julius Severus) 장군이 이끄는 로마군 제10군단 게미나(Gemina), 제9군단 히스파나(Hispana), 제5군단 마케도니카(Macedonica) 등 3개 군단과 50개의 보조군까지 동원한 대규모 증원군을 유대로 보냈다. 당시 로마 제국 전체 군대의 3분의 1에 해당하는 무려 12만 명이 바르 코크바의 반란을 진압하기 위해 투입된 것이다.

현재 이스라엘 북부 베트 세안 계곡의 텔 샬렘(Tel Shalem)에서 유대 반란의 흐름을 좌우하는 결정적인 전투가 벌어졌는데, 로마군이 세운 승리의 아치가 발견되어 로마군이 승리한 것으로 여겨진다. 바르 코크바와 그의 남은 군대는 베탈(Betar) 요새에 갇혔다가 135년 여름, 포위 공격을 당했다. 이 공격에 로마군 제5군단 마케도니카와 제11군단 클라우디아(Claudia)가 참가했다. 바르 코크바는 결사적으로 저항했으나 결국 요새는 함락당했고, 이때 로마군 병사들은 "말들의 콧구멍이 피에 잠길 때까지 학살했다."라고 알려졌다.

바르 코크바 본인은 자살했다는 말도 있고 뱀에게 물려 죽었다는 말도 있는데, 그의 머리는 잘려져 하드리아누스 황제한테 바쳐졌다고 한다. 바르 코크바를 도와 반란에 가담했다가 로마군에게 붙잡힌 유대인 랍비 아키바는 쇠로 만든 빗으로 피부가 벗겨지고, 이쉬마엘(Ishmael)은 머리의 피부가 천천히 벗겨졌으며, 하나니아(Hanania)는 토라(유대교의 율법서) 두루마기와 함께 젖은 양털에 싸여 불에 태워지는 등 잔혹한 고문을 받다가 모두 죽임을 당했다. 살아남은 반란군 일부는 136년까지 저항했지만, 결국 로마군에게 완전히 제압당했다. 바르 코크바의 반란으로 58만 명의 유대인이 죽었고, 1035개의 마을이 파괴되었으며, 많은 유대인 포로가 로마군에게 끌려가 노예로 팔려나갔다.

당시의 정황을 묘사한 기록에서 바르 코크바는 무척이나 오만하고 잔인한 사람으로 묘사된다. 《탈무드(Talmud)》에서는 바르 코크바가 저항군에 가담한 유대인 젊은이들한테 각자 자신의 손가락을 하나씩 잘라서 용맹함을 증명하라고 강요했고, 전쟁터에 나갈 때마다 "신이여, 당신의 도움 따위는 필요 없으니 우리를 방해하지만 마십시오!"라고 기도하여 랍비들로부터 불평을 들었다고 한다.

그리고 에우세비우스(Eusebius)의 연대기에 의하면 바르 코크바는 자신의 반란에 합류하기를 거부한 유대인을 모두 죽여버렸으며, 아울러 로마인들과 싸우는 것을 거부했다는 이유로 기독교인들을 처형하거나 예루살렘 밖으로 쫓아냈다.

반란이 실패하자, 《탈무드》에서는 바르 코크바를 가리켜 '거짓의 아들'이라는 뜻인 '벤 쿠시바(Ben-Kusiba)'라고 불렀는데, '거짓된 구세주'라는 경멸적인 호칭이었다.

032 사상 최초의 초강대국을 세우다
– 키루스 2세

인류 역사상 최초의 초강대국은 지금의 이란을 중심으로 이집트와 서아시아, 동유럽 일대를 지배했던 아케메네스 왕조(페르시아 제국)이다. 이 나라의 실질적인 창업자는 키루스 2세(Cyrus II, 기원전 600년 혹은 598~530년)인데, 그의 찬란한 일대기는 고대 그리스의 역사가인 헤로도토스가 쓴 책《역사》와 유대인들이 남긴 경전《구약성경》에서 흥미진진하게 묘사되어 있다.

먼저《역사》에 의하면, 키루스 2세는 페르시아인 캄비세스와 메디아의 공주 만다네(Mandane, 기원전 584~559년) 사이에서 태어났다. 만다네는 메디아의 왕 아스티아게스(Astyages, 집권: 기원전 585~550년)의 딸이니, 키루스 2세는 곧 메디아 왕의 외손자인 셈이다.

아스티아게스는 만다네가 낳은 아이가 자신을 대신하여 왕이 된다는 점술가들의 예언을 듣고, 키루스 2세가 태어나자 자신의 부하 하르파고스를 불러 아이를 죽이라고 명령했다. 하지만 하르파고스는 차마 아이를 죽이지 못하고 소를 키우는 목동 부부 미트라다테스와 스파코에게 아이를 맡겨 키우게 한 다음, 아스티아게스한테 아이를 죽여 묻었다고 거짓 보고를 했다.

그렇게 해서 키루스 2세는 목동의 양아들로 자랐는데, 어느 날 그가 동네 아이들과 놀이를 하다가 채찍으로 때리자 맞은 아이가 아스티아게스에게 가서 "우리는 높은 관리의 아이인데, 비천한 목동한테 맞았습니다."라고 호소했다. 이에 아스티아게스가 키루스 2세를 데려오게 했는데, 얼굴이 어쩐지 자신을 닮은 듯하고 태어난 때가 자신이 외손자를 버린 시기와 같아서 미트라다테스를 데려와 자초지종을 물은 끝에 키루스 2세의 정체를 깨달았다.

그러자 아스티아게스는 자신의 명령을 어긴 벌로 하르파고스의 큰아들을 죽여 그 시체를 요리로 만들어 하르파고스한테 강제로 먹게 했고, 이런 끔찍한 만행에 원한을 품은 하르파고스는 키루스 2세가 아스티아게스에게 반란을 일으킬 때 내통하여 기원전 550년 아스티아게스가 키루스 2세한테 사로잡히고 메디아 왕국이 망하도록 만들었다는 이야기다.

메디아 정복을 발판으로 키루스 2세가 다스리는 아케메네스 왕조-페르시아 제국은 이제 본격적인 대외 팽창에 나섰다. 기원전 546년에 인류 역사상 최초로 금화를 만들 만큼 부유했던 리디아 왕국(현재 터키 서부)은 키루스 2세가 이끄는 페르시아 군대에게 정복당하고 멸망했다. 단, 《역사》에 의하면 키루스 2세는 리디아의 국왕 크로이소스(Kroisos)를 살려주고 그를 페르시아 군대의 장군으로 삼았다.

기원전 539년에는 유서 깊은 수메르-바빌론 문명을 이어받은 신바빌로니아 왕국마저 키루스 2세가 지휘하는 페르시아 군대와의 전쟁에서 패배하여 멸망했다. 그리고 1년 후인 기원전 538년 키루스 2세는 신바빌로니아 왕국이 유대 왕국을 무너뜨리고 붙잡아온 유대인들을 고향으로 돌아가도록 허용했는데, 이 때문에 유대인들이 쓴 《구약성경》에서는 키루스 2세를 가리켜 '신(야훼)이 보낸 구세주'라고 열렬히 칭송한다.

야훼께서 당신이 기름 부어 세우신 고레스에게 말씀하신다.

"내가 너의 오른손을 잡아주어 만백성을 네 앞에 굴복시키고 제왕들을 무장해제시키리라. 네 앞에 성문을 활짝 열어 젖혀 다시는 닫히지 않게 하리라.

내가 너를 이끌고 앞장서서 언덕을 훤하게 밀고 나가리라. 청동성문을 두드려 부수고 쇠빗장을 부러뜨리리라.

나의 종 야곱을 도우라고 내가 뽑아 세운 이스라엘을 도우라고 나는 너를 지명하여 불렀다. 나를 알지도 못하는 너에게 이 작위를 내렸다."

- 〈이사야〉 45장 1~4절

또한 《구약성경》 〈다니엘〉 5장에서는 바빌로니아의 벨사살왕이 잔치를 열었는데, 갑자기 사람의 손가락 하나가 나타나서 왕궁 벽의 판에 '므네 므네 드켈 브라신'이라는 글자를 썼다. 그 뜻을 알기 위해 유대인 다니엘을 불러서 물어보았더니, "신이 바빌론을 페르시아한테 넘겨주었다."라고 풀이하는 내용이 나온다. 이는 키루스 2세의 신바빌로니아 정복을 신비롭게 묘사한 것이다.

《역사》에서는 키루스 2세가 현재 카자흐스탄과 우즈베키스탄에서 살았던 마사게타이족(유목민 스키타이족의 일파)과 싸우다 죽었다고 언급된다. 그러나 키루스 2세의 죽음에도 불구하고 그가 세운 페르시아 제국은 무너지지 않고, 오히려 더욱 강성해졌다. 이는 키루스 2세가 얼마나 비범한 인물인지 알 수 있는 증거라고 할 수 있다.

033 페르시아 제국을 부흥시킨 영웅
– 다리우스 I세

서아시아를 통일한 초강대국 페르시아 제국의 위대한 영웅 키루스 2세가 죽은 후, 페르시아는 캄비세스 2세(Cambyses II, 집권: 기원전 530~522년)와 스메르디스(Smerdis, 집권: 기원전 522년) 같은 무능한 황제들이 집권하여 나라가 혼란에 빠졌다. 이러한 난맥상을 극복하고 페르시아 제국을 다시 부흥시킨 영웅이 바로 다리우스 1세(Darius I, 집권: 기원전 522~486년)다.

고대 그리스의 역사가 헤로도토스가 쓴 《역사》에 의하면 본래 다리우스 1세는 페르시아 군대에서 복무하던 근위대 장교였으나, 조로아스터교의 마구스(성직자) 스메르디스가 캄비세스 2세의 동생 바르디야(Bardiya)라고 사칭하여 황제 노릇을 하고 있다는 비밀을 알아내고는 뜻이 통하는 사람들과 함께 반란을 일으켜 스메르디스를 제거하고 황제가 되었다.

다리우스 1세가 황제에 오른 배경도 《역사》에 흥미로운 일화로 실려 있는데, 그와 함께 스메르디스를 제거한 귀족 중에서 오타네스는 "전제정치는 나쁘니 민주정치를 합시다."라고 주장했고, 메가비조스는 "전제정치도 나쁘지만 어리석고 폭력적인 대중에 의존하는 민주정치도 나쁘니, 소수의 과두정을 합시다."라고 반박했으며, 마지막으로 다리우스 1세가 "가장 뛰어난 사람이 이끌어가는 전제정치가 민주정치나 과두정보다 좋소."라고 반론을 제기했다.

그러자 의견을 제시하지 않은 다른 사람들이 다리우스 1세의 주장을 지지하여 결국 페르시아 제국은 계속 황제가 다스리는 전제군주정으로 유지되었다.

다만 누가 황제가 되느냐가 문제였다. 그래서 다리우스 1세를 포함하여 스메르디스를 제거하는 데 참가한 7명의 페르시아인이 모두 말을 타고 성밖으로 멀리 나갔다가 해가 떠오른 후에 처음으로 우는 말을 탄 사람이 황제가 되기로 했다. 다음 날 아침, 다리우스 1세가 타고 온 말이 처음 울었고, 그와 동시에 하늘에서 천둥과 번개가 치자 나머지 6명은 하늘의 신들이 다리우스 1세를 황제로 선택했다고 여기고 말에서 내려 그 앞에 엎드리면서 황제로 인정했다고 한다.

우여곡절 끝에 황제가 된 다리우스 1세는 키루스 2세의 위업을 이어받고자 다시 정복 전쟁에 나섰다. 다리우스 1세가 보낸 페르시아 군대는 기원전 515년 멀리 동쪽 인더스 계곡의 간다라에서 카라치에 이르는 영토를 점령했고, 기원전 510년과 492년에는 지금의 불가리아 지역에 살던 원주민 트라키아인들과 그리스 북부의 마케도니아 왕국을 굴복시켰다.

하지만 기원전 513년에 다리우스 1세가 직접 70만 대군을 이끌고 야심차게 나선 스키타이 원정은 완전히 실패로 끝났다. 다리우스 1세는 현재 흑해와 마르마라해를 잇는 터키의 보스포루스 해협에 수많은 배를 연결한 배다리를 설치하고, 이 다리를 통해 대군을 아시아에서 유럽으로 실어날랐다. 다리우스 1세는 스키타이족과 싸우러 가는 도중에, 오늘날 루마니아인들의 선조 게타이인들(다키아)로부터 거센 저항을 받기도 했으나 곧바로 그들을 굴복시키는 데 성공했다.

그러나 막상 스키타이족은 다리우스 1세의 대군과 정면으로 맞닥뜨리지 않고, 계속 후퇴하면서 그들을 자기 나라의 깊숙한 곳으로 끌고 들어갔다.

더구나 스키타이족은 도시를 세우고 사는 정착민이 아니라, 소와 말이 끄는 수레에서 살아가는 유목민이었기에 그들을 따라잡을 수도 없었다.

당황한 다리우스 1세는 스키타이족의 왕 이단티르소스한테 사신을 보내서 "나와 싸우든지 아니면 항복하든지 어서 선택하시오."라고 재촉했는데, 이단티르소스는 "당신이 무서워서 달아나는 것이 아니라, 우리가 늘 하던 대로 하는 것뿐이오. 나는 하늘과 땅의 신 말고는 어느 누구한테도 항복하고 싶지 않소."라고 대답했다. 이러한 스키타이인들의 행동은 적을 계속 끌어들여 식량과 물자의 보급로를 끊고, 적이 지칠 때 본격적으로 반격하는 유목민의 전통적인 전술에 따른 것이었다.

스키타이인들의 영토 깊숙이 들어갈수록 페르시아 군대는 식량과 물자의 보급이 어려워졌고, 다리우스 1세는 다치고 병들거나 허약한 병사들만 남겨놓고서 나머지 병력을 수습하여 서둘러 페르시아 본국으로 철수했다.

기원전 490년 다리우스 1세는 그리스 최대의 도시 국가 아테네가 3년 전 페르시아의 속국 이오니아인들의 반란을 지원한 것에 대한 응징으로 아테네를 정복하기 위해 2만 명의 페르시아 군대를 보냈으나, 이들은 유명한 마라톤 전투에서 아테네군에 참패하여 다리우스 1세는 그리스 정복도 실패했다.

비록 스키타이와 아테네 정복에 실패했다고 해도, 다리우스 1세가 살아생전에 그린 거대한 제국의 꿈은 그로부터 2500년이 지난 지금에 와서 보더라도 감탄을 자아내게 한다.

034 인류 역사상 가장 큰 군대를 이끌다
— 크세르크세스 1세

지금의 이란 땅에서 고대 페르시아를 다스렸던 아케메네스 왕조의 4번째 황제(샤한샤) 크세르크세스 1세(Xerxes I, 기원전 519~465년)는 세계사에 영원히 남을 업적(?)을 하나 세웠다. 아버지 다리우스 1세가 실패한 그리스 원정을 다시 일으키면서 어마어마한 대군을 동원한 것이다.

고대 그리스의 학자 헤로도토스는 자신의 책 《역사》에서 크세르크세스 1세가 그리스를 공격한 계기에 대한 흥미로운 일화를 남겼다. 원래 크세르크세스 1세는 신하들과 그리스 원정에 대해 논쟁하다가 아무래도 원정은 불리한 것 같아서 일단 중단하려고 했는데, 꿈에 잘생긴 남자 한 명이 두 번이나 나타나서 "만약 당신이 그리스 원정을 중단한다면 내가 용납하지 않을 테고, 당신은 권력을 잃고 몰락할 것이다. 그러니 무슨 일이 있어도 그리스 원정을 하라."라고 경고하는 바람에 어쩔 수 없이 그리스 원정을 하게 되었다는 것이다.

크세르크세스 1세의 꿈에 나타나 반드시 그리스 원정을 하라고 강요한 남자의 정체는 무엇일까? 《역사》에서는 '어느 신의 계시가 아니었을까?' 하고 의문을 제기하지만, 확신할 수는 없는 노릇이다. 여하튼 크세르크세스 1세는 기원전 484년부터 480년까지 4년 동안 방대한 페르시아 제국 각지에서 엄청난 물자와 사람을 동원하여 마침내 직접 군대를 이끌고 그리스 원정에 나섰다.

《역사》에서는 크세르크세스 1세가 동원한 대군의 구성을 매우 장황하게 나열하고 있다. 그 내역은 대략 이렇다. 페르시아의 그리스 원정에 동참한 민족의 수는 동쪽의 인도와 아프가니스탄에서 서쪽의 리비아와 터키까지, 그리고 남쪽의 에티오피아부터 북쪽의 우즈베키스탄에 이르기까지 무려 47개나 되었다. 그렇게 해서 모은 원정군은 모두 264만 1600명이었고, 군대를 따라서 참전한 비전투원의 수까지 더하면 페르시아군의 총 병력은 무려 528만 3200명에 달했다는 것이다.

이는 누가 보아도 지나치게 부풀린 것이다. 2500년 전 고대에 500만 명이나 되는 대군을 동원하고 관리하는 일은 불가능하기 때문이다. 페르시아 전쟁을 연구하는 학자들은 페르시아 군대의 실제 인원은 그 10분의 1인 50만이나 100분의 1인 5만 명 정도였을 것으로 추측하기도 한다.

그러나 인원수가 부풀려졌다고 해도, 헤로도토스가 자신의 책에서 이토록 대서특필하고, 실제 페르시아 전쟁 과정에서 마케도니아와 테베, 플라타이아 등 많은 도시 국가가 페르시아를 두려워하여 항복했다는 점을 본다면, 당시 그리스인들에게 크세르크세스 1세의 페르시아군은 상당히 규모가 큰 대군으로 인식되었던 모양이다. 실제로 크세르크세스 1세가 이끄는 페르시아의 대군이 헬레스폰토스 해협에 다리를 놓고 건너오던 모습을 지켜본 주민이 아래처럼 말하면서 두려움에 떨었다는 일화가 《역사》에 기록되어 있다.

"오, 제우스신이시여. 그리스를 멸망시키실 작정이라면 어째서 페르시아인의 모습을 하시고 이름도 크세르크세스 1세라고 바꾸신 채로 온 세상의 모든 인간을 이끌고 오셨습니까? 당신이라면 그런 수고를 하지 않고도 얼마든지 바라는 대로 하실 수 있을 텐데 말입니다."

헤로도토스의 《역사》에는 이와 관련한 일화도 기록하고 있다. 크세르크세스 1세가 이끄는 페르시아 대군이 그리스 본토에 상륙하여 아테네와 스파르타를 향해 진격할 때, 주변에 강이 있으면 모조리 마셔버리는 통에 강줄기가 죄다 말라버렸으며, 들르는 그리스 도시에서마다 요구한 식량이 어찌나 많았는지 아무리 부자라도 그 비용을 감당하지 못했다. 심지어 크세르크세스 1세가 하루에 저녁을 두 번 먹지 않는 것을 감사하라는 구절도 있다. 그랬다가는 페르시아 군대에 식사를 제공하는 그리스인은 죄다 파산하고 말았을 것이라는 우스갯소리다.

이토록 크세르크세스 1세가 야심차게 준비한 그리스 원정이었으나 살라미스 해전(기원전 480년 9월)과 미칼레 해전(기원전 479년 8월), 플라타이아이 전투(기원전 479년 8월)에서 잇달아 페르시아군이 그리스군에게 참패하는 바람에 수포로 돌아갔다. 패배하여 본국으로 돌아온 크세르크세스 1세는 실의에 빠져 의욕을 잃고 술과 여자에 빠져 허우적거리다가 후궁들의 음모에 휘말려 암살을 당하고 말았다. 세계 최강대국의 황제치고는 너무나 어이없는 최후였다.

그렇다고 해도 크세르크세스 1세는 인류 역사상 가장 거대한 군대를 이끈 군주로 영원히 기억될 것이다. 그것 하나만으로도 그 자신은 충분히 만족하지 않을까.

035 페르시아 서사시 최고의 영웅
- 샤나마의 영웅들

1010년 페르시아의 시인 피르다우시(Firdawsi)가 쓴 서사시 〈샤나마 (Shahnama)〉는 페르시아 신화와 전설에 나오는 무수한 영웅의 흥미로운 이야기를 모은 기록이다.

〈샤나마〉에 의하면, 최초의 인간 키유마르스(Keyumars)는 표범의 가죽을 쓰고 동굴에서 살고 있었다. 그는 왕의 관행과 음식의 준비 및 법과 정의를 처음으로 만들었다. 그는 매우 강력하여 모든 인간과 동물이 그에게 복종했다. 정의의 신 아후라 마즈다는 키유마르스에게 파르(farr)라고 불리는 초자연적인 은총을 내려주었다.

그러나 사악한 신 아흐리만(앙그라 마이뉴)은 키유마르스를 질투하여 그의 아들 시아마크(Siamak)를 죽였다. 키유마르스는 시아마크의 아들이자 자신의 손자인 후샹(Hushang)한테 군대를 주어 아흐리만의 사악한 군대를 쳐부수어 복수를 했다. 키유마르스는 30년 동안 다스린 후 죽었고, 그의 왕위는 후샹이 이어받았다.

후샹은 쇠를 다루고 농사짓는 법, 관개수로를 파는 법, 가축을 키우는 방법, 짐승의 가죽을 벗겨 옷 만드는 방법, 부싯돌을 내리쳐 불 피우는 방법 등 인류의 생활을 편리하게 만드는 다양한 기술을 발명했다. 그는 40년 동안 다스린 후, 아들 타흐무라스(Tahmuras)한테 왕위를 넘겨주었다.

타흐무라스는 강력한 마법사로 사악한 신 아흐리만을 말처럼 부리며 타고 다녔으며, 마법을 부려 악마의 3분의 2를 사로잡았고 나머지 3분의 1은 철퇴를 휘둘러 죽여버렸다. 살려준 악마들한테서 전 세계 30개의 언어(아랍어, 그리스어, 중국어 등)를 배웠고, 양털 방직 및 동물 사냥을 사람들에게 가르쳤다. 그는 30년 동안 다스린 후, 아들 잠시드(Jamshid)한테 왕위를 물려주고 죽었다.

잠시드는 아후라 마즈다로부터 은총을 받아 무려 700년 동안이나 세상을 다스렸다. 그가 왕이었던 시절에는 어떠한 병이나 늙음, 죽음도 없이 모든 백성이 영원한 생명을 누리며 추위나 더위도 모른 채 행복하게 살았다. 그러나 나이가 들자 오만한 마음이 들어 자신을 신이라고 말했고, 이에 화가 난 아후라 마즈다는 그한테서 은총을 빼앗아버렸다. 그러자 서쪽에서 사악한 왕 자하크(Zahhak, 아지다하카)가 쳐들어와 왕위를 찬탈했다. 잠시드는 자하크를 피해 100년 동안이나 도망을 다녔지만 결국 자하크한테 붙잡혀 온 몸이 톱으로 썰려 비참하게 죽었다.

자하크는 두 어깨에서 각각 뱀이 솟아나, 매일 두 사람의 뇌를 뱀한테 먹여야 했다. 그런 세월이 1000년이나 계속되자 잠시드의 자손이자 정의로운 영웅인 페레이둔(Fereydun)이 나타나 자하크를 다마반드(Damavand) 산속에 가두고 페르시아의 새로운 왕이 되었다. 페레이둔의 증손자 마누체흐르(Manuchehr)도 왕이 되어 120년 동안 세상을 다스렸는데, 이때가 〈샤나마〉의 무대다.

가르샤스프(Garshasp)는 바다에 사는 용 간다르와(Gandarw)와 싸웠다. 간다르와는 깊은 바다가 무릎에 닿고, 머리를 들면 태양에 닿을 만큼 거대했으며, 입을 벌리면 12개 지역을 삼켜버렸다. 가르샤스프는 9일 동안 바다에서 간다르와와 싸웠는데, 너무 피로하여 자신이 자는 동안 간다르와를 지키라고 동료 악루라그(Axrurag)한테 지시했으나, 그가 잠든 사이에 간다르와는 악루라그를 바다로 끌고 갔다. 잠에서 깨어난 가르샤스프는 다시 바다로 달려가 간다르와와 싸운 끝에 마침내 용을 죽이고 친구를 구출했다.

그 일이 있고서 가르샤스프는 죽었으나 종말이 와서 자하크가 탈출하여 세상을 어지럽히는 바람에 아후라 마즈다가 다시 그를 되살려 자하크를 완전히 죽이게 하고, 그 보상으로 가르샤스프를 천국에 들여보낸다.

루스탐(Rustam)은 하얀 머리카락을 가지고 태어난 용사 잘(Zal)과 자하크의 후손인 미녀 루다바(Rudaba) 사이에서 태어난 영웅이다. 그는 어린아이 때부터 힘이 아주 강해서, 할아버지 샘(Sam)이 가진 철퇴를 휘둘러 마누체흘왕의 미쳐 날뛰는 하얀 코끼리를 때려죽였다. 루스탐은 하도 젖을 많이 먹어서 10명의 유모가 번갈아가며 젖을 먹여야 했으며, 어른 5명이 먹을 고기와 빵을 먹으며 자랐다.

어른이 되자 루스탐은 전설적인 명마 라크쉬(Rakhsh)를 타고 모험에 나섰는데, 라크쉬는 코끼리처럼 거대하고 힘이 센 말이었다. 루스탐이 이룩한 수많은 성취 중에서 가장 값진 것은 페르시아의 카이 카부스(Kay Kavus)왕이 이끄는 군대를 몽땅 붙잡은 악마 디베 세피드(Div-e Sepid)와 싸워 그를 죽이고, 죽은 디베의 심장과 피로 눈이 먼 카이 카부스왕을 치료한 것이다.

반면 루스탐은 적국인 투란의 공주 타흐미나(Tahmina)와의 사이에서 낳은 아들 소흐랍(Sohrab)을 적으로 잘못 알고 죽였다가 뒤늦게 알고 슬픔에 빠지는 비극을 맛보기도 했다.

〈샤나마〉의 최고 영웅 루스탐은 이복형제 샤가드(Shaghad)의 질투로 인해 그가 판 구덩이에 빠져 비참한 최후를 맞는다.

036 로마 제국을 위협한 여왕
– 제노비아

제노비아(Zenobia, 서기 240~274년)는 현재 시리아의 타드무르에 있었던 고대 도시 팔미라를 다스린 여왕이다. 원래 그녀는 팔미라의 국왕 오데나투스(Odaenathus, 서기 220~267년)의 왕비였으나, 연회장에서 남편이 조카 마에오니우스(Maeonius)한테 죽임을 당하자 마에오니우스를 죽이고 남편의 뒤를 이어 팔미라를 다스리는 왕위에 올랐다.

제노비아는 스스로 "나는 이집트를 다스리며 로마에 맞서 싸웠던 클레오파트라 여왕의 후손이다!"라고 주장했다. 그 말이 사실인지는 알 수 없다. 일설에 따르면 제노비아는 아랍인의 혈통을 물려받았다.

제노비아의 조상이 누구든 그녀가 매력적인 여성인 것만은 분명했다. 영국의 역사가 에드워드 기번이 쓴《로마제국 쇠망사》에 의하면, 제노비아는 검은빛을 띤 피부에 진주처럼 하얀 이와 크고 검은 눈동자를 지녔으며, 목소리는 매우 크면서도 듣기 좋았다. 또한 그녀는 동방의 지식인이라면 반드시 배웠던 그리스어를 자유자재로 말하고 들을 수 있었으며, 시리아어와 이집트어, 그리고 라틴어까지 터득하는 등 교양도 풍부했다.

이뿐만 아니라 제노비아는 사막에서 사자와 표범, 곰 같은 맹수를 사냥하거나 말을 타지 않고 두 발로 걸어서 병사들과 함께 수 킬로미터를 행군할 만큼 강인한 체력을 지닌 여장부이기도 했다.

267년, 남편 오데나투스가 죽자 곧바로 왕위에 오른 제노비아는 당시 팔미라를 지배하던 로마 제국이 극심한 내분으로 혼란에 휩싸였다는 사실을 깨닫고, 그 틈을 노려 로마의 지배로부터 벗어나 독립하려고 본격적으로 반란의 깃발을 들었다.

그리하여 제노비아가 보낸 팔미라 군대는 동쪽의 페르시아(사산 왕조) 군대와 싸우느라 힘이 빠진 로마군을 손쉽게 제압했으며, 북쪽으로 시리아와 소아시아(현재 터키)를 점령하고 남쪽으로 팔레스타인을 지나 로마 제국의 영토에서 가장 비옥한 곡창 지대인 이집트마저 손에 넣었다. 순식간에 로마의 동방 영토 대부분이 팔미라의 수중에 들어왔고, 기고만장해진 제노비아는 자신과 죽은 남편 사이에서 태어난 아들 바발라투스(Vaballathus)를 로마 황제를 뜻하는 '임페라토르'라고 부르는 것은 물론 272년에는 그의 초상이 들어간 동전을 발행했다. 팔미라가 로마에서 완전히 독립한 나라라고 선포한 것이다.

제노비아는 이렇게 로마에 맞설 만한 저력이 있었다. 팔미라는 동양과 서양을 잇는 중계 무역으로 막대한 부를 쌓았고, 이를 군사력에 투자하여 상당히 강력한 군대를 갖추었다. 팔미라의 군대는 로마인들을 두렵게 했던 페르시아의 군대를 모방했다. 바로 중무장 기병 부대 클리바나리(clibanarii)가 주력을 이룬 것인데, 이들은 사람과 말이 모두 두꺼운 갑옷을 입고 3.65미터짜리 긴 창 콘토스(kontos)를 사용하여 적을 공격했다. 여기에 오랫동안 로마 군대에서 활을 쏘는 궁수 부대로 유명했던 시리아인들도 제노비아가 로마에 맞서 반란을 일으키자 모두 팔미라 군대에 붙어버렸다.

아울러 제노비아는 팔미라가 로마의 강적 페르시아를 막는 지리적 위치에 있으니, 자신들이 맞선다고 해도 로마 제국은 페르시아를 염두에 두고 자신들을 내버려둘 것으로 여겼을 수도 있다.

그러나 로마인들은 팔미라의 독립을 결코 허용하지 않았다. 272년, 로마의 새로운 황제 아우렐리아누스(Aurelianus, 집권: 270~275년)는 직접 대군을 이끌고 팔미라를 정복하기 위한 원정에 나섰다. 그리하여 팔미라군은 272년 임마(Immae, 지금의 터키 남부 하타이주)와 에메사(Emesa, 지금의 시리아 홈스)에서 두 차례에 걸쳐 로마군과 일대 격전을 벌였다. 두 전투에서 클리바나리 부대는 로마군의 유인에 말려들어 포위당해 전멸하고 말았다. 에메사 전투에 투입된 팔미라군의 수는 무려 7만 명이었는데, 거의 전멸하는 바람에 군사력 대부분이 날아가 버렸다.

두 전투의 여세를 몰아 로마군은 팔미라를 포위하고, 물과 식량의 보급선을 끊어놓았다. 이에 제노비아는 페르시아에 도움을 요청하기 위해 혼자서 낙타를 타고 팔미라를 빠져나갔다가, 로마군의 추격 끝에 붙잡히고 말았다. 여왕이 포로가 되자 팔미라인들은 사기를 잃었고, 얼마 후 팔미라는 로마군에게 함락당했다(273년).

그 후 팔미라인들은 로마에 맞서 다시 반란을 일으켰지만 분노한 아우렐리아누스의 명령을 받은 로마군에 의해 대량학살을 당했고 팔미라도 철저히 파괴당했다. 살아남은 제노비아는 로마로 끌려가 개선식에서 구경거리가 되었고, 그녀의 딸들은 로마 귀족 집안과 결혼을 했다고 알려진다. 다만 그녀의 아들 바발라투스가 어떻게 되었는지는 정확히 알려지지 않는데, 로마로 끌려가는 도중에 죽었다거나 어머니와 함께 로마로 끌려와 274년에 죽었다는 이야기가 전한다.

037 신비한종교마니교의창시자
– 마니

지금은 사라졌지만, 무려 1000년 넘게 전 세계적으로 강력한 영향력을 떨친 종교가 있다. 바로 마니교(Manichaeism)로, 페르시아의 예언자 마니(Mani, 216~274년)가 창시자이다.

마니는 서기 216년, 현재 이라크의 수도 바그다드 인근 도시인 크테시폰 남쪽의 작은 마을에서 태어났다. 마니가 크테시폰에 살던 당시는 페르시아 사산 왕조(226~651년)인데, 사산 왕조에는 조로아스터교와 기독교, 불교 등 많은 종교가 전해져 있었다. 그래서 마니는 이런 종교의 교리를 종합하여 새로운 종교를 만든 것이다.

우선 마니교는 이 세상이 선한 힘인 빛과 악한 힘인 어둠의 싸움터이고, 현실 세계는 어둠이 지배하는 사악한 곳이니, 인간은 죽어서 선한 빛이 있는 완벽한 세계로 가야 한다고 가르쳤다. 이는 다분히 조로아스터교의 빛과 어둠이라는 이원론적 교리를 가져온 것이었다.

조로아스터교 이외에도 마니교는 불교 교리를 상당 부분 가져다가 사용했다. 마니교에서는 인간이 진정한 자유와 영생과 행복을 얻으려면, 육체의 구속을 벗어나 영혼을 해방시켜야 한다고 주장했다. 인간이 육체에 얽매여 있는 한, 온갖 욕망과 갈등과 집착에 시달리는 노예 신세를 면치 못하니, 참된 해방을 이루려면 영혼이 자유로워져야 한다는 것이다. 아울러 마니교는 신도들에게 술과 고기(육류와 어류)는 영혼을 타락시키는 나쁜 음식이니 먹어서는 안 되며, 곡식, 채소, 과일 세 종류의 음식과 맹물만 먹어야 한다고 가르쳤다. 또한 사람이 죽으면 살아생전에 했던 일에 대한 업보로 그 영혼이 내세에 사람이나 짐승으로 다시 태어난다는 교리도 설파했다. 그 밖에 마니교는 어떤 특정한 신에게 기도를 하거나 제물을 바치는 일도 하지 않았다. 신에게 비는 것보다 인간이 스스로 노력을 기울이고 깨달음을 얻어 고통으로 가득 찬 세상에서 벗어나 해탈을 이루는 것이 더 중요하다고 보았기 때문이다.

이러한 내용은 불교의 창시자 석가모니가 신도들에게 가르친 내용을 대부분 그대로 가져온 것이다. 불교에서는 현실 세계 그 자체가 고통의 바다이니, 현세에 대한 미련을 완전히 끊고 모든 걱정과 근심에서 해방되는 해탈(소멸 또는 죽음)이 참된 행복이라고 가르친다. 또한 불교는 술과 고기가 부정한 음식이라고 금지하며, 인간의 영혼이 동물이나 다른 사람으로 다시 태어나니 스스로 노력하여 깨우침을 얻으라고 한다.

마니교는 말세가 되면 세계 각지에서 전쟁이 일어나고 사회 혼란이 가중되며 사악한 자들이 득세하다가 천국에서 예수가 내려와 악인들은 몽땅 지옥으로 보내고, 착한 사람들은 천국에서 영원한 행복을 누리며 산다는 종말관을 가졌다.

마니교 교단도 성직자와 평신도 계급이 있었다. 마니교 성직자는 '선택받은 자', 평신도는 '듣는 자'로 불렸다. 성직자들은 크게 4개의 계급으로 나뉘었는데, 최고의 성직자는 교주 마니의 '후계자'라고 불렸다. 후계자 밑으로는 12명의 '사도'가 있었으며, 사도 밑으로는 72명의 주교와 360명의 장로가 있었다.

마니교 성직자는 술과 육식을 금했으며, 전쟁에 참가하거나 돈을 벌거나 결혼하여 아이를 낳는 일을 하지 말아야 했다. 다만 평신도들은 장사, 결혼, 자녀 출산이 허용되었다.

이런 마니교는 조로아스터교와 기독교 등 기존 종교로부터 철저한 탄압을 받았다. 창시자 마니는 조로아스터교 교단의 모함을 받아 274년(또는 276년) 사산 왕조에 의해 목이 잘려 죽임을 당했다. 그리고 사산 왕조의 군대는 마니교 신자들을 죽이거나 감옥에 가두고 마니교 수도원과 경전을 불태우며 탄압을 가했다. 이를 피해 마니교 신도들은 먼 동쪽인 중앙아시아와 중국으로 달아났다. 중국으로 피신한 마니교는 중국인들에게 명교(明敎)라고 불렸는데, 무협 소설에서 등장하는 명교가 바로 마니교이다.

마니교는 중국의 기성 교단인 불교와 도교로부터 '채소만 먹고 마귀를 섬기는 사악한 종교'라는 뜻을 지닌 끽채사마(喫菜事魔)로 불리며 핍박을 받아 교세가 강성하지는 못했다. 다만 중국 황실의 수탈에 시달리는 농민이나 반란군들은 마니교에 깊이 빠져들었는데, 북송 말기에 일어난 방랍의 난과 원나라 말기에 일어난 홍건적의 난, 그리고 청나라 말기 백련교도의 난의 배후에 마니교와 그 영향을 받은 비밀 종교 단체들이 존재했다.

한편 페르시아의 서쪽인 유럽으로 달아난 마니교 신도들은 그들의 교리를 유럽인들에게 전파했는데, 그 결과 불가리아의 보고밀파와 프랑스의 카타리파가 탄생했다. 물질세계가 악마의 창조물이고 출산은 무의미하다는 교리를 선전하여 한때 큰 인기를 끌었으나, 로마 가톨릭 교황청이 주도한 알비파 십자군 전쟁 같은 탄압을 받아 절멸했다.

038 이슬람 제국의 탄생
– 무함마드

　세계 역사상 가장 성공한 종교인이자 정치인은 예언자 무함마드다. 그가 창시한 이슬람교는 1300년 동안 번창하여 오늘날 13억 인구가 믿는 거대 종교로 성장했다. 또한 그가 세운 이슬람 제국은 기독교와 조로아스터교가 지배하던 서아시아와 북아프리카를 이슬람교 문화권으로 바꿔놓았고, 제국이 붕괴된 이후에도 이슬람교는 굳건하게 살아남았다.

　무함마드는 서기 570년 아라비아반도 남부의 메카에서 태어났다. 그는 메카의 명문 귀족 쿠라이시 씨족 출신이었으나, 태어나기 전에 아버지 압둘라가 죽고 어머니 아미나도 어려서 죽어서 할아버지 무탈립이 키웠다. 11세 때 무탈립마저 죽자, 숙부 압둘 미나프가 무함마드를 데려다가 키웠다.

　무함마드는 좀 더 나이가 들어 부유한 과부이자 상인인 하디자의 상단에 들어가 일했는데, 하디자의 마음에 들었는지 25세의 나이로 40세의 하디자와 결혼했다. 경제적인 여유가 생기자 무함마드는 장사 말고 다른 일들에 관심이 생겼는데, 마침 하디자의 사촌동생 바라카가 무함마드를 자주 찾아와서 종교에 대한 토론을 벌였다.

　바라카는 기독교도로 알려졌지만, 정통 기독교도는 아닌 것으로 추측된다. 무함마드의 말을 기록한 문헌이자 이슬람교의 경전인 《코란》을 보면 기독교의 구세주 예수가 십자가에 못 박혀 죽은 게 아니라는 말이 나온다. 이는 1945년 이집트에서 발견된 나그함마디 문서에 실린 "예수가 십자가에 시몬을 대신 못 박게 해놓고 자신은 달아났다."라는 내용과 비슷하다. 아마도 바라카는 기독교의 이단 종파를 믿었고, 그가 가져온 성경도 오늘날 기독교의 정통 성경과는 다른 기록으로 채워져 있었을 수 있다. 일부 학자들은 이슬람교에 기독교 이단 종파의 교리가 흘러들어갔다고 추정하기도 한다.

여하튼 새로운 종교에 대해 알게 된 무함마드는 그 후로 동굴 같은 조용한 장소를 찾아다니며 명상에 빠졌는데, 서기 610년(혹은 611년)에 놀라운 경험을 한다. 그의 말에 의하면 동굴에서 명상을 하다가 신이 보낸 천사 지브릴(가브리엘)로부터 "오직 하나의 신 알라만을 믿어라, 다른 신들은 거짓된 우상이니 그들을 숭배한다면 영원한 지옥에 떨어진다."라는 계시를 받았다고 한다.

그리고 무함마드는 자신이 천사로부터 받은 가르침에 '복종한다'라는 뜻인 '이슬람'을 붙여 이슬람교를 만들었다. 무함마드는 자신의 아내 하디자와 주변 사람들을 이슬람교 신도로 만들었고, 그다음 메카의 다른 사람들을 상대로 이슬람교를 전파하려 했다.

하지만 알라만을 믿어야 하고 다른 신들을 믿으면 지옥에 떨어진다는 무함마드의 설교는 거부감을 주어 처음에는 사람들이 모이지 않았다. 여기에 무함마드가 외친 유일신 알라의 숭배에 거부감을 느낀 사람들이 자신을 죽이려는 암살 시도까지 벌이자, 무함마드는 이미 죽은 아내 하디자 대신 다른 추종자들을 거느리고 622년 메카를 떠나 메디나로 이주한다. 이때를 이슬람교에서는 '성스러운 탈출'이라는 뜻인 '헤지라'라고 부르며, 이슬람교 기원의 원년으로 삼고 있다.

메디나로 거처를 옮긴 무함마드는 이슬람을 믿지 않는 아랍 부족들을 향해 전쟁을 선포했다. 동시에 그는 아랍 부족들 내부의 빈부 격차로 인해 가난으로 고통받던 소외된 사람들을 끌어들였고, "이슬람교로 개종하면 신분에 차이 없이 모두 평등하다!"라는 교리를 설파하며 세력을 키워나갔다.

아랍 전통 신앙을 숭배하던 메카의 아랍 부족들은 점점 교세를 넓혀나가는 무함마드와 그 추종자들을 불안하게 여겨, 624년부터 메디나를 집요하게 공격했다. 그러나 무함마드와 그의 추종자들은 627년 메디나 공방전에서 대승리를 거두었다. 급기야 630년 무함마드는 메카로 입성하여 알라를 상징하는 검은 돌을 제외한 카바 신전에 세워진 360여 개의 우상을 모조리 부숴버리고, 유일신 알라만을 섬길 것을 선언했다. 이 사건은 거대 일신교 신앙인 이슬람교의 등장인 동시에 세계를 뒤흔든 새로운 초강대국 이슬람 제국의 탄생을 뜻했다.

2년 후인 632년 2월, 무함마드는 미나의 골짜기에서 이슬람교 신도들을 모아놓고 "이슬람교를 믿는 우리 모두는 서로 평등하다. 나 역시 알라의 뜻을 전하는 사람일 뿐, 결코 신이 아니다."라고 가르쳤다. 그리고 그해 632년 6월 8일, 무함마드는 62세의 나이로 숨을 거두었다.

무함마드의 죽음 이후 그의 친척 우마르와 알리 등 유능한 지도자들이 이슬람 제국을 이끌면서 페르시아의 사산 왕조를 무너뜨리고 동로마 제국을 격퇴하는 등 불과 100년 만에 로마 제국보다 더 넓은 영토를 차지했다. 이리하여 이슬람 제국은 수도 바그다드를 중심으로 눈부신 번영과 뛰어난 문명을 이룩했다. 그 놀라운 역사야말로 기적이라고 불러야 할 것이다.

039 신성한 아라랏에 나라를 세우다
– 하이크

하이크(Hayk)는 아르메니아의 전설적인 영웅이자 국가의 시조다. 그의 이야기는 아르메니아의 역사학자 모프세스 코레나치(Movses Khorenatsi, 410~490년)가 쓴 《아르메니아 역사》에 실려 있다. '코렌의 모세'라고도 불리는 그는 기독교도였기에, 책에 기록된 하이크의 이야기는 다분히 기독교 경전인 《구약성경》의 내용과 뒤섞여서 원래의 내용을 알아보기 어렵게 되었다. (이는 기독교도 수도사들이 쓴 아일랜드의 켈트족 신화가 《구약성경》의 내용과 뒤섞여서 원형을 알아보기 어렵게 된 것과 같다.)

코레나치에 의하면 하이크는 노아의 셋째 아들 야벳(Japhet)의 후손이자 토르곰(Torgom)의 아들로, 《구약성경》에 나오는 힘센 사냥꾼이자 전 세계를 다스렸던 왕 니므롯(Nimrod)을 섬겼다고 한다. 하이크는 바빌론에서 사는 동안 아르마나크(Armanak)라는 아들을 낳았는데, 니므롯에 이어서 거만한 거인 벨(Bel)이 바빌론의 왕이 되자 그 오만함을 싫어한 하이크는 가족을 데리고 아라랏(Ararat)산으로 이주했다. 현재 아라랏산은 터키 영토이지만, 원래는 아르메니아 영토였다. 아라랏산은 《구약성경》에서 대홍수를 피해 노아의 방주가 도착한 곳으로 유명한데, 유대인들은 물론 하이크 전설을 믿는 아르메니아인들에게도 매우 신성한 땅으로 여겨지고 있다.

하이크가 싫어한 바빌론의 왕 벨에 대해서는 명확하게 알려진 바가 없으나, 기원전 2154년에 아카드 왕국이 무너진 이후에 메소포타미아를 지배한 구티(Gutian) 왕조를 비유적으로 표현한 말이라고 추측한다.

여하튼 아라랏산으로 이주한 하이크는 300가구 이상의 사람들을 모아 하이카센(Haykashen)이라는 마을을 세웠다. 그런데 이 소식을 듣고 바빌론에 있던 벨이 하이크에게 사람을 보내 "너는 네 아들 중 하나를 나한테 보내서 복종하겠다고 맹세하라!"라고 강요했다. 하이크는 벨의 요구를 거절했고, 분노한 벨은 자신에게 복속하기를 거부한 하이크를 응징하겠다고 선언하며 엄청난 수의 군대를 이끌고 출정에 나섰다.

이윽고 아라랏산 근처에서 적이 오는 것을 살피던 하이크의 손자 카드모스(Kadmos)가 벨의 군대를 발견하고 할아버지한테 그 사실을 알렸고, 하이크는 자신을 따르는 군대를 반(Van) 호수(현재 터키 동부의 호수) 주변에 배치하여 벨을 물리치기로 다짐했다. 이 부분에서 코레나치는 하이크에 대해 다음과 같이 찬양을 늘어놓았다.

"하이크는 곱슬한 머리카락과 반짝이는 눈, 힘센 팔을 가진 잘생기고 친절한 사람이었다. 그는 거대한 몸집을 지녔으며, 강력한 궁수이면서 적에게 두려움을 주는 용사였다."

아르메니아의 전통 연대기에 따르면, 기원전 2492년 8월 11일(또는 기원전 2107년) 반 호수 남동쪽의 줄라멜크(Julamerk) 근처에서 하이크와 벨의 전투가 벌어졌다. 이 싸움을 '거인들의 전투'라고 부른다. 하이크는 벨을 향해 자신이 가진 무기인 긴 활에 매긴 화살을 쏘아 그를 맞춰 죽이는 데 성공했다.

여기서 하이크가 사용했다는 긴 활은 그리스의 군인 크세노폰이 쓴 《아나바시스》에 나오는, 카르두코이족(쿠르드족)의 활과 비슷한 무기라고 추측된다. 카르두코이족이나 아르메니아인(하이크) 모두 캅카스 지역 출신이기 때문이다. 《아나바시스》에 의하면 카르두코이족이 사용한 활의 길이는 3큐빗(135센티미터)이었고 화살의 길이는 2큐빗(90센티미터)이었으며, 화살을 쏠 때에는 왼발로 활의 아래쪽 끝을 밟으면서 시위를 당겼는데, 그렇게 날아간 화살은 적의 방패와 갑옷을 뚫을 만큼 강력한 위력을 발휘했다. 아마하이크가 사용한 활과 화살도 그런 막강한 힘을 가진 무기였으리라.

벨이 죽자 바빌론 군대는 엄청난 공포에 사로잡혀 용기를 잃어버렸고 하이크에게 항복하고 말았다. 비록 폭군이었으나 그래도 한 나라의 왕이었기에 하이크는 벨에게 나름대로 예우를 갖춰주었다. 그의 시신이 썩지 않도록 방부 처리를 하고, 벨의 부하들한테 시신을 가져가서 장례를 치르도록 허락했다.

벨을 죽인 후에 하이크는 전투가 벌어진 곳에 하이카벨드(Haykaberd)라는 요새를 세웠고, 하이카센의 규모를 늘려 커다란 도시로 만들었다. 또 그의 이름을 따서 하야스탄(Hayastan)이라는 새로운 나라를 세웠다. 오늘날 아르메니아인들은 이 하야스탄을 자신네 역사에서 최초의 왕조라고 믿고 있다. (우리나라 단군 신화에 나오는 고조선을 떠올리면 될 것이다.)

040 아르메니아의 다른 영웅들

아르메니아의 창시자 하이크 이외에도 아르메니아의 전설에 등장하는 영웅은 많다.

잘생긴 외모 덕분에 '아름다운 아라'라고 불렸던 아라(Ara)는 기원전 9세기에 현재 아르메니아 지역에 있던 우라크투(Urartu) 왕국의 아람(Arame)왕이 그 모델이다. 아라는 현재 이라크 북부 지역의 강대국인 아시리아의 여왕 세미라미스(Semiramis)로부터 열렬한 사랑을 받았고, 그녀로부터 자신과 결혼해달라는 부탁을 받았으나 거절했다.

그러자 화가 난 세미라미스는 힘으로라도 아라를 자신의 것으로 만들기 위해서 아시리아의 군대를 모아 아르메니아로 쳐들어가서 아라가 이끄는 아르메니아 군대와 치열한 전투를 벌인 끝에 승리했다. 그러나 세미라미스가 아라를 반드시 산 채로 잡으라고 명령했음에도 불구하고 아라는 전투 도중 아시리아군 병사들에 의해 죽임을 당했다. 슬픔에 젖은 세미라미스는 아라의 시체를 가져와서 신에게 기도하며 아라를 되살리려는 시도를 했다. 그녀는 마법사이기도 했다.

지도자를 잃은 것에 분노한 아르메니아인들이 복수를 하러 몰려오자, 세미라미스는 아르메니아인들과의 계속되는 전쟁을 피하기 위해 자신의 남자 애인 중 한 명을 아라로 변장시켜서 "신들이 기적을 베풀어 아라를 다시 살려냈다!"라는 소문을 퍼뜨려서 아르메니아인들을 달랬다.

아라의 시체가 어떻게 되었는지는 전승마다 엇갈린다. 아라가 그대로 죽었다는 이야기도 있지만, 세미라미스의 기도가 성공하여 아라가 다시 살아났다는 이야기도 있다. 19세기까지 아르메니아인들은 현재 터키 동부의 반 호수 근처 레즈크(Lezk)라는 마을을 세미라미스가 죽은 아라를 되살려낸 장소라고 믿었다.

실제 세미라미스는 아시리아 왕국의 국왕 샴시아다드 5세(Shamshi-Adad V, 집권: 기원전 824~811년)의 왕비였으며, 아들인 아다드-니라리 3세(Adad-nirari III)가 즉위하고 나서도 5년 동안 섭정했을 만큼 강력한 정치적 영향력을 지닌 여인이었다. 아마 이런 사실 때문에 그녀는 전설에서 마법의 힘을 가진 강력한 여왕으로 등장했을 것이다.

그 밖에 아르메니아의 영웅들은 다음과 같다.

아라와 이름이 비슷한 영웅 아람(Aram)은 바르사민(Barsamin)이라는 이름을 가진 거인과 싸워 그를 죽였다. 아람은 원래 아레메니우스(Aremenius)라고 알려진 전쟁의 신이었던 것으로 추정된다. 또한 바르사민은 페니키아인들이 믿었던 하늘과 날씨의 신 바알의 별명 중 하나인데, 바알 신앙이 아르메니아로 전파되는 과정에서 거인의 이름으로 변형된 것으로 보인다.

에르바즈(Ervaz)와 예르반트(Yervant)는 아케메네스 왕조가 무너진 이후인 파르티아 시절, 아르메니아인 여성이 낳은 쌍둥이 형제였다. 이들은 함께 다니면서 수많은 모험에 참여했다.

카라펫(Karapet)은 원래 아르메니아인들이 기독교를 받아들이기 전에 추앙한 신화적 영웅인데, 빛나는 긴 머리카락을 가진 천둥의 신으로 여겨지기도 했다. 그러다가 아르메니아인들이 서기 4세기부터 기독교를 받아들이고 나서는 기독교의 예언자인 세례자 요한과 동일시되었고, 자주색 왕관과 십자가가 카라펫의 상징으로 자리 잡았다.

님로드(Nimrod)는 기독교의 경전《구약성경》에서 니므롯이라는 이름으로 등장한다. 이름 그대로 아르메니아인들이 기독교를 받아들이는 과정에서 가져온 영웅이다. 그는《구약성경》에서 강력한 사냥꾼이자 바벨탑을 쌓은 인물로 묘사되는데, 아르메니아의 전설에서도 막강한 권력자로 묘사된다.

사나사르(Sanasar)와 바그다사르(Baghdasar)는 형제다. 그들은 사손(Sassoon) 이라는 마을을 세웠다. 이들 중 사나사르는 사손에서 태어난 여러 영웅의 조상으로 여겨진다.

사르키스(Sarkis)는 카라펫처럼 아르메니아인들이 기독교를 믿기 전에 추앙한 영웅이지만, 기독교를 받아들이고 나서는 같은 이름을 가진 기독교 성자와 동일시되었다. 그는 흰 말에 올라 탄 키가 크고 잘생긴 기사로 그려진다. 사르키스는 전쟁에서 바람과 폭풍과 눈보라를 적에게 퍼부어 승리를 안겨주는 영웅으로 묘사되었다.

041 인류를 돕는 반신반인
– 조지아의 영웅들

이번에는 구소련의 일부였던 조지아(그루지야)에서 기독교를 받아들이기 전부터 전해지는 각종 영웅 전설을 살펴보자.

조지아의 전설에서는 영웅들을 그브티스 쉬빌리(Ghvtis Shvilni)라고 부른다. 이들은 인간을 지켜주는 반신반인 집단인데, 농작물과 우유의 생산을 보호해주며, 사악한 괴물인 데비(Devi)들이나 마녀 쿠디아니(Kudiani)와 싸웠다. 그브티스 쉬빌리에는 아미란(Amiran), 기오르기(Giorgi), 이크사르(Iakhsar), 코팔라(Kopala) 등이 있다. 이크사르와 코팔라는 함께 힘을 합쳐 지상에서 데비들을 몰아냈고, 기오르기는 카지스(kajis)의 난공불락의 요새를 습격하여 보물과 소와 여자를 약탈할 수 있도록 도와주었다.

아미란은 사냥의 여신 달리(Dali)의 아들인데, 신화적 영웅이자 거인이다. 달리는 아들을 낳자마자 버렸는데, 갓난아기였던 아미란을 인간 사냥꾼 술칼마(Sulkalmah)와 그의 아내 다레잔(Darejan)이 길렀다. 아미란은 술칼마와 다레잔 부부의 두 아들 바드리(Badri), 우수프(Usup)와 함께 자랐다.

어른이 되자 아미란은 의붓 형제들과 함께 모험에 나서서 악령을 물리치고, 뱀 머리 3개가 달린 거인과도 싸워 이겼다. 또한 아미란은 크고 힘이 센 검은 용과 싸우다가 삼켜졌으나 용의 배를 자르고 탈출하여 살아남왔다. 아미란은 아내가 될 여자를 찾다가 다른 악령과 싸우는데, 이때 의붓 형제들이 죽고 만다. 슬픔에 빠진 아미란은 자살을 시도하지만 실패하여 목숨을 유지한다.

그 후 아미란은 거인이나 최고신 그메르티(Ghmerti)를 상대로 도둑질을 하다가 그의 분노를 사서, 캅카스산에 쇠사슬로 묶인 채로 매일 그메르티 가 보낸 독수리에 의해 간을 뜯어먹힌다. 밤이 되면 간이 다시 회복되어 다 음 날 아침에 또 다시 독수리한테 간을 먹히는 영원한 고통을 받았다.

아미란의 신화는 그리스 신화에서 최고신 제우스와 맞섰다가 그의 노여 움을 사서 캅카스산에 쇠사슬로 온 몸이 묶인 채로 제우스가 보낸 독수리 한테 매일 간을 뜯어 먹히는 형벌을 받은 프로메테우스의 이야기와 비슷하 다. 프로메테우스의 이야기가 조지아에 전해져서 변형된 것으로 추정된다.

코팔라(Kopala)는 강력한 전사이자 신화적 영웅으로 훗날 번개의 신으로 숭배받기도 했다. 그의 무기는 대장장이 신 필쿠샤(Pirkusha)가 만든 철퇴였 다. 그는 혼자 힘으로 가장 강력한 악마를 물리치고, 사람의 영혼을 달래어 광기에 시달리는 사람들을 치료했다. 코팔라는 수많은 데비가 개최한 돌덩 이 던지기 대회에 참가했는데, 데비들보다 멀리 던지지 못했지만 크비리아 (Kviria) 신이 채찍으로 돌을 쳐서 데비들의 요새 치케트고리(Tsikhetgori) 위 까지 날려보냈다. 코팔라가 이크사르와 함께 싸운 전투에서 패배한 데비 들은 지상에서 지하 세계로 달아났다. 이크사르는 코팔라의 친구면서 그와 함께 모험을 하여 괴물들을 물리쳐서 인기를 얻었고, 나중에 신으로 추앙 을 받았다.

크비리아는 그메르티의 아들로 신들과 인류 사이의 중개자 역할을 한 영 웅이었다. 그는 인간 사회의 보호자이자 신성한 정의의 수호자로 불린다. 그루지아 일부 지역에서는 다산과 추수의 신으로 여겨졌고, 서부 조지아의 산에서는 최고신으로 숭배를 받았다. 최근까지 조지아의 변방에서는 크비리아를 숭배하는 축제가 벌어졌다. 조지아의 군사용 고속도로를 건설하는 현장에서 다분히 성적인 인상을 풍기는 인형이 발견되었는데, 크비리아 숭배 의식에 사용한 도구로 추정된다.

나칠리아니(Natsiliani)는 신들로부터 마법의 선물이나 신성한 징표(나칠리 natsili)를 받은 사람을 가리키는 말이다. 그 흔적은 대개 어깨뼈에 있고 신비한 빛으로 번쩍인다. 그러나 그 표적이 다른 사람들한테 드러나면, 신들로부터 받은 신비한 힘을 잃어버린다. 따라서 그들은 나칠리를 숨기고 있어야만 계속 신비한 능력을 사용할 수 있었다.

042 체첸인들의 프로메테우스
　　　 – 프카르마트

　프카르마트(Pkharmat)는 러시아 캅카스 지역의 소수 민족 체첸인의 전설에 등장하는 영웅이다. 그는 몸의 절반은 신이고 나머지는 인간인 반신반인이었다. 체첸 전설에서 프카르마트는 인류에게 불을 가져다주고, 문명과 국가를 만들도록 도운 문화 영웅이기도 하다. 그런 점에서 프카르마트는 그리스 신화의 프로메테우스와 비슷하다.

　체첸 전설에 의하면 태초에 인간들은 불을 피울 줄 몰라서 날 음식과 차가운 우유를 먹었고 농사도 짓지 못해서 오랫동안 비참한 삶을 살았다. 물론 세상에 불이 아주 없는 것은 아니었다. 별과 천둥과 번개의 신 셀라(Sela)는 불타는 전차를 몰고 다녔고, 마음만 먹으면 얼마든지 인간들한테 불씨를 전해주고 불을 피우는 방법을 가르쳐줄 수 있었다.

　그러나 셀라는 무척이나 잔인하고 인색한 신이었다. 그는 인간들이 불이 없어 고통받는 모습을 보며 즐거워했다. 셀라의 딸이자 가정의 여신인 사타(Sata)는 인간들을 불쌍히 여겼지만, 아버지를 두려워하여 섣불리 인간들한테 불을 줄 엄두조차 내지 못했다.

　하지만 프카르마트는 인간들이 불을 피우지 못해 추위에 떨며 고통받는 모습을 지켜보고만 있을 수 없었다. 프카르마트는 7개의 산에서 풀을 뜯고 바닷물을 마시며 번개보다 더 빨리 달리는 말 투르팔(Turpal)을 타고서, 뜨거운 용암이 흘러내리는 바쉬람(Bashlam 혹은 카즈벡Kazbek)산의 꼭대기로 올라갔다. 그곳에서 불을 훔쳐다 인간들에게 전해주려는 것이었다.

그 모습을 본 사타도 새의 모습으로 변신하여 바쉬람산에 올라갔다. 그는 사람의 목소리로 프카르마트한테 "위대한 영웅이여, 당신은 무엇 때문에 이곳에 왔습니까?"라고 물어보았다. 이에 프카르마트는 "사람들은 열과 빛을 내는 불이 필요합니다. 나는 그들에게 불을 전해주려고 이곳에 왔습니다."라고 대답했다.

그러자 사타는 "알겠습니다. 나도 평소에 당신과 같은 생각을 갖고 있었지만, 용기가 없어서 차마 그러지 못했습니다. 하지만 이제 당신이 왔으니, 내가 당신을 돕겠습니다."라고 말했다. 그리고 이어서 "내 아버지 셀라를 조심하십시오. 그는 무척이나 인색하고 잔인합니다. 당신이 화산에서 불씨를 훔쳐서 인간들에게 나눠주었다는 사실을 알면, 화가 나서 당신을 반드시 처벌할 것입니다."라고 경고했다.

프카르마트는 "내가 타는 말 투르팔은 번개보다 빨리 달리니, 당신의 아버지 셀라가 번개를 내리친다고 해도 얼마든지 피할 수 있습니다. 그러니 걱정 마십시오."라고 자신만만했다. 그렇게 해서 프카르마트는 용암이 끓는 산꼭대기까지 올라가서 나뭇조각에 불을 붙이는 데 성공했다.

멀리서 이 모습을 본 셀라는 프카르마트가 불씨를 인간들에게 전해주지 못하게 하려고 일부러 산 주위에 짙은 구름을 보내 사방을 어둡게 만들었다. 주위가 깜깜해지자 프카르마트는 산 아래로 내려갈 길을 찾지 못하고 허둥거렸지만, 사타가 새의 모습을 한 채로 그를 안내해주어 산 아래로 무사히 내려갈 수 있었다.

그러자 셀라는 강력한 폭풍을 보내 사방을 춥게 만들어 프카르마트를 멀리 달아나지 못하게 하려 했지만, 프카르마트를 태운 투르팔의 달리는 속도가 폭풍보다 빨라서 이번에도 실패했다.

프카르마트는 불타는 나뭇조각을 들고서 동굴 속에서 추위와 폭풍과 어둠을 피해 웅크리고 있는 인간들을 찾아갔다. 그들 앞에서 자신이 가져온 불씨를 보여주면서, 나무와 풀들을 가져와 불을 더 크게 피웠다. 그는 타오르는 불을 보며 신기해하는 인간들을 향해 "이제부터 여러분은 불을 피워서 몸을 따뜻하게 하고, 음식을 만들고, 동굴에서 나와 집을 짓고, 세상을 환하게 비추십시오. 그리고 자손을 낳고 번창하기 바랍니다."라고 말했다.

잔인한 셸라는 이런 프카르마트를 처벌하려고 외눈박이 거인 우자(Uja)를 보내서 그를 붙잡고 청동 사슬로 묶어서 바쉬람산에 매달아 놓았다. 그리고 사나운 매 이다(Ida)를 보내어 매일 아침마다 프카르마트의 간을 뜯어 먹게 했다. 프카르마트는 신의 피가 섞여 있어서 저녁이면 간이 재생되었고, 간을 뜯어 먹히는 고통은 영원히 계속되었다.

프카르마트 설화는 다분히 그리스 신화의 프로메테우스와 비슷하다. 체첸 쪽이 그리스 문화의 영향을 받았거나 고대 인도-유럽어족들이 가진 공통 신화에서 비롯된 것으로 여겨진다. 프카르마트와 프로메테우스는 그 이름부터가 거의 같다.

한편 실제로 조지아 공화국에 있는 바쉬람산은 기원전 750년까지 활동하던 화산이었다. 어쩌면 그때 화산 폭발을 본 사람들이 프카르마트의 전설을 만들어냈을지도 모르겠다.

043 캅카스의 거인 영웅 서사시
    – 나르트 전설

현재 러시아 영토인 캅카스 지역에서는 나르트 전설(Nart saga)이라는 영웅 서사시가 전해진다. 나르트 전설은 캅카스의 소수 민족, 체첸인과 오세트인이 주로 믿는데, 체첸어로 나르트는 '거인'이라는 뜻이다.

나르트 전설에서 소슬란(Soslan)은 사람의 뱃속이 아닌 바위 속에서 갓난아기로 잠들어 있었는데, 대장장이 쿠르달라곤(Kurdalagon)이 바위를 깨뜨리고 꺼내주면서 세상에 나왔다. 소슬란은 아름다운 여인 사타(Sata)가 거둬서 키워주었다. 어른이 된 소슬란은 자신의 몸을 강하게 단련하기 위해 불타는 석탄에 몸을 던지거나 차가운 우유 속에 몸을 담그는 수련을 해나갔다. 어느 정도 힘이 커지자 7개의 머리를 가진 외눈박이 거인 와이기(Waigi)와 싸워 그를 죽였다.

그러고서 소슬란은 아름다운 여인 베도우하(Bedouha)를 보고 사랑에 빠져 7년 동안 청혼했으나 번번이 거절당했다. 화가 난 소슬란은 베도우하의 아버지 베도하(Bedoha)를 납치하여 딸을 달라고 강요했으나, 베도하가 끝까지 거부하자 그만 화를 참지 못하고 그를 죽여버렸다. 이 사실을 안 베도우하는 슬픔을 이기지 못하고 스스로 목숨을 끊었다.

사랑하던 여인을 잃자, 소슬란은 새로운 신붓감이 될 여인을 찾아 나선다. 이번에 만난 여인은 태양신 후르(Hur)의 딸이자 빛나는 여신인 아츠루스(Atsyruhs)였다. 소슬란은 자신이 죽인 와이기가 살던 성을 아츠루스와의 신혼집으로 삼으려고 했고, 이 사실을 후르에게 알렸다. 후르는 소슬란의 뜻을 거부하지 않았으나, 딸을 내주는 대가로 저승에서 자라는 아사(Asa) 나무의 잎을 가져오라고 요구했다. 아사 나무의 잎은 병을 낫게 해주는 치유의 효능이 있었다.

아츠루스에 대한 사랑으로 불타던 소슬란은 기꺼이 저승으로 향했다. 그리고 죽은 사람들의 땅에서 예전에 자신이 사랑했던 베도우하를 만났다. 베도우하는 비록 소슬란이 자신의 아버지를 죽였으나 그래도 한때는 그에게 연민과 사랑을 느꼈던 점을 감안하여, 저승의 주인 바라스티르(Barastyr)에게 간절히 부탁하여 아사 나무의 잎을 가져다 소슬란에게 주었다.

하지만 소슬란이 전혀 예상하지 못한 위험이 있었다. 바로 아츠루스였다. 원래 아츠루스는 와이기의 손에 자랐고, 그를 친아버지처럼 믿고 따랐다. 그러니 와이기를 죽인 소슬란은 아츠루스에게 원수나 다름없었다. 그런 줄도 모르고 아사 나무의 잎을 힘들게 가져온 소슬란에게 아츠루스는 불타는 태양의 바퀴를 던져 그 무릎을 잘라 죽여버렸다.

바트라즈(Batraz)는 나르트들의 지도자이자 가장 위대한 전사였다. 그는 사믹(Xamyc)이라는 전사와 바다의 요정(nymph) 사이에서 태어났다. 바트라즈의 어머니는 사악한 사기꾼 시르돈(Syrdon)의 조롱을 받자, 사믹의 등 뒤에서 바트라즈를 낳고 나서 곧바로 행방을 감춰버렸다. 사믹은 검은 산의 주인이라는 별명으로 알려진 사이나그-알다르(Sainag-Aldar)에게 죽임을 당했다. 설상가상으로 시르돈은 갓 태어난 바트라즈를 바다에 빠뜨려 죽이려고 했지만, 다행히 쿠르달라곤이 그를 구해서 길러주었다.

쿠르달라곤이 기른 바트라즈는 대장간 일을 하면서 강철같이 단단한 몸을 갖게 되었고, 마법을 배워 하늘로부터 번개를 불러내는 능력도 얻었다.

또한 잘 벼려진 칼도 한 자루 만들었는데, 이 칼은 휘두를 때마다 번개가 내리치고 사악한 악령들을 쫓아냈다. 어느 전승에 의하면 바트라즈는 자신의 칼이 흑해에 던져질 때라야 죽는 불사신이었다.

바트라즈는 사악한 폭력을 휘두르던 거인과 싸웠고, 아버지를 죽인 사이나그-알다르에게 복수했다. 그런 다음에 아버지를 죽도록 내버려둔 하늘의 신들에게 저주를 퍼붓는 바람에 그들의 분노를 사서 치열한 전투가 벌어졌는데, 태양의 신 후르가 뜨거운 태양열을 바트라즈에게 내리자 그의 강철 같던 몸이 녹아내려 그만 죽고 말았다. 그 이후 오세티아에는 바트라즈의 용맹과 힘을 기리는 신전 3개가 세워졌다. 일설에 따르면 그 신전들은 바트라즈의 죽음을 슬퍼하여 신이 흘린 세 방울의 눈물로 만들어졌다. 바트라즈는 영웅이면서 또한 번개와 비를 부르는 폭풍의 신으로 추앙받기도 했다.

044 전쟁터에 뛰어든 율법학자
– 아랍의 글방 선생들

아랍 민담에서 자주 우스갯거리로 등장하는 소재가 있다. 아이들에게 글을 가르치는 교사, 즉 글방 선생이다. 아랍 민담에 등장하는 글방 선생들은 대부분 어리석은 바보로 묘사된다. 이야기 두 편을 살펴보자.

옛날에 어느 주인이 노예한테 명령을 내렸다.

"배가 고프니 뭐를 좀 먹어야겠다. 가까운 가게에 가서 삶은 양의 머리를 하나 사와라."

노예는 주인이 시키는 대로 음식을 파는 가게에 가서 삶은 양의 머리를 하나 사서는 주인이 사는 집으로 향했다. 그런데 가게에서 집까지 가는 길이 멀었던지, 노예는 걸으면 걸을수록 배가 고팠다. 처음에는 '감히 주인이 사오라고 시킨 음식에 손을 대서는 안 된다.'라는 두려움이 있었지만, 점차 시간이 지나자 그런 두려움도 사라질 만큼 허기가 심해졌다.

마침내 노예는 양의 머리에 손을 댔다. 처음에는 '눈 정도면 작아서 괜찮겠지.'라고 생각해서 눈 한쪽만 빼서 먹었는데 그걸로 양이 차지 않아 다른 한쪽 눈도 빼서 먹었다. 눈을 먹으면 배고픔이 어느 정도 가실 거라고 생각했지만, 그와 달리 배가 더욱더 고파졌다. 이번에는 귀 두 쪽을 뜯어서 먹었다. 하지만 그조차도 부족해서 노예는 잇따라 양의 혀를 잘라 먹었고, 급기야 두개골을 열고 뇌를 꺼내 먹어버리고 말았다. 그렇게 해서 노예의 허기는 사라졌지만 양의 머리가 너덜너덜해졌다.

이를 본 주인은 너무나 놀라고 또 화가 나서 노예한테 따졌다.

"네가 가져온 양의 머리는 도대체 왜 이렇게 생겼느냐? 무슨 양이 눈도 귀도 혀도 뇌도 없단 말이냐? 혹시 네가 가지고 오는 도중에 몰래 빼먹은 것은 아니냐?"

주인의 추궁대로였지만, 그렇다고 '맞습니다. 제가 다 빼먹었습니다.'라고 인정했다가는 벌을 받을 게 뻔했으므로 노예는 짐짓 태연한 표정으로 변명을 늘어놓기 시작했다.

"아닙니다, 주인님. 이 양은 원래 태어날 때부터 눈이 멀고 귀가 먹고 혀가 없었던 것뿐입니다."

"그러면 왜 뇌는 없느냐?"

"이 양은 살아생전에 글방에서 선생이었던 모양입니다."

주인은 노예의 기지와 농담에 웃으면서 더 이상 화를 내지 않았다.

글을 가르치는 지식인인 글방 선생이 왜 이렇게 민담에서 바보 취급을 당했을까? 확실한 이유는 모르지만, 아랍 사회가 전쟁터에 나가 용맹을 떨치는 영웅을 추앙하고, 편하게 방에 들어앉아 글을 가르치는 선생들은 겁쟁이로 하찮게 여긴 탓으로 추측할 수 있겠다.

물론 아랍 사회가 지식인을 멸시했던 것만은 아니다. 이슬람교의 율법을 가르치는 율법학자들은 사회적으로 크게 존경받는 위치에 있었다. 특히 이슬람 제국이 대외 팽창에 몰두하던 서기 7~8세기에는 전쟁에 참가하여 병사들에게 이슬람교 교리를 들려주며 용기를 북돋워주거나 심지어 직접 무기를 들고 적과 싸운 율법학자도 있었다.

대표적인 인물이 알리 이븐 박카르다. 그는 전쟁터에 나가서 싸우다가 적의 칼에 배를 다쳤는데, 그런 위험한 상황에서도 달아나기는커녕 머리에 두른 터번으로 배를 감싸고서 13명의 적군 병사를 연이어 해치우는 용맹을 발휘했다. 또한 박카르는 반려동물로 고양이 같은 온순한 짐승이 아니라 사납고 포악한 사자를 고를 만큼 대담한 인물이기도 했다.

그런가 하면 또 다른 율법학자 압둘라 이븐 알무바라크는 전쟁에 직접 참가하여 병사들을 상대로 "전쟁이 싫어서 메카로 성지 순례를 다녀오는 사람들보다 전쟁에 참가하는 그대들이 더욱 위대하다. 순례자들은 메카의 향료로 기분이 좋아지겠지만, 우리는 전쟁터에 흐르는 피와 흙과 먼지로 기분이 즐거워진다."라고 가르쳤다고 전해진다.

6
신과 악마, 천사들

045 수메르 신화 최고의 신
- 하늘의 신 안

하늘의 신 안(An)은 수메르 신화에서 최고의 신이다. 훗날 바빌론인들도 안을 받아들여 이름만 약간 바꾼 아누(Anu)를 최고의 신으로 여겼다.

이렇듯 수메르와 바빌론의 신화에서 안은 모든 신의 조상이면서, 또한 모든 인간의 왕에게 최고의 권위를 부여하는 원천이었다. 아카드 왕국의 사르곤(Sargon, 집권: 기원전 2334~2284년) 대왕은 수메르 정복을 기념하기 위해 세운 비석에서 아누(안)와 이난나가 자신에게 권위를 주었다고 밝혔다.

또한 안은 메소포타미아 종교의 성직자들로부터 "모든 우주를 포함하고 있는 존재"로 불렸으며, 하늘의 별자리에서 뱀(Draco, 드라코)자리를 중심으로 한 북쪽의 황도를 그 상징으로 삼았다.

다만 수메르인들과 바빌론인들이 안에게 직접 예배를 올리는 일은 별로 없었고, 안의 아들이자 바람의 신인 엔릴(Enlil)에게 예배를 올림으로써 안에 대한 숭배를 대신했다. (이는 인도 신화에서 최고의 신 브라흐마가 막상 인도인들로부터는 별로 숭배를 받지 못했던 것과 같다.) 그럼에도 불구하고 메소포타미아 역사를 통틀어 가장 높은 신은 언제나 '하늘의 힘'을 뜻하는 '안투(anntu)'를 소유한다고 했다. 안투 역시 글자 그대로 안에서 유래한 것이다.

수메르와 바빌론에서 안을 숭배한 중심지는 현재 이라크 남부의 도시인 우루크(Uruk)의 에안나(Eanna) 사원이었다. 그러나 아카드 시대(기원전 2334~2154년)에 들어서 우루크는 안 대신 하늘의 여신 이난나(Inanna)를 숭배하는 중심지로 바뀌었다.

안의 아내는 처음에는 우라스(Uras)라는 여신이었지만, 나중에는 키(Ki)라는 여신으로 바뀌었고, 아카드어 문헌에서는 안투(Antu)라는 여신이 안의 아내로 나온다. 안투는 안의 여성형 발음이다.

〈길가메시 서사시〉에서 아누(안)는 자신의 딸인 사랑과 전쟁의 여신 이쉬타르(Ishtar, 이난나)가 길가메시로부터 받은 모욕에 복수를 해달라고 부탁하자, 그녀를 위해서 하늘의 황소를 우루크로 보내어 도시를 파괴하게 만든다. 이때 우루크의 왕 길가메시와 그의 친구 엔키두가 힘을 합쳐 황소를 죽이자, 아누는 다른 신들과 함께 회의를 열어 신의 피를 이어받은 길가메시 대신 엔키두에게 죽음의 심판을 내렸다.

또 다른 바빌론 신화에서 아누는 남쪽 바람의 날개를 꺾어버린 인간 영웅 아다파(Adapa)를 부른다. 아누는 아다파한테 영원한 생명을 주기 위해 그에게 불사의 음식과 물을 대접하지만, 아다파는 지혜의 신 엔키(Enki)로부터 "아누가 무엇을 주건 결코 먹지 말라."라는 귀띔을 미리 받고 따르는 바람에 안타깝게도 불사신이 될 기회를 놓치고 말았다.

수메르 신화에서 지위가 낮은 신들은 아눈나키(Anunnaki)라고 불리는데, 이 단어는 그 자체로 안의 후손이라는 뜻을 담고 있다.

가장 초기의 수메르 문헌은 안이 어디에서 왔는지, 또는 어떻게 그가 신들의 통치자가 되었는지 언급하지 않았다. 그러다가 시간이 흐르면서 수메르인들은 태초의 세상에는 원시의 바다를 상징하는 여신 남무(Nammu)만 존재했다가, 남무가 스스로의 힘으로 하늘의 신 안과 땅의 여신 키를 낳았는데, 이 둘은 부부가 되었다. 그러고는 키가 바람의 신 엔릴을 낳았는데, 엔릴이 아버지 안과 어머니 키를 갈라놓아서 그때부터 세상이 지금처럼 하늘과 땅이 분리되었다고 믿었다. 그리고 안과 키로부터 태어난 다른 신들이 세상을 채우면서 저절로 안이 모든 신의 조상으로 대접을 받았다고 여겼다.

하늘의 신 아누는 비의 신이기도 했다. 수메르인들은 하늘에서 아누가 생명을 잉태시키는 씨앗인 비를 뿌리면, 그것이 땅의 여신 키를 임신시켜 그녀가 땅의 모든 식물을 낳을 수 있다고 생각했다.

기원전 8세기에 아카드어로 기록된 서사시 〈에라와 이숨(Erra and Isum)〉에 의하면, 아누는 파괴의 신 에라한테 타락 천사들인 세베투(Sebettu)를 주었다. 그리고 아누는 에라한테 지상에 인간들이 너무 많이 퍼지고 그들이 내는 소리가 시끄러우니 세베투를 보내 인간들을 죽여 그 수를 줄이라는 지시를 내렸다.

이러한 묘사는 수메르 신화에서 인간들이 내는 소음에 분노한 신들이 장차 대홍수를 일으켜 인간들을 세상에서 쓸어버리려 한다는 내용과 비슷하다.

046 그가 없으면 문명도 없다
– 최강의 신 엔릴

엔릴(Enlil)은 수메르 신화에서 바람과 공기와 흙과 폭풍을 다스리는 신이다. 엔릴이라는 이름은 주인을 뜻하는 고대 수메르어 엔(EN)과 바람을 뜻하는 수메르어 릴(L'IL)이 합쳐진 것으로, 엔릴이라는 이름 자체가 바람의 주인이라는 뜻이다. 즉 엔릴은 바람 그 자체가 신격화된 것이다. 엔릴은 수메르 이후에 들어선 아카드와 바빌론과 아시리아 시대에도 숭배를 받았다. 바빌론 시대에는 이름만 엘릴(Ellil)으로 약간 바뀌었을 뿐이다.

엔릴을 숭배하는 중심 지역은 지금의 이라크 남부에 있었던 도시 니푸르(Nippur)의 에쿠르(Ekur, 고대 수메르어로 '산의 집') 사원이었다. 에쿠르 사원은 엔릴이 직접 만들었다고 여겨졌으며, 하늘과 땅이 서로 뜻을 전달하는 통로로 간주되었다.

때때로 엔릴은 〈누남니르(Nunamnir)〉라는 수메르 문헌에서 언급된다. 수메르인이 기록한 엔릴의 찬송가에 따르면, 엔릴은 너무나 거룩한 존재라서 다른 신들조차 그의 얼굴을 볼 수 없었다. 또한 같은 문헌에서 엔릴이 없으면 문명이 존재할 수 없다는 표현도 등장한다.

엔릴에 대한 신앙은 기원전 24세기 무렵에 처음 나타났는데, 그에 대한 숭배가 완전히 사라지는 기원전 2세기까지 무려 2000년이 넘게 존속했다.

수메르의 왕들은 엔릴을 모범적인 통치자로 여겨서 그를 본받으려고 노력했다. 그들은 니푸르에 있는 엔릴의 사원을 방문하여 땅과 귀중한 물건을 제물로 바치고 그 대가로 엔릴의 은총을 얻으려고 했다. 또한 니푸르는 수메르 전체를 통틀어 결코 궁전을 세우지 않은 유일한 도시였다. 니푸르에서는 오직 엔릴만이 유일한 왕이고, 다른 왕이 살 궁전을 짓는 일은 불경스럽다는 이유에서였다.

수메르 문명 시대에 엔릴은 아버지인 하늘의 신 안(An)과 함께 비석에 새겨진 문장에서 언급된다. 수메르 신화에서는 신들의 원로에 해당하는 안보다 실권을 가진 엔릴이 더 열렬한 숭배를 받았다. 수메르인들의 경쟁자였던 아모리인들(Amorite)은 아예 엔릴을 최고의 신으로 섬겼고, 아모리인들의 군주들은 엔릴이 자신들한테 권력의 정당성을 주었다고 선포했다.

바빌론의 함무라비왕(Hammurabi, 기원전 1810~1750년)이 수메르를 정복한 이후 엔릴의 중요성은 그전보다 줄어들었다. 하지만 여전히 엔릴은 중요한 신이었다. 바빌론인들도 엔릴을 엘릴(Elil)이라는 이름으로 계속 숭배했으며, 심지어 마르두크(Marduk)를 최고의 신으로 숭배한 신바빌로니아 왕국 시대에도 바빌론의 왕들은 성스러운 도시 니푸르의 엔릴 사원에 참배하여 자신들의 통치권이 엔릴이 인정한 정당한 것이라는 점을 강조했다.

수메르 신화에서 엔릴은 세계의 유지와 인간의 운명에 매우 중요한 역할을 했다. 우선 그는 자신의 부모이자 하늘의 신인 안(An)과 땅의 여신인 키(Ki)를 분리시켜 하늘과 땅을 서로 갈라놓았으며, 인류가 멸망한 대홍수로부터 살아남은 사제인 지우수드라(Ziusudra)한테 영원히 죽지 않는 불멸의 생명을 주어 축복을 내렸다.

이러한 설정은 훗날 바빌론 신화로 이어진다. 엘릴(엔릴)은 인류가 내는 시끄러운 소리에 화가 나 대홍수를 일으켜 인류를 멸망시키려고 했으나, 막상 인류가 대홍수로 거의 멸망하자 그 광경을 보고 슬픔을 느껴 방주를 타고 살아남은 우트나피쉬팀과 그의 아내한테 사과를 할 겸 보상하는 차원에서 영원한 생명을 주어 이들을 불사신으로 만들었다는 것이다.

그런가 하면 수메르 신화에서 엔릴은 파렴치한 죄를 저지른 추악한 모습으로 묘사되기도 한다. 수메르 신화에 의하면 엔릴은 자신처럼 바람을 다스리는 여신인 닌릴(Ninlil)의 모습을 보고 반해 그만 겁탈하고 만다. 이 사실이 다른 신들에게 알려지자, 그들은 엔릴을 범죄자라고 성토하며 그를 땅속 저승으로 쫓아낸다. 이때 엔릴의 아이를 임신하고 있던 닌릴은 엔릴을 따라갔는데, 저승에서 닌릴은 달의 신인 난나(Nanna)를 낳았다.

엔릴은 어둡고 음침한 저승이 싫었고, 생명이 넘치는 찬란하고 따뜻한 이승으로 돌아오고 싶었다. 그래서 엔릴은 닌릴을 유혹하여 그녀와의 사이에서 죽음의 신들인 네르갈(Nergal)과 니나주(Ninazu)와 엔비루루(Enbilulu)를 낳았고, 그들을 저승에 살게 하는 대신 자신과 닌릴은 이승으로 돌아오는 데 성공했다.(수메르와 바빌론의 신화에는 저승을 빠져나가 이승으로 가려면 그 대가로 생명을 바쳐야 한다는 믿음이 있다.)

이 밖에도 수메르인은 엔릴을 인류의 안녕을 돌보고 지켜주는 자비로운 아버지이자 왕인 동시에 우주의 최고 주인으로 생각했다. 또한 농부의 수호신이자 도끼와 곡괭이 같은 농기구의 발명가이면서 식물의 성장을 돕는다고 믿었다.

047 대홍수에서 인류를 구한 신
– 엔키

엔키(Enki)는 수메르 신화에서 물과 지혜와 창조를 담당하는 신이다. 그는 훗날 아카드와 바빌론의 신화에서 에아(Ea)라는 이름으로 불린다. 또한 수메르인들은 하늘의 별자리가 각 신을 상징한다고 믿었는데, 엔키는 수성을 상징하는 신이었다.

엔키를 섬기는 사원은 에자부루(Ezaburu) 혹은 에아브주(E-abzu)라고 불렸는데, 현재 걸프만 해안 부근의 유프라테스강 습지대에 둘러싸인 지구라트(ziggurat)로, 고대 수메르의 도시 국가 에리두(Eridu)에 있었다. 에리두의 엔키 사원은 이라크 남부에 세워진 최초의 신전이었다. 이 에리두 사원은 발굴 결과, 지금으로부터 무려 6500년 전인 우바이드(Ubaid) 시대에 세워진 것으로 밝혀져 놀라움을 주었다. 참고로 우바이드 시대는 수메르보다 더 앞서서 문명을 이룩한 시기였으니, 엔키에 대한 숭배는 수메르 이전부터 있었던 것이다.

엔키를 섬기는 사원 입구에는 민물이 솟았는데, 고고학적 발굴 결과 수많은 잉어 뼈가 발견되었다. 왜 엔키의 사원에서 잉어 뼈가 나왔는지는 알 수 없으나, 추측하자면 엔키는 물의 신이면서 또한 물에 사는 잉어 등 물고기들의 신이기도 한 것이 아닐까. 실제로 메소포타미아의 예술에서 엔키

(에아)는 물고기의 가죽으로 덮인 남자의 모습으로 사원의 벽에 묘사되었다. 엔키를 섬기는 사람들이 그를 기리는 축제를 열면서 잉어를 제물로 바친 다음, 요리해 먹고 남은 뼈를 사원에 버리지 않았을까. 잉어를 요리해 먹을 수 있냐고 의문이 들지 모르나, 이라크에는 마스쿠프(masgouf)처럼 잉어를 구워 먹는 요리가 아직도 남아 있다.

전통적인 수메르 신화에서 엔키는 지하수(또는 지하수의 신)인 압수(Apsu)의 지배자로 여겨졌으며, 모든 마법과 지혜의 주인으로 숭배를 받았다. 이러한 수메르 신화에 약간의 변형을 가한 바빌론의 창세 신화인 〈에누마 엘리쉬〉에서 엔키는 태초의 신인 압수의 손자 에아로 등장한다. 자신을 포함한 젊은 신들이 시끄럽게 소리를 치자 화가 난 압수가 "저 어린 것들이 낮이고 밤이고 나를 귀찮게 하니, 저것들을 죽여버리고 조용히 잠을 잘 수 있도록 해야 한다."라고 말하는 것을 듣고 압수를 깊은 잠에 빠지게 하여 지하에 가두어버렸다. 그리고 에아는 압수의 권능인 민물을 다루는 힘을 빼앗았다고 전해진다.

기원전 3000년 무렵의 초기 수메르 시대 비문을 보면, '엔키의 갈대'에 대한 언급이 자주 나타난다. 그 시대에 갈대는 중요한 건축 자재였으며, 바구니와 용기를 만드는 데도 사용되었다. 갈대는 습지에서 자라는데, 이로 말미암아 수메르인들은 엔키를 갈대가 자라는 습지를 다스리는 신으로 여겼다고 추정할 수 있다.

엔키는 또한 수메르와 바빌론 신화에서 인류의 창조자이자 인류를 대홍수라는 재앙에서 구해준 신으로 등장한다. 수메르 신화를 기록한 〈아트라하시스〉에 따르면, 낮은 계급의 신인 이기기(Igigi)들이 높은 신들 대신 운하를 파고 무거운 짐을 나르는 일을 하고 있었는데, 일이 너무나 힘들어서 어느 날 더는 못하겠다며 일하는 도구들을 불태우고 반란을 일으켰다. 이에 엔키는 우선 이기기들을 선동하여 반란을 일으킨 책임자 웨이라 신을 죽이고 그의 살과 피에 진흙을 섞어서 인간을 만든 다음, 인간들한테 신들을 대신하여 일하라고 명령을 내렸다.

바빌로니아 신화를 기록한 〈에누마 엘리쉬〉에서도 인간의 창조 이야기는 비슷하다. 신들에게 반란을 일으켰던 사악한 신 킨구(Kingu)가 죽임을 당하자, 에아(엔키)가 킨구의 피와 진흙을 섞어, 땅 위에 살면서 신들을 숭배할 생명체인 인간을 만들었다고 언급된다.

〈아트라하시스〉에서 신들이 인류를 멸망시키려 대홍수를 일으켰을 때도, 현자이자 사제인 지우수드라(Ziusudra)한테 나무로 만든 방주에 가족들을 태우고 대홍수를 피해 살아남으라고 가르쳐주는 구세주 역할을 한 신이 엔키였다.

〈아트라하시스〉에 따르면 대홍수를 일으킨 신은 안 대신에 실권을 휘두르던 엔릴(Enlil)이었다. 엔릴은 인간들의 수가 너무 많이 불어나고 그들이 내는 시끄러운 소리가 자신의 휴식을 방해하는 귀찮은 요소라고 여겨서 가뭄과 기근과 전염병 같이 인류의 수를 줄이려는 재앙을 잇달아 보내다가 급기야 대홍수를 일으켜 인류의 씨를 말리려고 했다. 그러나 자신이 만든 인간들을 불쌍히 여긴 엔키가 이런 계획을 미리 지우수드라한테 알려줘서 그와 그의 가족은 방주에 몸을 싣고 살아남았고, 그들을 통해서 인류가 다시 번성할 수 있었다는 것이 〈아트라하시스〉의 줄거리다. 아마 엔키(에아)가 물의 신이라서 대홍수에서 인류를 구해줄 수 있었으리라.

048 에로스의 여신
– 이난나

이난나(Inanna)는 고대 수메르인들이 숭배한 '하늘과 사랑의 여신'이다. 또한 별자리에서 이난나는 금성의 수호신으로 등장한다. 그녀가 맡은 사랑이란 육체적인 것, 즉 성관계를 통한 에로스를 의미한다.

이 대목을 보고 수메르인들을 저급하다고 여길지도 모르지만, 그들에게 성관계는 숨겨야 할 부끄러운 것이 아니라 세상의 풍요를 주는 아름다운 풍습이었다. 또한 수메르인들은 사람들이 성관계를 통해 아이를 낳듯이 자연도 신들의 성관계로 태어났다고 믿었다. 그래서 매년 봄마다 이난나를 섬기는 사원에서 남자들과 여자들이 공개적으로 집단 성관계를 벌였다. 그 해의 풍년을 기원하는 의미가 담긴 의식이었다.

수메르 신화에서 이난나는 태양의 신 우투(Utu)의 여동생이면서 곡물의 신 두무지(Dumuzi)의 아내였다. 이난나와 두무지의 결합은 곧 풍요로운 결실을 뜻했다. 곡식이 매년 겨울이 오면 시들었다가 봄이 오면 다시 피어나듯이, 두무지도 겨울마다 죽은 자들의 세상인 땅속(저승)으로 내려갔다가 봄이 오면 다시 땅 위(이승)로 올라왔다. (이러한 곡물신의 죽음과 부활의 신화는 훗날 그리스 신화에서 페르세포네나 아도니스의 이야기로 이어진다.)

이난나의 언니는 지하 세계와 저승을 다스리는 여신 에레쉬키갈

(Ereshkigal)이다. 이난나는 언니가 다스리는 영역인 지하 세계로 내려가는 데, 정확한 이유는 알려져 있지 않다. 다만 이난나는 자신이 저승으로 가면 돌아오지 못할까 봐 하녀이자 여신인 닌슈부르(Ninshubur)에게 3일 안에 자기가 돌아오지 못하면 대기의 신 엔릴(Enlil)과 달의 신 난나(Nanna)와 지혜의 신 엔키(Enki)를 찾아가서 도움을 요청하라고 미리 알려놓았다.

저승의 입구에 도착한 이난나는 저승 문을 지키는 신 네티(Neti)를 만나 "저승에 가려고 하니, 나를 위해 문을 열어라."라고 명령을 내린다. 네티는 에레쉬키갈한테 가서 "주인님의 여동생이 왔는데 제가 문을 열어야 합니까?"라고 물어보았다. 에레쉬키갈은 누이의 저승 방문을 허락했다. 다만 저승을 구분한 7개의 문을 통과할 때마다 이난나가 몸에 걸친 장신구와 옷을 하나씩 벗도록 강요했다. 그래서 이난나는 알몸이 되어 에레쉬키갈한테 찾아갔는데, 그녀를 기다리고 있던 저승의 신 7명이 이난나를 향해 "당신은 살아 있는 몸으로 죽음의 세계를 찾아왔으니 여기서 죽어야 한다."라고 선언하며 못에 매달았다.

한편 이난나가 사흘이 지나도 돌아오지 않자 닌슈부르는 3위의 신을 찾아가 도움을 요청했는데, 엔릴과 난나는 그녀의 부탁을 거부했지만 엔키는 이난나를 구하기 위해 자신의 손톱으로 쿠르가라(Kurgarra)와 갈라투라(Galaturra)라는 성별이 없는 두 부하를 만들어내어 그들에게 생명의 음식과 물을 주며 저승으로 가서 이난나한테 먹이라고 지시했다. 두 부하가 그대로 하자 이난나는 살아났으나, 저승에서 이승으로 돌아가려면 하나의 생명을 저승으로 보내야 한다는 말에 두무지를 찾아갔는데, 그가 화려한 옷을 입은 채로 슬퍼하지 않자 화가 나서 자신을 따라온 저승의 악마들한테 그를 저승으로 데려가라고 요청했다. 그래서 두무지는 1년 중 6개월 동안 저승에 내려갔다가 이승으로 되돌아오는 운명을 갖게 되었다.

수메르 문명을 그대로 이어받은 바빌론인들은 이난나를 이쉬타르(Ishtar)

로, 두무지를 탐무즈(Tammuz)라고 이름만 다르게 부르면서 수메르 신화를 그대로 받아들였다. 그리고 이쉬타르가 저승으로 내려가고 탐무즈가 그녀의 뒤를 따라가자 지상의 곡식이 모두 말라버리고 가뭄이 왔다가, 두 부부가 이승으로 돌아오자 곡식들이 자라나서 풍년이 들었다는 식으로 내용을 보충했다.

이러한 이난나의 신화는 《구약성경》에도 그 흔적을 남겼다. 〈에스겔〉 8장 13~18절에서 야훼가 직접 예언자 에스겔에게 나타나서 "'이들이 하는 역겨운 짓을 또 보아라.'라고 하시며 나를 야훼의 성전 북향 정문 문간으로 데리고 가셨다. 거기에서는 여인들이 앉아서 담무즈 신의 죽음을 곡하고 있었다."라고 보여주는 장면이 나온다. 이스라엘 여인들이 담무즈가 저승으로 내려간 바빌론 신화의 내용 때문에 우는 풍습을 그들의 이웃 바빌론인들로부터 받아들인 모습을 야훼 신앙의 성직자가 분노에 찬 글귀로 묘사한 것이다.

또 《구약성경》〈아가〉에는 "나의 신부여, 내 동산으로 찾아왔소. 포도주만 마시랴, 젖도 마시리라. 흠뻑 사랑에 취하여라."라는 식의 노골적인 성애 묘사를 담고 있다. 그런데 〈아가〉의 원형은 기원전 2000년 전 수메르를 다스린 슈신이란 왕이 매년 이난나를 섬기던 여성 사제와 결혼식을 할 때에 부르던 노래 가사(포도주 처녀의 신이여, 그녀의 음료는 달콤합니다.)에서 유래한 것이다.

훗날 이난나와 두무지의 설화는 멀리 서쪽의 그리스로 전해져서 사랑의 여신 아프로디테와 미소년 아도니스의 이야기로 탈바꿈했다.

049 조로아스터교 최고의 신
– 아후라 마즈다

아후라 마즈다(Ahura Mazda)는 고대 페르시아의 조로아스터교에서 숭배한, 우주를 창조한 최고의 신이다. 그는 태초부터 존재했고, 누구에 의해 창조되지도 않았으며, 모든 것을 알고 모든 일을 할 수 있는 전지전능한 존재이다. 아후라(Ahura)는 '강력한' 또는 '주인'이라는 뜻이며, 마즈다(Mazda)는 '지혜'이다. 그러니까 아후라 마즈다는 '강력한 지혜' 혹은 '지혜의 주인'이라는 뜻으로 해석할 수 있다.

그러나 아후라 마즈다의 기원은 그렇게 오래되지 않았다. 조로아스터교가 만들어지기 전, 페르시아인들이 가장 숭배하던 신은 태양과 계약의 신 미트라(Mithra)였다. 그 이름은 기원전 15세기 무렵 터키 카파도키아 지역에서 만들어진 '히티' 석비에 나타날 만큼 오래되었다. 그런데 기원전 10~7세기 무렵, 현자 조로아스터가 오랜 명상과 연구 끝에 자신의 이름을 딴 조로아스터교를 만들면서 아후라 마즈다라는 신도 함께 만들어 최고신의 자리에 올려놓은 것이다.

페르시아를 기반으로 중동을 통일한 아케메네스 왕조(기원전 550~330년) 시대에 조로아스터교가 널리 퍼지면서 아후라 마즈다 또한 페르시아 제국의 수호신으로 숭배를 받았다. 다만 아케메네스 왕조 이후에 들어선 파르티아 왕조(기원전 247~서기 224년) 시대에는 호르마즈드(Hormazd), 사산 왕조(서기 224~651년) 시대에는 오르마즈드(Ohrmazd)로 약간 다르게 불렸다.

아케메네스 왕조의 황제 중에서 무려 528만 명(물론 다분히 과장이다)이나 되는 대군을 일으켜 그리스를 침공한 이른바 '페르시아 전쟁'으로 유명한 크세르크세스 1세(기원전 519~466년)는 아후라 마즈다를 열렬히 숭배했다. 그가 직접 참가한 페르시아 대군의 그리스 원정 행렬에 8마리 하얀 말이 끄는 아후라 마즈다의 전차가 포함되었는데, 고대 그리스의 역사학자 헤로도토스가 쓴 《역사》에 의하면 아후라 마즈다에게 바쳐진 그 전차에는 어떤 사람도 올라갈 수가 없어서 마부가 말들의 고삐를 쥔 채로 그냥 걸으면서 끌었다고 한다.

그런데 페르시아 군대가 살라미스 해전에서 참패하고 크세르크세스 1세가 페르시아 본국으로 철수하면서 아후라 마즈다의 전차는 행렬의 뒤에 남았다가, 트라키아(현재 불가리아)인들에게 빼앗겨 행방이 묘연해졌다. 페르시아인들에게는 전지전능한 신이었지만, 조로아스터교에 생소한 트라키아인들에게는 아무것도 아닌 모양이었다.

조로아스터교 교리에 따르면 아후라 마즈다와 함께 태초부터 존재한 신이 더 있다. 사악한 어둠의 신 앙그라 마이뉴(Angra Mainyu)다. 앙그라 마이뉴 역시 아후라 마즈다처럼 누구에 의해서도 창조되지 않은 존재다. 하지만 그렇다고 해도 앙그라 마이뉴가 아후라 마즈다와 완전히 동등한 존재는 아니었다. 앙그라 마이뉴는 본질적인 속성이 무지하기 때문에, 지혜로운 아후라 마즈다보다 뒤떨어지는 존재이다.

또한 조로아스터교에서는 아후라 마즈다가 창조한 이 세상이 1만 2000년 동안 존속하며, 크게 3000년으로 4번 나뉜다고 가르친다. 최후의 4분기가 다 끝나는 날이 곧 세상의 종말로, 그날이 오면 아후라 마즈다가 이끄는 빛의 군대가 앙그라 마이뉴가 이끄는 어둠의 군대를 완전히 물리쳐 그들을 영원한 지옥으로 내던지고 세상을 구원한다고 말한다.

그런데 사산 왕조 시절, 주르반교(Zurvanism)라는 조로아스터교의 새로운 종파가 나타났다. 주르반교에 의하면 태초에 창조되지 않은 절대적인 존재 주르반(Zurvan)이 있었고, 주르반은 쌍둥이 아들 아후라 마즈다와 앙그라 마이뉴를 낳았다. 이러한 주르반교는 사산 왕조의 2번째 황제 샤푸르 1세 (215~270, 혹은 272년)가 크게 신봉했다.

하지만 651년 사산 왕조가 이슬람교를 믿는 아랍인들의 침공으로 멸망 당하고 페르시아를 이슬람교가 지배하면서 조로아스터교는 그 위상이 크게 추락했다. 조로아스터교를 믿던 수많은 페르시아인은 새로운 지배자 아랍인들의 비위를 맞춰 출세하기 위해 너도나도 전통 신앙 조로아스터교를 버리고 이슬람교로 개종했으며, 신앙을 끝까지 지키려던 사람들은 박해를 받거나 인도 같은 외국으로 달아나야 했다. 날이 갈수록 조로아스터교의 교세는 줄어들었으며, 아후라 마즈다 역시 조로아스터교와 함께 거의 잊힌 존재로 몰락하고 말았다.

050 인류 최초 어둠의 신
– 앙그라 마이뉴

페르시아의 조로아스터교에서 앙그라 마이뉴(Angra Mainyu)는 태초부터 존재한 사악한 어둠의 신이면서, 역시 태초부터 존재한 선량한 빛의 신 아후라 마즈다(Ahura Mazda)의 적이다.

아이러니하게도 앙그라 마이뉴는 숙적인 아후라 마즈다와 마찬가지로 기원전 10~7세기에 등장한 조로아스터교에서야 비로소 처음 만들어진 개념이다. 그러니까 조로아스터교가 등장하기 전에 고대 페르시아인들에게는 앙그라 마이뉴 같은 '사악한 어둠의 신'이라는 개념 자체가 없었다고 추측할 수 있다.

앙그라(Angra)는 '파괴적', '혼돈', '무질서하다', '나쁜' 등을 뜻하는 단어이며, 마이뉴(Mainyu)는 '사악한 정신(마음, 생각)'이라는 뜻을 담고 있다. 그러니까 앙그라 마이뉴는 '파괴적이고 어지러운 나쁜 정신'이라는 뜻이니, 이름 자체가 다분히 부정적이다.

조로아스터교 최초의 문헌 〈가타스(Gathas)〉에서 앙그라 마이뉴는 '거짓되고 잘못된 신'으로 여겨졌으며, 아직 악마로 인식되지 않았다. 그러나 좀 더 후대에 작성된 문헌 〈야스나(Yasna)〉에서 앙그라 마이뉴는 완전한 악마가 되었다. 〈야스나〉에 의하면 앙그라 마이뉴는 세상을 악으로 더럽히려고 죽음과 거짓을 만들어 널리 퍼뜨렸으며, 아후라 마즈다가 만들어낸 야자타(천사)들을 모방하여 사악한 존재 다에바(마귀)들을 만들어서는 어둠과 공포와 고통이 가득한 공간인 지옥에서 그들을 거느리며 왕 노릇을 한다고 묘사되어 있다.

그러나 아후라 마즈다가 전지전능한 신인데 반해, 앙그라 마이뉴는 그보다 무지하고 뒤떨어지는 능력을 가졌기에 〈야스나〉 같은 조로아스터교 문헌들에서는 무척이나 어리석고 나약한 모습으로 그려진다.

〈야스나〉에서 앙그라 마이뉴는 강력하고 사악한 피조물이자 머리가 3개 달린 용 아지다하카(Azi Dahaka)를 만들었으나, 막상 아지다하카는 미트라(Mithra) 신의 철퇴인 자쉬트(Jasht)를 보자 겁을 먹고 벌벌 떠는 한심한 꼴을 보인다.

또한 〈야스나〉 13장에서 선한 영혼인 프라바시(Fravashis)는 전 세계에 흐르는 물을 몽땅 없애버리고 세상을 황량한 사막으로 바꿔버리려는 앙그라 마이뉴의 계획을 단념시켰으며, 조로아스터교의 다른 문헌 〈야쉬트(Yasht)〉 8장 44절에서 앙그라 마이뉴는 비의 신 티쉬트리아(Tishtrya)와의 싸움에서 패배해서 그가 세상에 비를 내려 풍요롭게 하는 일을 막지 못했다.

그런가 하면 또 다른 조로아스터교 문헌 〈벤디다드(Vendidad)〉 19장에서 앙그라 마이뉴는 조로아스터교의 창시자이자 예언자인 조로아스터한테 접근하여 "내가 당신한테 전 세계를 다스릴 권력을 줄 테니, 조로아스터교를 만들지 마라."라고 유혹한다. 그러나 조로아스터는 앙그라 마이뉴의 유혹을 거부했고, 이에 분노한 앙그라 마이뉴는 자신을 따르는 수많은 다에바를 거느리고 조로아스터를 공격했으나, 조로아스터에게서 풍겨져 나오는 신비한 힘에 패배했다.

이런 설정이 담긴 내용은 기독교 《신약성경》 〈마태복음〉 4장 1~11절에서 예수가 사탄의 유혹을 물리치는 모습과 너무나 흡사하다. 〈마태복음〉에 의하면 예수가 광야에서 40일 동안 단식을 하고 있는데, 악마가 나타나 아주 높은 산으로 그를 데리고 가서 세상의 모든 나라와 그 화려한 모습을 보여주며 "내 앞에 절하면 이 모든 것을 당신에게 주겠소." 하고 말했다. 이에 예수가 "사탄아, 물러가라! 성서에 '주님이신 너희 하느님을 경배하고 그분만을 섬겨라.' 하시지 않았느냐?"라며 거부하자 악마가 물러간다. 〈벤디다드〉가 《신약성경》보다 더 오래 전에 나왔으니 〈마태복음〉의 내용은 다분히 〈벤디다드〉의 영향을 받았다고 볼 수 있다.

한편 〈벤디다드〉에 의하면 앙그라 마이뉴가 다스리는 지옥, 즉 어둠의 세계는 페르시아의 북쪽에 있다. 또한 사산 왕조 시대에 나온 조로아스터교의 변형된 종파인 주르반교에 의하면 앙그라 마이뉴는 아후라 마즈다의 쌍둥이 형제다. (다만 사산 왕조 시대에 앙그라 마이뉴는 아흐리만Ahriman으로 불렸다.) 태초의 신 주르반이 1000년 동안 앙그라 마이뉴와 아후라 마즈다를 임신하고 있었는데, 아후라 마즈다를 창조주로 삼기로 결정하자 이 사실을 안 앙그라 마이뉴는 자신이 갇힌 주르반의 자궁을 뜯어내어 아후라 마즈다를 공격하는 포악함을 보였다. 이에 화가 난 주르반은 앙그라 마이뉴의 힘을 제약하고, 아후라 마즈다에게 영원히 세상을 다스릴 권한을 주었다.

아후라 마즈다가 사랑과 전지전능을 상징한다면 앙그라 마이뉴는 증오와 무지무능을 상징한다. 1만 2000년으로 제한된 세상이 끝나면 앙그라 마이뉴는 아후라 마즈다와의 전쟁에서 완전히 패배하고 영원한 지옥에 내던져진다는 것이 조로아스터교의 가르침이다.

051 새 세상을 꿈꾼 사람들의 신
– 페르시아의 미트라

지금의 이란인 고대 페르시아에서 숭배를 받던 신 미트라(Mithra)는 메흐르(Mehr)라고도 불렸다. 그 이름은 기원전 15세기 무렵 터키 카파도키아 지역에서 만들어진 '히티' 석비에 나타난다. 페르시아인들은 미트라가 태양과 진실과 용기, 법과 계약의 수호신이라고 믿었으며, 기원전 6세기 아후라 마즈다를 최고의 신으로 섬기는 조로아스터교가 등장한 후에도 아후라 마즈다 다음가는 위치를 차지하는 중요한 신으로 여겼다.

조로아스터교의 경전 〈아베스타〉에서도 미트라는 매우 중요한 신으로 칭송받는다. 〈아베스타〉에 따르면 미트라는 1000개의 귀와 1만 개의 눈을 지녀 세상의 모든 것을 듣고 볼 수 있으며, 언제나 빛나는 하라산에 궁전을 두고 있다. 그는 하라산의 꼭대기에서 세상을 내려다보며, 창과 방패와 갑옷과 투구로 무장하고, 네 마리 말이 끄는 전차를 타고 하늘을 누비는데, 그를 보좌하는 다른 신들, 바흐람과 아스타드, 파란드와 함께 다닌다.

미트라는 모든 나라와 지역에 통치권을 내려주는데, 계약을 어기고 거짓을 말하는 자를 미워하여 멸망시킨다. 그는 1만 명의 첩자를 거느리고 있어서 지상에서 인간들이 벌이는 모든 일을 자세히 알고 있다. 또한 그는 자신을 믿는 인간이 죽으면, 그의 영혼을 어둠으로부터 지키기 위해 자신이 사는 빛의 세계로 데려가서 영원한 행복과 안식을 주는 일도 많았다. 이처럼 미트라는 우주의 질서를 지키며 악에 맞서 싸우는 심판자이자 투사의 성격을 지니고 있다.

기원전 1세기 무렵, 이런 미트라를 최고신으로 섬기는 종교인 미트라교가 등장했다. 미트라교는 현재 터키인 소아시아 지역에서 로마인들을 상대로 약탈과 납치를 저지르던 해적들이 믿다가, 그들과 접촉한 로마인들에게도 알려져서 서기 3세기에 이르면 로마 제국 안에도 미트라교가 널리 전파된다.

미트라교는 문자로 교리를 남기지 않고 신도들끼리 은밀하게 말로만 교리를 전했기 때문에, 미트라교가 사라진 지금은 그저 미트라교 신전의 동굴에 조각된 그림들과 단편적인 역사 기록으로만 그 교리를 짐작할 수 있을 뿐이다.

미트라교는 동굴이나 땅속에 신전을 만들었다. 태양이 매일 어둠을 뚫고 하늘로 솟아오르는 것처럼, 미트라교 신도들도 자신들의 신이 어둠 속에 잠들어 있다가 빛과 함께 세상 밖으로 나온다고 여겨 그리한 것이다.

미트라교의 신전에는 젊은 청년의 모습을 한 미트라가 황소를 죽이는 장면이 조각되어 있다. 미트라교의 교리에 의하면, 태초에 황소가 모든 동물과 식물을 잉태하고 있었는데, 미트라가 그 황소를 죽임으로써 생명체들이 황소의 몸 밖으로 나와 세상으로 퍼져나갔다고 한다.

또한 미트라는 원래 돌 속에 갇혀 있다가 스스로 돌을 깨부수고 밖으로 나왔으며, 돌 안에 갇혀 있던 물을 세상 밖으로 흘려보내서 지상에 생명체들이 살 수 있는 터전을 마련했다는 이야기도 있다.

미트라교는 차가운 눈이나 얼음 위에서 오랫동안 서 있거나, 뜨거운 불 위를 지나가거나, 오랜 금식을 하는 등 끝까지 신앙을 지키겠다는 맹세를 몸으로 보여준 사람들만 신도로 받아들였다.

기본적으로 미트라교는 비밀 종교 단체라서, 신도들은 예배가 열리는 자리에서도 각자의 얼굴을 가면으로 가릴 만큼 보안 유지에 심혈을 기울였지만 다른 종교들처럼 성직자 제도도 있었다. 미트라교의 성직자는 총 7개의 위계로 나누어져 있었는데, 처음 입교하여 어느 정도 교리 공부와 수련을 한 신도들은 가장 낮은 계급의 성직인 '까마귀'에 임명되었고 최고위의 성직은 '장로'라고 불렸다. 미트라교에서는 오직 남자들만 성직자가 될 수 있었다.

392년 11월 8일, 로마 황제 테오도시우스 1세(347~395년)가 기독교만을 로마의 유일한 종교로 선언하면서 미트라교는 로마 제국에 의해 금지되었고 거부하는 신도들은 탄압을 당했다. 결국 5세기가 끝날 무렵, 미트라교는 로마 제국의 탄압에 못 이겨 완전히 사라지고 말았다.

하지만 미트라교는 세계 역사에 적지 않은 영향을 남겼다. 현재 기독교에서 예수의 탄생일로 기념하는 12월 25일도 원래는 미트라의 탄생일이었다. 또한 동서 무역로를 타고 중국과 한국으로 전해진 미트라는 불교의 미륵불이 되었고, 부패한 정부의 착취에 시달리던 동아시아의 백성들은 정의를 수호하는 미트라를 숭배하며 민란을 일으켰다. 원나라를 멸망으로 몰아간 홍건적, 청나라에 맞선 백련교도, 조선을 뒤엎으려 했던 승려 집단 당취 등은 모두, 사실 고대 페르시아의 태양신 미트라를 구세주로 여겼던 것이다.

052 페르시아의 다른 신들

아후라 마즈다와 미트라 이외에도 페르시아인들은 수많은 신을 숭배했다.

페르시아의 만신전에서 미트라 다음으로 높은 위치에 있는 신은 승리와 전쟁의 신 바흐람(Bahram)이었다. 바흐람은 태양과 진실의 신 미트라의 보좌관이었으며, 미트라 못지않게 중요한 신으로 페르시아인들에게 대우를 받았다. 조로아스터교의 경전 《아베스타》에 그를 찬양하는 노래 '바흐람 야슈트'가 실려 있기도 하다. '바흐람 야슈트'에 의하면 바흐람은 악마와 악인을 제압하기 위해 거센 바람, 황금색 뿔을 가진 소, 백마, 갈가마귀, 황금색 칼을 지닌 인간 등으로 10번이나 변신을 했다. 페르시아인들은 두 군대가 오랫동안 전쟁을 했는데도 승패가 결정되지 않으면, 가장 먼저 바흐람을 숭배하는 군대가 승리한다고 믿었다.

아케메네스 페르시아 왕조(기원전 559~330년)가 그리스 북부 마케도니아의 알렉산더 대왕에게 무너지고, 페르시아가 약 100년 동안 마케도니아 계통의 셀레우코스 왕조(기원전 312~63년)에게 지배를 받으며 그리스 문화가 들어오자, 바흐람은 그리스의 영웅신 헤라클레스와 동일시되었다.

바흐람 다음으로 중요하게 여겼던 신은 물과 출산과 번식의 여신 아나히타(Anahita)였다. 아나히타는 세상에 물을 보내 땅 위에 생물이 살 수 있도록 자비를 베풀었다. 또한 아나히타는 모든 남자와 여자의 정자와 자궁을 깨끗하게 하여, 아이가 무사히 세상에 태어나도록 도왔다.

《아베스타》에서 아나히타를 찬양한 노래집인 〈아반 야슈트〉에 의하면, 그녀는 황금으로 만든 100개의 별이 달린 왕관을 쓰고, 황금 귀고리와 목걸이를 하고, 30마리 분량의 수달 모피로 만든 옷을 입었으며, 1000개의 강과 수로를 소유하고 수천 명의 군대를 거느렸다고 묘사된다.

아나히타는 사산 왕조 시절에 특히 크게 숭배되었는데, 사산 왕조를 세운 아르다시르 1세의 할아버지 사산이 아나히타를 섬기는 성직자였기 때문이다.

아나히타처럼 물의 일종인 비를 다스리는 신 티쉬트리아(Tishtrya)도 페르시아인들에게 중요한 신으로 숭배되었다. 티쉬트리아는 바흐람처럼 여러 모습으로 변할 수 있는데, 처음에는 15세 소년이었다가 황금 뿔이 달린 소, 황금 귀와 장식이 달린 하얀 말로 변한다. 그런 상태에서 티쉬트리아는 가뭄을 다스리는 신인 아파오샤가 변한 검은 말과 싸운다. 이때 티쉬트리아가 이기면 비가 와서 풍년이 들고, 아파오샤가 이기면 가뭄이 들어 흉년이 온다고 페르시아인들은 믿었다.

다음은 그 밖의 페르시아 신들의 이름과 역할이다.

아시(Ashi): 행운의 여신. 그녀의 아버지는 최고신 아후라 마즈다이고, 어머니는 야자타인 아르마이티(Armaiti)이다.

마오(Mao): 달의 신.

바타(Vata): 바람의 신.

안다르바(Andarva): 공기의 신.

아스만(Asman): 하늘의 신.

아르야만(Aryaman): 우정과 치료의 신.

바가(Baga) : 번영과 부유함의 신.

하디시(Hadish) : 농업과 농부들의 수호신.

파란드(Parand) : 행복과 부유함의 신.

슈시나크(Shushinak) : 페르시아 신들 중 가장 오래전부터 숭배를 받아온 신. 일설에 의하면 고대 페르시아의 성스러운 도시 수사의 수호신이다.

테쉬바(Teshba) : 폭풍의 신.

바난트(Vanant) : 별들의 수호신.

아메흐(Ameh) : 승리와 영광의 여신.

알라툼(Allatum) : 지하 세계의 여신.

아리쉬방(Arishvang) : 부와 경제 활동의 수호 여신.

이즈하(Izha) : 희생과 제사, 제물의 여신.

세판다르 마즈(Sepandar Maz) : 지구와 생식력의 수호 여신.

피티 람(Piti Ram) : 평화의 여신.

드르바스파(Drvaspa) : 소와 어린이와 우정의 수호 여신.

아쉬타드(Ashtad) : 인간을 선행으로 이끄는 여신.

053 아후라 마즈다의 천사들
– 야자타

조로아스터교의 최고신 아후라 마즈다는 자신을 섬기는 7명의 야자타 (Yazata)를 만들었다. 야자타는 천사(天使)라는 뜻이 가장 적합하다. 천사는 유대교나 기독교, 이슬람교에도 있으나 조로아스터교에서는 천사를 숭배하는 일이 허용된다는 점에서 이들 종교와 다르다.

아후라 마즈다가 만든 7명의 야자타 중에서 가장 높은 위치에 있는 존재는 아메샤 스펜타(Amesha Spenta)이다. 그는 아후라 마즈다를 섬기는 최고의 천사이며, 인류를 악으로부터 지키는 수호자이다. (기독교의 최고 천사 성 미가엘을 떠올리면 쉽게 이해할 수 있을 것이다.) 정통 조로아스터교 교리에서 아메샤 스펜타는 성령(聖靈)으로 불리는데, 그런 이유로 가끔 아후라 마즈다와 동일시되기도 한다.

아메샤 스펜타에 이어 두 번째 지위를 차지하는 야자타는 보후 마나흐 (Vohu Manah)이다. 그는 아후라 마즈다에게 여러 조언을 해주는 비서인 동시에, 아후라 마즈다가 만든 모든 동물을 보호하며 선(善)을 상징한다.

세 번째 야자타는 아샤 바히스타(Asha Vahishta)로 빛과 불을 다스리며 최고를 상징한다.

네 번째 위치에 있는 야자타는 스펜타 아르마이티(Spenta Armaiti)로 지구의 감시자이며 신성함을 상징한다. 7명의 야자타 중 아르마이티는 하우르바타트, 아메레타트와 함께 여자이다. 그런 이유로 아르마이티는 아후라 마즈다의 사랑을 받아서 그와의 사이에서 딸 아시(Ashi)를 낳았다. 유대교나 기독교, 이슬람교에서 천사들은 성별이 없지만, 조로아스터교에서는 천사들한테도 엄연히 성별이 있다고 보았던 것이다.

조로아스터교의 경전 《아베스타》에서 아시는 행운의 여신으로 불리는데, 자신한테 희생 제물을 바치는 영웅들을 도와서 그들이 원하는 목표를 이루도록 축복을 내려준다. 또한 아시는 풍요와 정절의 여신이기도 했는데, 다른 남자와의 사이에서 아이를 낳은 여자, 폭력적인 군주나 남편한테 겁탈당하는 여자들을 불쌍히 여기면서 "이렇게 폭력이 들끓는 지상을 버리고 천국으로 가야 할까요? 아니면 땅속으로 숨어야 할까요?"라고 아버지 아후라 마즈다한테 묻자, 아후라 마즈다는 딸한테 "천국으로 돌아오거나 땅속으로 숨을 필요가 없단다. 너는 지상에 세워진 신전에 머물거라." 라고 만류했다.

다섯 번째 위치에 있는 야자타는 크샤트라 바이르야(Kshathra Vairya)인데, 정의를 상징하며 광물과 금속을 다스린다.

여섯 번째 야자타는 하우르바타트(Haurvatat)로, 완벽함을 상징하며 물의 수호자이다.

일곱 번째 위치에 있는 야자타는 아메레타트(Ameretat)로 불멸과 영원함을 상징하며, 모든 식물의 수호자이다.

그 밖에 7대 야자타에 들어가지는 않지만, 스라오샤(Sraosha)라는 야자타도 있다. 스라오샤는 조로아스터교도들에게 '양심의 천사'나 '양심의 목소리'로 불리면서 숭배 대상이 되었다.

스라오샤는 조로아스터교에서 가장 오래된 문헌 〈가타스(Gathas)〉에서 그 이름이 처음 언급되는데, 여기서 스라오샤가 맡은 일은 그 자신이 아후라 마즈다한테서 배운 것처럼 인류에게 양심과 삶이 얼마나 아름다운지 가르쳐주는 것이다. 또한 스라오샤는 인류를 지속적으로 보호해주며, 거짓의 악마 드루지(druj)에 대항하여 잠을 자지 않고 늘 깨어 있다.

나아가 스라오샤는 세상의 불을 꺼뜨려서 인류를 추위의 공포에 떨게 하려는 사악한 악마이자 뱀인 아지 다하카(Azi Dahaka)와 맞서는 것은 물론 전쟁의 폭력과 알코올중독의 분노 등을 사람들한테 퍼뜨려서 죄를 짓게 하는 악마 아에쉬마(Aeshma)와 싸우면서 그가 퍼뜨리는 재앙으로부터 인류를 지켜내는 임무도 맡고 있다. 조로아스터교도들은 매달 17일을 스라오샤에게 바친 날로 삼고, 그를 기리는 숭배 의식을 올렸다.

054 가나안 신화의 최고신
– 엘

지금은 그 존재감도 사라진 지 오래지만, 고대 중동 서쪽의 가나안(현재의 이스라엘과 팔레스타인 및 요르단과 시리아 서부 해안 지대) 지역에서 엘(El)은 가장 위대한 신으로 숭배를 받았다.

가나안 신화에서 엘은 모든 신과 인류, 생명체를 창조한 최고신이다. 그는 모든 신의 어머니 여신 아쉬토레트(Ashtoreth)와 바다의 여신 아세라(Asherah)를 아내로 맞았고, 그녀들과의 사이에서 하늘과 비의 신 바알(Baal)과 바다와 혼돈의 신 얌(Yam), 그리고 지하 세계와 죽음의 신 모트(Mot)를 낳았다. 흥미롭게 이 세 신은 각각 그리스 신화에서 하늘의 신 제우스, 바다의 신 포세이돈, 저승의 신 하데스와 정확히 일치한다.

엘은 짐승인 소를 상징으로 삼았고, 종종 소라고 불리기도 했다. 이러한 흔적은 그의 아들이자 후계자인 바알이 물려받았다. 그래서 엘과 바알의 신상들은 모두 머리에 소의 뿔을 달았다.

또한 바알 신앙에서 영향을 받은 《구약성경》에서도 "이집트에서 고생하던 것들을 이끌어내신 하느님께서 들소 뿔처럼 지켜주시어 적국을 집어삼키고 그 뼈들을 짓부수고 옆구리를 찌르는구나."라고 찬양하면서 야훼를 소에 비유했다(〈민수기〉 24장 8절).

가나안 신화에서 엘은 아내들과 자녀들을 거느리고 사막에서 살았다고 언급되는데, 이는 엘이 원래 사막의 신이었음을 알려주는 흔적이다.

엘은 '창조주', '신의 아버지', '사람의 아버지', '영원한 창조자' 등 여러 별명으로 불렸다. 그중에는 '지극히 높은 신'이라는 뜻인 엘 엘리욘(El Elyon)도 있었는데, 《구약성경》에서는 이 이름이 여러 번 사용된다.

〈창세기〉 14장 18~20절을 보면 살렘의 왕 멜기세덱이 등장하는데, 그는 '지극히 높으신 하느님'을 섬기는 사제라고 언급된다. 여기서 '지극히 높으신 하느님'의 원어 표기가 바로 엘 엘리욘으로, 멜기세덱은 가나안의 최고신 엘을 섬기던 사제였던 것이다. 아울러 멜기세덱은 유대인들의 시조인 아브람에게 복을 빌어주면서 "하늘과 땅을 만드신 지극히 높으신 하느님이여, 아브람에게 복을 내리소서. 그대의 원수를 그대의 손에 부치신 지극히 높으신 하느님께 찬양을 드리어라."라고 말하는데, 이 구절에서 엘이 하늘과 땅을 만들었다는 가나안 신화의 흔적을 발견할 수 있다.

또한 《구약성경》 〈신명기〉 32장 8~9절을 보면, "지존하신 이께서 만방에 땅을 나누어 주시고, 인류를 갈라 흩으실 때, 신들의 수효만큼 경계를 그으시고 민족들을 내셨지만, 야곱이 야훼의 몫이 되고 이스라엘이 그가 차지한 유산이 되었다."라는 내용이 나온다.

여기서 언급된 '지존하신 이'라는 표현 역시, 엘의 별명인 엘 엘리욘을 뜻한다. 엘이 땅을 나누고 인류를 흩어버릴 때에 신들의 수만큼 민족을 나누고 이스라엘과 야곱이 야훼의 몫이 되었다는 구절은 곧 엘이 야훼보다 더 높은 신이었다는 뜻이다. 그러니까 원래부터 야훼가 전지전능한 유일신은 아니었던 셈이다. 본래 야훼는 이스라엘인들만이 섬기던 부족 신이었다. 그리고 '신들의 수효만큼'이라는 구절은 〈신명기〉가 기록되었을 무렵, 이스라엘인들도 야훼 이외의 다른 신들이 있다는 것을 인정했다는 뜻이다.

《구약성경》 〈시편〉 82장 1절 "하느님께서 신들을 모으시고 그 가운데 서

시어 재판하신다."에서 언급된 하느님 역시 야훼가 아니라, 엘을 가리키는 말이었다. 만약 저 구절의 하느님을 야훼로 해석한다면, 유일신인 야훼가 여러 신을 재판한다는 뜻이 되니 매우 어색하다.

하지만 시간이 흐르면서 엄연히 달랐던 신인 엘과 야훼가 서서히 같은 신으로 여겨지기에 이르렀다. 한 예로 성경에서 미가엘이나 가브리엘 같은 천사들의 이름에는 반드시 '엘'이 붙는데, 이 엘은 곧 신을 뜻하는 단어다. 그런데 성경의 천사들은 기독교에서 모두 야훼의 하위 존재로 등장한다. 다시 말해 야훼가 엘의 이름과 위치를 삼켜버린 것이다.

대체 어찌된 일일까? 아마도 야훼를 섬기는 이스라엘인들이 엘을 섬기는 가나안인들보다 인구나 힘이 늘어나면서, 가나안 신앙을 흡수하고 야훼 신앙이 팽창하면서 생긴 변화인 듯하다.

이는 원래 다른 신이었던 그리스의 제우스와 이집트의 아몬이 기원전 4~5세기부터 이집트로 이주해온 그리스인들이 늘어나 그리스 문화와 이집트 문화가 뒤섞이면서 같은 신으로 여겨졌던 일과 같다고 볼 수 있다.

원래 야훼보다 더 높은 신이었던 엘은 그 이름과 힘이 야훼한테 넘어가면서 훗날 존재조차 사라져버렸으니, 인간들처럼 신들도 흥망성쇠를 겪는 모양이다.

055 엘을 끌어내린 가나안 최강의 신
- 바알

지금은 그 흔적조차 사라졌지만, 기원전 14세기에 나타난 가나안의 바알(Baal) 신앙은 1000년이 넘게 중동에서 매우 강력한 영향력을 떨친 종교였다.

바알은 고대 가나안어로 '주인', '남편'이라는 뜻이다. 그 말처럼 가나안인들은 바알을 주인, 즉 최고의 신으로 숭배했다. 원래 가나안 신화에서 가장 오래되고 높은 신은 바알의 아버지 엘(El)이었다. 그러나 바알은 엘에 맞서 반란을 일으켜 엘을 끌어내리고 권력을 차지했다. 그리하여 엘은 이름만 최고신일 뿐, 신들과 세상을 다스리는 실권은 바알이 차지하여 사실상 바알이 최고신이 되었다.

가나안 신화에서 바알은 하늘에서 비를 내려 농사를 잘되게 해주는 풍요의 신이었다. 농경 사회에서 비만큼 농사에 소중한 것도 없으니, 비의 신이기도 한 바알은 열렬히 숭배를 받았다. 특히 고대 사회에서 풍요와 생명과 번창은 곧 남자와 여자의 성관계로 나타난다고 믿었기에, 바알을 숭배하는 축제에서는 남자와 여자들끼리의 집단 성교가 벌어졌다. 이는 수메르와 바빌론의 종교에서 사랑과 풍요의 여신 이난나(이쉬타르)를 숭배하는 축제를 열면서 농사의 풍요를 기원하는 뜻에서 남자와 여자들의 집단 성교가 벌어졌던 일과 같다.

현재 바알 신앙에 대해 가장 자세한 내용을 담고 있는 자료는 유대교의 경전 《구약성경》이다. 아이러니하게도 정작 유대인들은 바알 신앙을 사악하다며 매우 적대시했다. 그런데도 불구하고 《구약성경》에 바알 신앙의 흔적이 많이 남은 이유는 바알 신앙이 초기 유대교의 가장 강력한 경쟁 상대였고, 그만큼 바알 신앙을 유대인들이 많이 의식했기 때문이었다.

《구약성경》 〈사사기〉 6장 25~26절을 보면, 유대인들의 신 야훼가 유대인 기드온에게 "네 아비의 바알 제단을 허물고 곁에 있는 아세라를 찍어라. 그리고 아세라 목상을 태워 번제를 올려라."라고 계시를 내리고 기드온은 그대로 한다. 이는 바알 신앙에 대한 유대인들의 적개심을 드러내는 부분이다. (아세라는 바알의 아내인 하늘의 여신이다.)

그러나 《구약성경》 〈호세아〉를 보면, 유대인들이 바알 신앙에 깊이 빠져들었음을 보여주는 내용이 언급된다. 우선 〈호세아〉 2장 15절을 보면, "바알 축제일만 되면 내 생각은 하지도 않고 바알에게 향을 태워 올리며 귀걸이, 목걸이로 몸을 단장하고 연인들을 따라 나서는 것들을 나 어찌 벌하지 않으랴."라는 구절이 나온다. 이는 유대인들이 기존의 야훼 신앙 대신, 바알 신앙을 열렬히 따랐음을 암시한다.

또한 〈호세아〉 2장 18~19절을 보면 "그날이 오면, 너는 나를 주인이라 부르지 아니하고, 낭군이라고 부르리라. —야훼의 말씀이시다. 바알이란 말을 그의 입에서 씻어버려 다시는 그 이름을 부르지 못하게 하리라."라는 구절이 나온다. 이는 한때 유대인들이 그들의 신 야훼를 가나안의 신 바알과 동일시했음을 보여주는 내용으로 볼 수 있다.

〈호세아〉를 쓴 저자는 동족인 유대인들에게 '우리의 신 야훼는 결코 가나안의 신 바알과 같은 신이 아니다! 그러니 결코 바알을 섬기거나 바알을 야훼와 같은 신으로 보면 안 된다!'라고 간곡하게 호소하고 있는 것이다.

그래서 《구약성경》 〈열왕기상〉 18장 20~40절에서는 야훼의 예언자 엘리야가 가르멜산에서 바알의 예언자들을 불러 모아놓고 "야훼와 바알에게 기도를 하여 하늘에서 불을 내려 제물로 바친 황소를 태우는 쪽이야말로 진정한 신이다."라고 대결을 벌이는 장면이 묘사된다. 결과는 엘리야의 승리였고, 바알의 예언자들은 엘리야가 부른 백성들에 의해 무참히 죽임을 당했다. 이로써 엘리야를 적대하고 바알 신앙을 열렬히 숭배했던 이스라엘 국왕 아합의 왕비이자 페니키아의 공주인 이세벨은 훗날 장군 예후의 반란으로 죽임을 당하고, 그 시체가 개들한테 뜯어먹히는 끔찍한 최후를 맞았다.

하지만 바알 신앙 자체는 그 후로도 오랫동안 살아남았다. 페니키아인들이 북아프리카의 튀니지로 이주하여 세운 나라인 카르타고에서는 바알 신앙이 계속 굳건하게 자리 잡았다. 칸나에 전투에서 로마군을 쳐부수어 로마인들을 공포에 떨게 했던 카르타고의 장군 한니발은 그 이름이 '바알의 사랑을 받는 자'라는 뜻일 정도로 바알 숭배자였다. 이후 카르타고가 3차 포에니 전쟁에 패배하여 로마에 멸망당하는 기원전 146년까지 바알 신앙은 카르타고에 계속 남아 있었다.

바알 신앙의 본고장인 시리아에서도 바알 신앙은 존속했다. 로마 황제 아우렐리아누스와 대결을 벌였던 시리아 동부의 도시 팔미라에는 '바알 벡'이라는, 바알을 섬기는 거대한 신전이 있었다. 이 신전은 서기 270년 로마군의 공격으로 폐허가 되었는데, 그 이전까지 바알 신앙이 이어졌을 것으로 추정된다. 그러다가 서기 7세기, 호전적이고 엄격한 유일신 신앙인 이슬람교가 등장하여 중동을 지배하면서 비로소 바알 신앙은 사라지게 된다.

056 야훼에게 부인이 있었다?
— 아세라 여신!

《구약성경》〈예레미야〉44장 15~30절을 보면, 유대인들이 예언자 예레미야한테 다음과 같이 항의하고 예레미야가 그 말에 반박을 하는 내용이 나온다.

다른 신들에게 분향하는 여인들과 그것을 알고 있던 남편들, 이집트의 남북에 사는 모든 교포들이 예레미야에게 대답하였다.

'당신이 야훼의 이름으로 우리에게 한 말을 우리는 듣지 않겠소. 하늘의 여왕께 약속한 대로 분향(향을 피움)하고 제주(제사 때 신에게 올리는 술)를 바쳐야 하겠소. 우리는 조상들과 왕들과 고관들과 함께 유다의 성읍들과 예루살렘 거리거리에서 하던 대로 하겠소. 그때 우리는 아무런 재앙도 당하지 않고 배불리 먹으며 잘 지냈단 말이오.

그런데 하늘 여왕께 분향하고 제주 바치기를 그만두자, 우리는 모두 궁해지다가 마침내 칼에 맞아 죽고 굶어 죽게 되었소.

우리가 하늘의 여왕께 분향하고 제주를 바칠 때, 어찌 남편들 모르게 하였겠소? 여왕의 신상을 박아 제병(빵)을 굽거나 제주를 따라 바칠 때, 어찌 남편들 모르게 하였겠소?'

예레미야는 다시 온 백성, 그중에서도 여인들에게 말하였다.

'이집트에 사는 모든 유다인이여, 야훼의 말씀을 들으시오.

나 만군의 야훼가 이스라엘의 하느님으로서 말한다. 너희는 하늘 여
왕에게 분향하고 제주를 바치기로 서원했으니까 그대로 해야겠다면서
뜻을 굽히지 않고 그대로 하고 있다. 좋다, 하려거든 해보아라.

그러나 이집트에 사는 모든 유다인은 나 야훼의 말을 들어라. 이집트
에 사는 온 유다인은 칼에 맞아 죽고 굶어 죽어 멸절되리라.'

위의 내용을 요약하면 유대인들이 '하늘의 여왕'한테 향을 피우고 술과
빵을 바칠 때는 배불리 먹으며 잘 지냈는데 그 일을 그만두자 굶어 죽게 되
었다고 항의했고, 이에 예레미야는 이스라엘의 신 야훼의 이름을 빌려 '너
희가 계속 그렇게 했다가는 야훼의 분노를 사서 다 죽는다!'라고 경고하고
있는 것이다.

그렇다면 '하늘의 여왕'이란 누구일까? 혹시 성모 마리아를 떠올릴 사람
도 있을지 모르나, 〈예레미야〉가 작성된 시기는 기원전 628년이니 하늘의
여왕은 결코 성모 마리아가 될 수 없다.

〈예레미야〉에 언급된 하늘의 여왕은 가나안 신화의 여신 아세라(Asherah)
다. 아세라는 본래 바다의 여신이지만, 후대로 오면서 하늘의 여신 아스타
르테(Astarte)와 동일시되면서 하늘의 여신으로 불리기도 했다. 그래서 〈예
레미야〉에서 아세라를 하늘의 여왕이라고 부른 것이다.

또한 아세라는 가나안 신화의 최고신 엘의 아내였다. 그런데 엘은 세월
이 흐르면서 유대인들의 신 야훼와 동일시되었고, 이 때문에 아세라는 야
훼의 아내로 여겨지기도 했다. 실제로 기원전 8세기에 만들어진 것으로 추
정되는 비석이 이집트 시나이반도의 북부 사막에서 발견되었는데, 거기에
는 "사마리아의 야훼와 그의 아세라……"라는 글귀가 새겨져 있었다.

이를 두고 미국의 고고학자 윌리엄 데버(William Dever)는 그의 책 《하나님은 아내가 있었는가?(Did God Have a Wife?)》에서 고대 이스라엘 지역에서 발견된 많은 여신상은 아세라의 신상이었으며, 아세라는 야훼의 후궁 노릇을 했다고 주장한다. 그러니 〈예레미야〉에 나오는 저 유대인들은 아마 야훼와 아세라를 부부 신으로 함께 숭배하며 제사를 지냈을지도 모를 일이다.

한편 예레미야처럼 유대의 엄격한 보수주의자들은 아세라 숭배를 사악한 풍습으로 간주하여 자주 탄압했다. 《구약성경》 〈열왕기하〉 23장 4~6절을 보면, 유대 왕국의 요시아왕이 아세라를 섬기는 데 사용되던 모든 기구와 아세라 목상을 예루살렘 성 밖 키드론 벌판에서 불태웠다고 한다. 이때 아세라 목상을 야훼의 신전에서 들어냈다고 하는데, 이것은 아세라가 야훼와 같이 숭배를 받았음을 의미한다.

또한 〈열왕기하〉 23장 7절에 의하면, 요시아왕이 "야훼의 신전에 들어가 있던 남창들의 집을 허물어 버렸다. 그것들은 아세라 대신 음란을 피웠었다."라고 언급된다. 남창이란 글자 그대로 창녀처럼 매춘하는 남자들이다. 아세라는 풍요의 여신이기도 해서 아세라를 숭배하는 제사를 지낼 때 남창과 창녀들을 불러다가 집단 성관계를 벌이게 하여 풍요를 기원하는 풍습이 중동 서부 지역에 널리 퍼져 있었다. 유대 백성들도 그런 풍습에 빠져들었다가 요시아왕 같은 보수주의자들이 더 이상 그런 일을 벌이지 못하도록 철퇴를 내렸던 모양이다.

057 죽었다 살아난 죽음의 신
– 모트

고대 가나안 신화에서 모트(Mot)는 지하 세계와 죽음의 신이었다. 그는 가나안 신화의 바알(하늘과 비와 풍요의 신) 및 얌(바다와 혼돈의 신)과 함께 최고 신 엘(El)의 세 아들 중 하나였다.

모트는 그 이름 자체가 우가리트(Ugaritic) 언어로 '죽음'이라는 뜻이니, 곧 죽음이 인격화된 존재였다. 아울러 모트는 땅에 흉년을 불러일으켜서 농작물을 말라 죽게 하는 가뭄의 신이기도 했다. 그래서 모트는 하늘에 살면서 땅에 비를 내려 농작물을 잘 자라게 하는 풍요의 신 바알과 숙명적으로 사이가 나빠 대결을 벌일 수밖에 없는 관계였다.

우가리트 신화를 기록한 점토판을 살펴보면, 원래는 모트가 바알보다 힘이 더 강력했던 것으로 보인다. 바알이 얌과의 싸움에서 승리한 후, 다른 신들을 불러모아 연회를 베풀면서 한 말이 "이제부터는 더 이상 모트에게 공물을 바치지 않겠다."였다. 그 말은 곧 바알이 얌과 이기기 전까지는 모트에게 공물을 바쳤다는 뜻이니, 모트가 바알보다 우위였다는 의미가 된다.

그리고 바알은 모트에게 부하들을 보내 자신의 뜻을 알렸는데, 이에 모트는 크게 화를 내며 바알에게 경고를 보냈다. 그 정확한 내용은 알려져 있지 않으나, 점토판 내용을 앞뒤로 해석하건대 아마 이렇게 바알을 협박했을 것이다.

"바알이여, 너는 나의 형제이자 친구인 얌을 죽였다. 그 소식을 듣고 나는 무척이나 화가 났다. 나의 벗을 해쳤으니 곧 너는 나를 해친 것이나 다름없기 때문이다. 그러니 너를 향한 나의 분노를 두려워한다면, 지금 당장 나에게로 와서 용서를 빌고 자비를 구걸하라. 그렇지 않으면 너는 나의 힘이 얼마나 강한지 알게 될 것이다. 생명을 삼키는 나의 식욕은 광야의 사자들처럼 무섭도다."

모트의 협박을 전해 듣고 바알은 겁을 먹어 "모트여, 나는 영원히 당신을 주인으로 섬기는 노예가 되겠습니다."라고 말하면서 모트가 다스리는 지하 세계로 떠났다. 풍요를 다스리는 신 바알이 땅속으로 사라지자, 지상에는 강과 호수가 말라붙고 땅이 갈라지는 가뭄이 끝없이 계속되었다. 농작물은 모조리 말라죽고, 사람들은 굶주림에 지쳐 아무도 신들을 숭배하지 않았다. 그렇게 지상은 7년 동안 극심한 흉년에 시달렸다.

바알의 아버지이자 최고신인 엘은 아들이 죽었다고 여겨서 크게 슬퍼하여 눈물을 흘리며 울었다. 바알의 아내이면서 사랑과 전쟁의 여신인 아나트(Anat)는 남편을 찾아 세상을 이리저리 헤매다가 태양의 여신 샤파시(Shapash)의 도움으로 이미 죽은 바알을 발견하고는 그의 시체를 자폰(Zaphon)산으로 가져왔다. 자폰산은 바알의 성소이자 그가 다른 신들을 불러 모으던 곳이었다. 그리고 자폰산에서 아나트는 바알의 장례식을 치렀다.

그런 후에 아나트는 샤파시와 함께 바알의 복수를 하기 위해 모트를 찾아 나섰는데, 황야를 떠돌면서 의기양양하게 승리를 만끽하고 있던 모트를 발견했다. 아나트와 샤파시는 모트를 공격하여 그를 붙잡아 칼날로 몸을 쪼개고, 불에 태우고, 맷돌로 갈아버린 다음, 들판에 던져 새들로 하여

금 그 시체를 쪼아 먹도록 했다. 이렇게 해서 죽음의 신이라는 모트가 아이러니하게도 죽고 말았다.

한편 엘은 바알이 비록 죽었으나, 여전히 그의 생명력은 살아 있으니 그를 살려낼 수 있다는 메시지가 담긴 꿈을 꾸었다. 그리고 샤파시를 불러 지하 세계로 가서 바알의 생명력을 되찾아오라고 지시했다. (토판에는 없으나 아마 바알의 아내 아나트도 함께 갔을 것이다.) 샤파시는 지하 세계로 가서 이리저리 헤맨 끝에 바알의 생명력을 발견하여 이를 자폰산으로 데려왔고, 그러자 죽었던 바알이 살아났다.

그런데 바알이 살아나자 죽은 모트도 되살아났고, 두 신은 또다시 크게 싸움을 벌였으나 오랫동안 승부가 나지 않았다. 결국 둘의 싸움은 바알의 편을 든 샤파시의 중재로 끝났다. 모트는 자신의 책임을 인정하고 물러났으며, 바알은 예전처럼 주신의 권위를 회복했다.

한편 모트는 유대인들이 기록한 《구약성경》에도 그 흔적을 남겼는데, 《구약성경》 〈하박국〉 2장 5절을 보면 "목구멍은 죽음의 구렁처럼 삼켜도 삼켜도 성차지 않아 뭇 민족을 끌어들이고 만백성을 모아들였건만."이라는 구절이 나오는데, 여기서 언급된 '죽음의 구렁'이 바로 모트를 가리키는 말이다.

058 불레셋인들이 섬긴 농업의 신
— 다곤

다곤(Dagon)은 고대의 메소포타미아와 가나안 지역에서 숭배를 받았던 신이다. 그는 상반신이 사람이고 하반신은 물고기인 반인반어(半人半魚)의 모습을 지녔는데, 이 때문에 다곤을 바다의 신으로 보는 견해도 있다. 실제로 훗날 서아시아에 이주한 그리스인들은 다곤을 그들이 섬기는 바다의 신 포세이돈과 같은 신으로 보았다. 그러나 정작 가나안 지역에서 다곤은 다산과 농업의 신으로 여겨졌다.

다곤은 그 뿌리가 굉장히 오래된 신으로, 기원전 2500년 무렵 만들어진 아모리족(Amorite)의 점토판에 처음 이름이 나온다. 그리고 기원전 2300년 현재 시리아 북쪽의 도시 에블라(Ebla)에서 발견된 비문에서 다곤은 약 200위의 신으로 구성된 만신전의 우두머리로 묘사되었으며, '신들의 주인'이나 '땅의 주인' 혹은 '가나안의 주인' 등의 별명으로 불렸다. 당시 다곤의 아내는 벨라투(Belatu)라는 여신으로 기록되었는데, 자세한 역할은 알려져 있지 않다.

초기 수메르어로 만들어진 유물들에서도 언급되는 다곤은 후대로 가면 아시리아어나 바빌로니아어로 작성된 비문에서 전쟁을 좋아하는 강력한 수호신으로 묘사되는데, 때로는 수메르 신화에서 대기의 신 엔릴(Enlil)

과 같은 신으로 여겨졌다. 그런가 하면 다곤의 모습이 반인반어라는 점을 들어 그가 수메르와 바빌론의 신화에 등장하는 물고기 인간 오안네스(Oannes)와 연관이 있다는 주장도 있다.

수메르와 바빌론의 신화에서 다곤의 아내는 여신 샬라(Shala)인데, 샬라는 바람의 여신 닌릴(Ninlil)과 동일시되기도 한다. 그러나 다른 전승에 의하면, 다곤의 아내가 여신 이샤라(Ishara)라는 주장도 있다.

여하튼 메소포타미아 지역에서 다곤은 매우 중요한 신으로 숭배를 받았다. 〈함무라비 법전〉으로 유명한 함무라비왕은 법전에서 이르기를, "나는 창조주인 다곤의 도움을 받아 유프라테스의 정착지를 굴복시켰다."라고 말했다. 또한 기원전 1300년 무렵 우가리트에서 다곤은 엘(El)과 바알(Baal)에 이어 세 번째로 높은 신으로 추앙을 받았고, 그를 위한 커다란 신전이 지어졌다. 그리고 기원전 9세기 아시리아 국왕 아슈르나시르팔 2세(집권: 882~859년)는 다곤을 하늘의 신 아누에 다음가는 중요한 신으로 여기고 숭배했다. 아시리아의 서사시에서 다곤은 죽음의 신 네르갈(Nergal)과 함께 죽은 사람을 재판하는 판사로 묘사된다.

반면 《구약성경》에서 다곤은 줄곧 부정적인 모습으로 그려진다. 불레셋인들이 이스라엘의 보물인 언약궤(이스라엘의 신 야훼가 내린 십계명을 보관한 상자)를 빼앗아서 그들의 수호신 다곤의 신전에 옮겨다 놓자, 다음 날 다곤의 신상이 땅에 얼굴을 부딪친 채로 언약궤 앞에 쓰러져 있었다. 그래서 불레셋인들이 다시 다곤의 신상을 제자리에 세워놓았으나, 다음 날 아침에 찾아가자 또 다시 같은 모습으로 신상의 목과 두 손이 부러진 채 신전의 문지방에 굴러다니고 있었다는 것이다(《사무엘상》 5장 1~4절).

또한 이스라엘의 용사인 삼손이 불레셋인들에게 붙잡히자, 불레셋인들은 "우리의 신 다곤이 우리의 원수 삼손을 우리한테 넘겨주었다!"라고 기뻐하여 다곤을 숭배하는 큰 축제를 열어 찬양했다. 그리고는 두 눈이 뽑힌 채로 감옥에 갇힌 삼손을 끌어내어 이런저런 재주를 부리라고 괴롭히며 즐거워했는데, 이에 분노한 삼손은 다곤 신전을 지탱하고 있는 기둥에 손을 대고는 "야훼시여, 나의 눈을 멀게 한 불레셋인들에게 복수를 하도록 허락해주십시오! 저 불레셋인들과 함께 오늘 죽기를 원합니다!"라고 기도했고, 다곤 신전이 무너져 3000명의 불레셋인과 함께 깔려 죽었다고 한다(《사사기》 16장 23~30절).

기원전 147~146년 유대인들이 그리스 계통의 셀레우코스 왕조로부터 독립하려고 전쟁을 벌이고 있을 무렵, 유대인 저항군 지도자 요나단이 이끄는 군대가 셀레우코스 군대와 싸워 이겨 셀레우코스 군사들이 다곤 신전으로 도망치자, 요나단은 다곤 신전에 불을 질러 8000명을 태워죽였다(《마카베오상》 10장 81~85절). 다만 이 다곤 신전이 포세이돈 신전일 가능성도 있다.

다곤 신앙이 정확히 언제 사라졌는지는 알 수 없다. 서부 지중해를 지배하던 로마 제국이 392년 테오도시우스 1세의 명령으로 기독교를 국교로 삼으면서 점차 사라졌을 것으로 추정된다. 한 예로 지금의 팔레스타인 가자 지구에서는 하드리아누스 황제 시절에 '주인'이라는 뜻을 지닌 말나스(Marnas)라는 이름의 신을 숭배했다고 하는데, 이 말나스가 다곤의 그리스식 표현일 가능성이 크다. 말나스를 숭배하던 사원인 말네이온(Marneion)은 402년 로마인 기독교도들에 의해 불타버렸다. 그런 후에 말나스 사원을 포장했던 돌들은 기독교도들에 의해 해체되어 공공 시장을 만드는 데 사용되었다. 거의 2000년 넘게 지속되던 다곤 신앙은 그렇게 새로운 신앙의 공격을 받아 역사 속으로 사라졌다.

059 전 세계가 믿게 된 부족 신
– 야훼

오늘날 《구약성경》을 경전으로 삼는 종교인 유대교와 기독교와 이슬람교는 모두 유일신, 즉 하나의 신(神)을 섬기고 있다. 이 신의 이름은 야훼(YHWH)인데, 다른 신의 존재를 결코 인정하지 않으며 전지전능하고 영원불멸하다는 특징을 갖고 있다.

그러나 원래부터 야훼가 전지전능한 유일신은 아니었다. 본래 야훼는 이스라엘인들만이 섬기던 부족 신이었다. 《구약성경》 〈신명기〉 3장 24절을 보면, "나의 주 야훼여! 주님의 위력을 나타내신 것과 같은 일을 하늘이나 땅에 있는 어떤 신이 할 수 있겠습니까?"라는 표현이 나온다. 여기서 '어떤 신'이라는 구절은 〈신명기〉가 기록되었을 무렵, 이스라엘인들도 야훼 이외의 다른 신이 있다는 것을 인정했다는 뜻이다.

《구약성경》 〈출애굽기〉 5장 2절을 보면 이집트 국왕 파라오는 야훼의 이름으로 이집트에서 강제 노동을 하고 있는 이스라엘 백성을 내보내라는 모세의 말에 "나는 야훼가 누구인지 알지도 못한다."라고 빈정거렸다. 이집트 왕에게 야훼라는 신은 그 이름도 모를 만큼 존재감이 미미했던 것이다.

야훼는 이스라엘인들만의 부족 신이었기에, 이스라엘이 아닌 다른 부족들을 상대로는 굉장히 배타적이고 잔인했다. 《구약성경》 〈사무엘상〉 15장

3절을 보면 야훼가 보낸 예언자 사무엘이 이스라엘의 사울왕에게 "너는 당장에 가서 아말렉을 치고 그들의 재산을 사정 보지 말고 모조리 없애라. 남자와 여자, 아이와 젖먹이, 소떼와 양떼, 낙타와 나귀 할 것 없이 모조리 죽여야 한다."라고 야훼의 말을 전한다.

이러한 내용은 다른 곳에서도 반복되는데, 〈신명기〉에도 비슷한 구절이 있다.

"너희(이스라엘 백성들)보다 인구가 많고 강대한 헷족과 기르가스족과 아모리족과 가나안족과 브리스족과 히위족과 여부스족 이렇게 일곱 민족들을 너희는 전멸시켜야 한다. 그들과 계약을 맺지 말고 불쌍히 여기지도 마라. 그들과 혼인을 맺으면 안 된다. 그들의 아들을 사위로 삼거나 그들의 딸을 며느리로 맞으면 안 된다. 너희는 그들의 제단을 허물고 석상들을 부수고 아세라 목상을 찍어 버리고 우상들을 불살라라."

– 〈신명기〉 7장 1~5절

이러한 《구약성경》 내용은 물과 식량이 부족한 지역인 사막과 황야에서 살면서 주변 부족들을 상대로 치열한 생존 경쟁을 벌여야 했던 이스라엘인들의 각박했던 심리가 반영된 흔적이다.

그렇다면 원래 이스라엘의 부족 신이었던 야훼는 어떤 역할을 하는 신일까? 아마 '산(山)의 신(神)'이 적합한 대답일 듯하다. 〈창세기〉 22장 2절을 보면, 야훼가 아브라함에게 "사랑하는 네 외아들 이사악을 데리고 모리야 땅으로 가거라. 거기에서 내가 일러주는 산에 올라가, 그를 번제물로 나에게 바쳐라."라고 명령한다. 또한 〈출애굽기〉 3장 1절에서는 모세가 호렙산에 올라갔다가 야훼를 만나 '이스라엘 백성들을 이집트에서 데리고 오라.'라는 계시를 받았으며, 〈출애굽기〉 19장 16절에서는 야훼가 시나이산에 나타나서 모세한테 10계명을 주었다.

이런 야훼의 이미지는 기원전 6세기 무렵, 유대 왕국이 바빌론 왕국의 공격으로 멸망당하고 유대인들이 바빌론으로 끌려간 이른바 바빌론 유수 이후부터 바뀌기 시작한다. 그 이전까지는 오직 이스라엘인들만을 위한 부족 신이던 야훼가, 페르시아의 종교인 조로아스터교의 최고신 아후라 마즈다를 점차 닮아가면서 '이방인도 야훼를 믿으면 구원을 받을 수 있다.'는 식으로 변해갔다. 또한 기원전 4세기부터 유대 지방이 그리스 계통의 마케도니아 왕국과 셀레우코스 왕국에게 지배를 받으면서 그리스의 플라톤 철학이 유대에 들어왔다. 그리하여 야훼는 플라톤이 주장한 절대적 순수 개념인 이데아의 영향을 받아, 감정이 없고 완전무결하며 전지전능한 유일신으로 완전히 탈바꿈했다.

이런 야훼를 섬기는 유대교와 거기에서 갈라져 나온 기독교(서기 1세기) 및 이슬람교(서기 7세기)는 각각 유럽과 중동을 장악했다. 특히 기독교를 믿는 유럽인들이 근세에 들어와 세계 각지를 식민지로 만들면서 야훼 신앙은 그만큼 널리 퍼져나갔다. 고대 중동의 종교 중에서 가장 세력이 미약했던 야훼 신앙이 지금은 전 세계 30억 명의 사람이 믿는 거대한 종교로 성장한 일은 참으로 불가사의한 일이자 놀라운 기적이 아닐 수 없다.

060 구약성경에서 찾아보기 힘든 악마
– 사탄

유대교와 기독교의 경전인 성경에 등장하는 악마 사탄(Satan)은 두 종교를 믿지 않는 사람들도 그 이름을 알 만큼 악의 대명사로 매우 유명하다.

그러나 성경의 앞부분부터 사탄이 등장하는 것은 아니다. 《구약성경》 〈창세기〉에는 사탄이란 이름이 전혀 언급되지 않는다. 또한 〈창세기〉와 함께 모세 오경이라 불리는 〈출애굽기〉, 〈레위기〉, 〈민수기〉, 〈신명기〉는 물론 〈사사기〉나 〈열왕기〉에서도 사탄은 그 비슷한 이름조차 나오지 않는다.

〈창세기〉에는 인류에게 중요한 사건인 에덴동산으로부터의 추방이나 노아의 대홍수, 바벨탑 건설, 소돔과 고모라의 멸망 등이 다뤄지는데, 그런 사건들의 배후에 사탄이 있었다고 묘사되는 부분이 없다.

또한 〈출애굽기〉에서도 신이 선택한 백성인 이스라엘인들을 핍박하는 이집트 국왕 파라오나 이집트인들을 가리켜 사탄이 그들을 부린다는 언급이 나올 법한데, 전혀 그런 흔적조차 없다.

모세를 따라 이집트를 탈출한 이스라엘 백성이 가나안 땅으로 들어가는 과정에서 온갖 잡다한 이방인들과 전쟁을 벌이는데, 그들의 배후에 사탄이 있어서 이스라엘 백성과 맞서게 했다는 언급 역시 모세 오경에 전혀 나오지 않는다.

야훼 신앙이 이방 신앙과 치열한 대결을 벌이던 〈열왕기상〉이나 〈호세아〉에서도 야훼 신앙의 적은 가나안의 신 바알이었지, 사탄이 아니었다.

그렇다면 사탄의 이름은 언제 《구약성경》에 처음 언급될까? 《구약성경》 중간쯤에 〈욥기〉가 있는데, 여기에서야 비로소 사탄이라는 이름이 등장한다. 그런데 〈욥기〉의 사탄은 '야훼의 아들들', 즉 천사들 사이에 끼어 있었다고 한다. 즉 〈욥기〉에서 사탄은 야훼의 명령대로 움직이는 존재인 천사에 불과했던 것이다. 실제로 〈욥기〉의 사탄은 야훼가 명령하는 범위 안에서만 활동하다가, 중간 이후로는 그 이름이 완전히 사라져서 나타나지도 않는다.

도대체 《구약성경》에서 사탄은 왜 이렇게 존재감이 희박한 것일까? 이는 《구약성경》에 포함된 대부분의 문헌이 작성되던 시기에 사탄의 위상이 딱 그 정도밖에 안 되었기 때문이다. 그리고 〈창세기〉 등 모세 오경에 사탄이라는 이름이 나오지 않는 이유는, 그 문헌들을 작성하던 유대인들의 머릿속에 사탄은 그 개념조차 없었기 때문이라고 봐야 하지 않을까.

그러다가 《신약성경》으로 넘어오면 갑자기 사탄은 위상이 높아져 단순히 신의 천사가 아니라 신과 대적하는 수준으로 강해진다. 《신약성경》의 마지막 책 〈요한계시록〉에서 사탄은 7개의 머리와 10개의 뿔을 가지고 머리마다 왕관을 쓴 붉은색의 커다란 용으로 나타나는데, 자신의 꼬리로 하늘의 별들 중 3분의 1을 휩쓸어 땅으로 내던지고, 그의 하수인인 10개의 뿔과 7개의 머리를 가진 계시록의 짐승한테 권능을 주어서 전 세계를 지배하도록 만든다.

이 짐승과 함께 천사한테 붙잡힌 후에도 사탄은 1000년 후에 풀려나와서 바다의 모래알 같이 많은 군대를 모아 성도들의 진지와 신이 사랑하는 도성을 포위하다가 끝내 불과 유황의 바다에 던져져 영원히 고통을 받는 것으로 최후를 마친다.

〈욥기〉에서는 기껏해야 신이 시키는 대로만 움직이던 천사인 사탄이 왜 《신약성경》에서는 신과 대결하는 적으로 부상했을까? 이는 구약에서 신약으로 넘어오던 시기에 성경이 외부의 사상인 페르시아의 종교, 조로아스터교로부터 다분히 영향을 받았기 때문이다.

조로아스터교는 이 세상을 가리켜 선한 신 아후라 마즈다와 악한 신 앙그라 마이뉴의 전쟁터라고 가르치는데, 유대인들은 기원전 6세기 무렵 바빌론으로 끌려간, 이른바 바빌론 유수를 경험하면서 조로아스터교의 영향을 받았다. 그리하여 야훼는 아후라 마즈다의 영향을 받아 전능한 신이 되었고, 사탄도 세상의 절반인 악한 것들을 만든 악한 신 앙그라 마이뉴의 영향을 받아 야훼의 적이 되었다.

서기 4세기 말, 기독교가 유럽을 지배하던 로마 제국의 국교가 되면서 사탄은 신의 적이자 세상을 지배하는 절대악인 동시에 모든 악마들의 왕이라는 위치에 올라 지금처럼 악마의 대명사가 되기에 이르렀다.

다만 사탄이 야훼한테 반역을 일으켰다가 하늘에서 떨어진 타락 천사로 알려진 루시퍼(Lucifer)와 같은 존재인지에 관해서는 논란이 많다. 일단은 《신약성경》〈누가복음〉 10장 18절에서 예수가 "나는 사탄이 하늘에서 번갯불처럼 떨어지는 것을 보았다."라고 말한 내용과 〈요한계시록〉 12장 9절에서 "사탄은 부하들과 함께 땅으로 떨어졌다."라는 구절을 볼 때 사탄과 루시퍼가 같은 존재라는 의견이 지배적이긴 하다.

그러나 성경에는 루시퍼라는 이름 자체가 언급되지 않으며, 또한 루시퍼가 악마의 왕이라는 내용도 없다. 루시퍼에 관한 현대의 인식은 기독교가 정착된 중세 유럽의 민간 전설에서 비롯된 것이다.

061 '파리들의 주인'으로 불리는 마귀
– 베엘제불

기독교의 경전인 《신약성경》의 〈마태복음〉 12장 22~27절을 보면, 베엘제불이라는 이름의 악마가 언급된다. 그 내용은 대략 이렇다.

그때 사람들은 마귀가 들려 눈이 멀고 벙어리가 된 사람 하나를 예수께 데려왔다. 예수께서 그를 고쳐주시자 그는 말도 하고 보게도 되었다. 그러자 모든 군중이 깜짝 놀라며 '이 사람이 혹시 다윗의 자손이 아닐까?' 하고 수군거렸다.

그러나 바리사이파 사람들은 이 말을 듣고 '그는 마귀의 두목 베엘제불(Beelzebul)의 힘을 빌려 마귀를 쫓아내고 있는 것이다.' 하고 헐뜯었다.

예수께서 그들의 생각을 알아채시고 이렇게 말씀하셨다.

'어느 나라든지 갈라져서 서로 싸우면 망하고 어느 동네나 집안도 갈라져서 서로 싸우면 지탱하지 못한다. 그러므로 사탄이 사탄을 쫓아낸다면 그 나라는 이미 갈라진 것이다. 그래서야 그 나라가 어떻게 유지되겠느냐?

또 내가 너희의 말대로 베엘제불의 힘을 빌려 마귀를 쫓아낸다고 하면 너희네 사람들은 누구의 힘으로 마귀를 쫓아낸다는 말이냐? 그러니

바로 그 사람들이 너희의 말이 그르다는 것을 지적할 것이다.'

위의 성경 본문은 몇 가지 중요한 사실을 드러내고 있다. 〈마태복음〉이 기록되던 시기의 유대 사회에서는 이미 베엘제불을 가리켜 '마귀들의 두목'이라거나 마귀들에게도 나라 같은 조직체가 있다거나 하는 인식이 널리 퍼졌다는 점이다. 또 예수는 자신이 마귀를 쫓아내는 것을 본 바리새파의 모함에 마귀들끼리는 서로 싸우지 못한다고 반박하고 있다. 이는 유대인들이 마귀들은 모두 한통속이라는 인식을 지니고 있었음을 보여준다.

그렇다면 마귀의 두목이라는 베엘제불은 어디에서 유래했을까? 원래 베엘제불은 악마가 아니었다. 가나안의 신 바알(Baal)은 여러 별명으로 불렸는데, 그중 하나가 '하늘의 주인'이라는 뜻인 바알 제붑(Baal Zebub)이었다. 그런데 바알 신앙에 적개심을 가진 유대인들이 일부러 바알을 조롱하기 위해서 바알 제붑을 살짝 바꿔서 베엘제불(Beelzebul)이라고 불렀던 것이다. 베엘제불은 '파리들의 주인'이라는 뜻이다. 파리처럼 더럽고 해로운 마귀라거나 하찮은 벌레라는 다분히 모욕적인 뜻이 담긴 말이다.

성경에 언급된 베엘제불에 관련된 내용은 이 정도가 고작이다. 베엘제불은 오히려 중세 유럽의 민담이나 문학 작품에서 존재감이 두드러졌다.

저자와 연대를 알 수 없는 문헌인 〈솔로몬의 유언〉에 의하면, 베엘제불은 원래 하늘에 살던 천사였는데, 지상에 나타날 때는 귀신 들린 왕자의 모습을 선택한다. 이 문헌에서 베엘제불은 하늘에서 떨어진 천사가 악마가 되는, 루시퍼 같은 존재로 설정되어 있다. 베엘제불은 사람들에게 악마를 숭배하도록 하며, 세상에 폭군들이 나타나게 하여 파괴를 초래하고, 성직자들을 음란한 욕망에 불타오르게 하는 한편 도시에 살인과 질투를 퍼뜨리고 전쟁을 일으키는, 사악한 재앙의 악마라고 묘사되었다.

16세기 네덜란드의 의사이자 신비주의자인 요한 바이어(Johann Weyer)의 이야기에 따르면, 베엘제불은 지옥의 황제 루시퍼의 수석 부하이며 하늘을 날아다니는 재주를 지녔다. 17세기의 프랑스인 세바스티앵 미가엘리스(Sebastien Michaelis)는 3위의 타락한 천사 가운데 베엘제불이 첫 번째이며 루시퍼와 레비아탄이 그다음이라고 주장했다. 세바스티앵은 베엘제불이 오만한 죄를 저지른 대가로 천국에서 쫓겨났다고 한다.

독일 작가 페터 빈스펠트(Peter Binsfeld)에 따르면, 베엘제불은 탐식의 죄를 저질렀다. 파리들의 주인이라는 뜻처럼 음식에 지나치게 욕심 낸 대가로 지옥에 떨어졌다는 것이다.

1667년 영국 작가 존 밀턴이 출간한 서사시 《실낙원》에서 베엘제불은 모든 악마 중에서 사탄(루시퍼)에 다음가는 2인자로 등장한다. 원래 루시퍼와 함께 하늘에서 살던 천사였다가 루시퍼를 따라 신에게 반역을 일으키고 그 벌로 지옥으로 떨어진 베엘제불은 사탄과 함께 흩어진 타락 천사(악마)들을 모아서 다시 신에게 맞서 싸우는 전쟁을 선포할 만큼, 위엄이 넘치는 악역으로 묘사된다.

18세기 영국 작가 프랜시스 배럿(Francis Barrett)은 베엘제불을 거짓 신의 왕자라고 주장했다.

이 밖에도 중세와 근세를 거치면서 유럽의 악마학에서는 베엘제불이 그 이름처럼 커다란 파리의 모습으로 등장하는데, 이것이 베엘제불 하면 떠오르는 일반적인 이미지다. 때로는 두 장의 날개에 해골 그림이 그려지기도 한다.

062 새신랑 7명을 죽인 악마 − 아스모데우스

아스모데우스(Asmodeus, 아스모데오)는 《구약성경》〈토비트〉에 이름이 나오는 악마다. 〈토비트〉에 의하면, 아스모데우스는 메디아의 도시 엑바타나에 살고 있던 유대인 라구엘의 딸 사라에게 접근하여 그녀가 결혼할 때마다 신랑으로 맞은 남자를 부부 관계도 맺기 전에 모두 죽여버렸는데, 그 수가 무려 7명이나 되었다.

아스모데우스가 왜 사라의 남편 7명을 죽였는지는 〈토비트〉에 이유가 나와 있지 않아 알 수 없다. 개인적인 해석을 덧붙인다면, 사라가 남편과 행복하게 사는 것을 보고 싶지 않았던 악마의 질투 때문이 아닌가 한다.

이를 두고 아스모데우스가 사라를 남몰래 사랑했다고 해석하는 주장도 있으나, 인간이 고통스러워하는 모습을 보고 즐거워하는 것이 악마의 본성인 점을 감안한다면, 사라가 남편을 잃고 슬픔에 마음 아파하는 모습을 보며 기뻐하려고 일부러 남편 7명을 죽인 것으로 보는 편이 타당하다.

여하튼 아스모데우스로 인해 남편을 잇달아 잃은 사라는 자기 아버지의 여종으로부터 "당신 남편을 죽인 사람은 바로 당신 자신이오. 당신은 이미 일곱 번이나 결혼을 했지만 제대로 결혼 생활을 한 일은 한 번도 없습니다. 당신도 남편들을 따라 죽어버리시오."라고 비웃음을 받는 지경에까지 이르렀다. 악마의 저주로 남편들을 잃은 사라한테 위로는 못해줄망정 조롱한 걸 보면, 여종은 아마 사라가 나쁜 여자라서 악마의 저주를 받았다고 오해한 듯하다.

그렇게 놀림을 받은 사라는 너무나 슬퍼서 목을 매어 자살하려다가 그러면 자기 아버지가 주위로부터 놀림을 받아 자기처럼 죽게 될 거라는 생각이 들어서 그만두고, 신에게 도와달라고 기도했다. 이 기도를 신이 듣고는 천사 라파엘을 보내서 아스모데우스를 쫓아내고 사라한테 토비트의 아들 토비아를 새로운 남편으로 주려는 계획을 실행에 옮겼다(토비트는 참새의 똥이 눈에 들어가 눈이 먼 상태였다.).

토비트는 예전에 메디아의 라게스에 사는 가바엘에게 돈을 맡겨두었던 일이 떠올라서, 토비아한테 "믿을 만한 사람과 함께 가바엘을 찾아가서 내가 빌려준 돈을 찾아오너라." 하고 시켰다. 토비아는 밖으로 나가서 메디아로 가는 길을 잘 알 뿐만 아니라 자기와 함께 가줄 사람을 찾아보았다. 그러던 중 그는 신이 보낸 천사 라파엘을 만났다. 토비아가 라파엘에게, "당신은 어디서 오셨습니까?" 하고 묻자 라파엘은 "나는 당신의 동족 이스라엘 사람으로서 여기 일자리를 찾아서 왔습니다." 하고 대답했다. 토비아가 다시 "당신은 메디아로 가는 길을 잘 아십니까?" 하고 묻자, 라파엘은 "압니다. 거기 여러 번 가보았습니다."라고 대답했다.

이에 토비아는 라파엘을 아버지한테 데리고 가서 소개했고, 라파엘은 자신의 이름을 "아나니아의 아들 아자리아."라고 거짓으로 대고는 토비아와 함께 가바엘한테 가기로 했다.

둘은 길을 가다가 티그리스강 강가에서 하룻밤을 묵었는데, 토비아가 발을 씻으려고 강가에 내려갔을 때 큰 물고기 한 마리가 강물에서 뛰어올라 토비아의 발을 잘라 먹으려고 했다. 그러자 라파엘은 토비아한테 "그 물고기를 놓치지 말고 붙잡아라."라고 말했다. 토비아는 그 물고기를 붙잡아

묻으로 끌어올렸다. 라파엘은 토비아가 가지고 온 물고기의 배를 가르고 쓸개와 심장과 간을 꺼내서 잘 보관하라고 지시했다. 토비아가 "아자리아 형님, 무엇에 쓰려고 보관합니까?"라고 묻자, 라파엘은 이렇게 대답했다.

"저 물고기의 심장과 간은 악마를 퇴치하는 데 쓰는 것이다. 그리고 쓸개는, 그것을 흰막이 생긴 눈에 바르고 흰막에 닿도록 불어넣으면 시력이 회복된단다."

그들이 메디아 땅에 들어가 엑바타나에 머무르자, 라파엘은 사라가 당한 일을 토비아한테 알려주고 "아스모데우스라는 악마에 대해서는 아무 걱정 말고, 사라와 결혼하도록 하여라."라고 격려했다.

라구엘의 집에 들어간 토비아는 라구엘한테 자신이 온 사정을 설명했고, 그러자 라구엘은 크게 기뻐하며 그와 사라를 결혼시켜주었다. 토비아는 라파엘의 말대로 자루 속에서 물고기의 간과 심장을 꺼내 타오르는 향불 위에 올려놓았는데, 그 냄새를 맡자 아스모데우스는 질겁하여 먼 이집트까지 도망쳤으나, 그때 라파엘이 아스모데우스를 쫓아가서 손발을 묶고 꼼짝 못하게 붙잡았다.

그런 후 토비아는 라구엘의 재산 절반을 상속받고 아버지한테 돌아가서 물고기의 쓸개즙을 발라 시력을 회복시켜주었다. 그리고 라파엘은 자신의 정체가 천사임을 밝히고 사라졌으며, 모두 신을 찬양하며 〈토비트〉의 이야기가 끝난다.

물고기의 간과 심장이 타는 냄새를 맡고 도망치다가 천사한테 붙잡혔다니, 아스모데우스는 그리 힘이 강하지 못한 하찮은 악마였던 모양이다.

063 아이들을 인신공양 받는 잔인한 신
– 몰렉

《구약성경》 시대에 지금의 중동 요르단에는 암몬이라는 부족 집단이 살고 있었다. 〈창세기〉에 의하면 암몬족은 유대인들의 조상인 아브라함의 조카 롯이 그의 딸과 근친상간을 벌여 낳은 아들 벤암미의 자손이다. 유대 사회에서 근친상간은 죄악으로 간주되는 일이었고, 그런 만큼 암몬족도 《구약성경》에서 사악한 족속으로 취급받았다. 암몬족은 몰렉(Molech) 혹은 몰록(Moroch)이라는 신을 숭배했는데, 몰렉은 사람을 희생 제물로 받아먹는 잔인한 신이었다. 그 때문에 《구약성경》에서는 몰렉(몰록)에게 아이를 바치는 인신공양을 여러 차례 강도 높게 비판하고 있다.

먼저 《구약성경》 〈레위기〉 20장 1~5절을 보면, 이스라엘의 신 야훼가 모세한테 직접 이렇게 말한다.

"너는 이스라엘 백성에게 일러라. 이스라엘 가문에 속한 사람은 물론이요 이스라엘에 몸 붙여 사는 사람들까지도 자기 자식을 몰록에게 바친 자는 반드시 사형시켜야 한다. 그 지방 백성이 그를 돌로 쳐 죽여야 한다. 나도 그를 언짢게 여겨 겨레로부터 추방하리라. 그가 제 자식을 몰록에게 바쳐, 나의 성소를 더럽히고 나의 거룩한 이름을 욕되게 하였기 때문이다. 그 지방 백성이 몰록에게 제 자식을 바치는 사람을 눈감아주고 죽이지 않는다면, 나는 그 사람과 그 집안도 언짢게 여겨 그 사람뿐 아니라 그 뒤를 따라 몰록을 섬기며 음행하는 음탕한 자들을 모두 겨레로부터 추방하리라."

〈레위기〉에서 야훼는 몰록한테 사람을 죽여 제물로 바친 사람은 반드시 돌로 쳐 죽이거나 쫓아내야 한다고 밝히고 있다. 인신공양이 야훼의 이름을 모욕했기 때문이라는 것이다.

이런 야훼의 경고를 무시하고 몰록한테 제물을 바친 사람이 있다면, 그가 아무리 야훼의 총애를 받는 자이거나 권세가 막강한 왕이라고 해도 결코 무사하지 못했다. 《구약성경》 〈열왕기상〉 11장 7~13절을 보면, 모든 이스라엘 왕 중에서 야훼의 은총을 가장 많이 받았던 지혜로운 왕 솔로몬이 예루살렘 동쪽 산 위에 몰록의 사원을 짓고서, 암몬족 왕비들이 하자는 대로 몰록한테 제물을 바치자 야훼가 크게 화를 내어 솔로몬한테 직접 이렇게 말했다.

"너의 마음이 이러하고, 내가 너와 계약을 맺으면서 일러둔 법들을 지키지 않았으니 내가 반드시 이 나라를 너에게서 쪼개어 너의 신하에게 주리라. 그러나 너의 아비 다윗을 보아서 네 생전에는 그렇게 하지 않겠고 너의 아들의 대에 가서 이 나라를 쪼개리라. 그러나 이 나라를 쪼개어 다 내주지는 않고 한 지파만은 네 아들에게 주어, 내 종 다윗의 뒤를 이어 내가 지정한 예루살렘에서 다스리게 하리라."

결국 야훼의 말대로 솔로몬이 죽고 그의 아들 르호보암이 왕위에 오르자, 이스라엘은 유다 왕국과 이스라엘 왕국으로 분열되고 만다. 솔로몬이 몰록을 섬긴 대가로 야훼가 내린 천벌을 받고 말았던 것이다.

하지만 분열 이후에도 이스라엘인들은 여전히 몰록을 숭배하며 사람을 제물로 바쳤다. 그 방법은 《구약성경》 〈이사야〉 30장과 〈예레미야〉 32장 35절에 나와 있다. 장작을 쌓고 불을 지펴 사람을 불에 태워 몰록한테 바쳤다. 그 일을 하는 곳은 예루살렘 외곽의 벤힌놈 골짜기의 게헨나(Gehenna)라는 장소였다. 원래 이 게헨나는 몰록한테 인신공양을 하거나 쓰레기를 불태우는 소각장이었는데, 나중에 바빌론 유수 이후 이스라엘의 종교 개혁이 이루어지면서 몰록 숭배가 완전히 금지되고 몰록이 악마가 되자, 게헨나라는 이름 자체가 영원히 불에 타오르는 지옥의 이름으로 쓰이고 말았다.

몰록의 인신공양 풍습은 이스라엘의 이웃인 페니키아인들도 가졌는데, 훗날 북아프리카로 진출하여 이주 도시인 카르타고를 세우면서 그대로 이어갔다. 로마와 대적한 일로 유명한 카르타고인들은 사실 몰록 같이 잔인한 인신공양을 했던 것이다.

로마인들은 카르타고의 몰록 숭배에 관해 이렇게 묘사하고 있다. 몰록은 놋쇠로 만들어지며 두 팔을 크게 벌린 채로 인신공양을 기다리고 있는 소의 모습을 했는데, 몰록의 우상 안은 뜨거운 아궁이에서 지펴지는 불로 타오르고 있으며, 거기에 카르타고인들이 아이들을 집어던져 제물로 바친다. 뜨거운 불에 태워지는 아이들은 끔찍한 비명을 지르는데, 그 소리가 들리지 않도록 몰록의 숭배자들은 힘껏 북을 치고 나팔을 불어 비명 소리를 감춘다. 이렇듯 너무나 잔혹한 풍습이라 종교의 관용을 인정했던 로마인들도 몰록 숭배를 사악하다고 여겨 카르타고를 멸망시키면서 철저히 금지했다고 전해진다.

064 가장 음란하고 방탕한 악마
- 벨리알

　원래 벨리알(Belial)은 성경에서 '가치가 없는', '불평등', '쓸데없는', '파괴', '불법', '어둠' 같은 부정적인 개념을 모두 가리키는 단어로 사용되었다. 그러다가 시간이 흐르면서 인격을 가진 악마의 이름이 되었다.

　대표적인 예로 《구약성경》〈사무엘상〉 2장 12~17절에서 소개하는 엘리의 아들들이 있다.

　"엘리의 아들들은 망나니들로서 야훼를 몰라보고 사람을 대하는 사제의 규정도 무시하였다. 사제의 시종은, 누가 제사를 드릴 때 고기를 삶고 있으면 삼지창을 들고 다니며 가마솥이나 노구솥이나 뚝배기나 냄비 할 것 없이 닥치는 대로 휘저어서 삼지창에 꽂혀 나오는 것은 모두 가져갔다. 그들은 이스라엘 사람들이 실로에 와서 제사를 드릴 때마다 그렇게 하였다.

　사제의 시종은 그뿐 아니라 기름을 태워 바치기 전에도 제사를 드리는 사람들에게 와서 '사제님은 삶은 것은 받지 않으시고 날것만 받으시니, 사제님께 구워드릴 고기를 내놓아라.' 하고 생떼를 썼다. 그 사람이, 기름을 먼저 태워 바친 다음에 마음대로 가져가라고 해도 '그건 안 된다. 지금 내지 않으면 강제로 빼앗아 가겠다.' 하면서 을러메었다.

　이렇게 그들이 시종들을 시켜 저지른 잘못은 야훼께서 보시기에 너무나 심하였다. 그들은 야훼께 바치는 제물을 이처럼 모독하였던 것이다."

여기서 못된 짓을 일삼고 행패를 부린 엘리의 아들들을 가리켜 영어판 성경들은 "그들은 벨리알의 아들들이었다."로 번역했다(혹은 엘리의 아들들을 가리켜 쓸모없는 사람들이었다고 번역한 영어 성경도 있다.). 이처럼 《구약성경》 시대에 벨리알이란 말은 사악함을 뜻하는 포괄적인 용어로 쓰였다.

그런데 1948년 이스라엘과 요르단의 국경 지대에 있는 사해 인근의 쿰란(Qumran) 고원에서 발견된 〈사해 문서〉에서는 벨리알이라는 개념을 다르게 접근한다. 〈사해 문서〉에 의하면 세상은 빛의 아들들과 어둠의 아들들이 벌이는 전쟁터인데, 벨리알은 어둠의 아들들의 지도자이다. 여기서 언급된 빛의 아들들은 신(야훼)을 섬기고 그의 뜻을 따르는 사람들이며, 그에 반대되는 어둠의 아들들은 신의 적인 악마, 즉 벨리알을 섬기는 사악한 사람들과 마귀들을 가리킨다. 다시 말해서 〈사해 문서〉가 작성된 시기에 벨리알은 그저 단순한 악의 추상적인 개념이 아니라 실제로 인격화된 악마의 이름으로 사용되었던 것이다.

또한 〈사해 문서〉에서는 벨리알을 악마와 어둠의 왕으로 묘사하며, 세상의 종말이 오면 벨리알이 "예언자 이사야가 신의 계시를 전한 것처럼 풀려나서 이스라엘을 핍박할 것이다."라고 언급되어 있다. 그리고 벨리알은 신을 대신하여 형벌을 집행하다가 급기야 그에 대해 반역을 일으키는 사악한 존재로 그려진다. (이런 묘사는 《구약성경》〈욥기〉와 《신약성경》〈요한계시록〉에 등장하는 사탄의 이미지와 부합한다.)

그런가 하면 엄격한 유대교 보수주의자들은 할례(포경 수술)를 받지 않은 이방인들을 "벨리알의 아들들"이라고 부르기도 했다.

한편 유대교의 전승을 기록한 문서인 〈12족장의 유훈〉을 보면, 벨리알은 신이 창조한 존재가 아니라 신과 대등한 존재라고 주장한다. 다만 벨리알이 어떻게 해서 세상에 그 모습을 드러냈는지는 언급하고 있지 않다. 〈12족장의 유훈〉에서는 간음이 사람을 신과 떨어뜨리고 그를 벨리알 가까이로 데려간다고 말하며, 옛날 이스라엘인들이 이집트를 떠나 가나안 땅으로 들어갔을 때에 뒤에 남은 이집트인들은 벨리알과 함께 어둠 속에 머물렀다고 주장한다.

한편 《신약성경》〈고린도후서〉 6장 15절에 사도 바울은 "그리스도가 어떻게 벨리아르와 마음을 합할 수 있는가?"라고 물었다. 여기서도 벨리알은 추상적인 악이 아니라, 실제로 인격화된 악마의 이름으로 사용되고 있다.

기독교가 널리 퍼져 국교나 다름없었던 중세 유럽 이후로 벨리알은 주로 음탕한 색욕을 부추기는 악마로 인식되었다. 대표적인 예로 1667년 영국 작가 존 밀턴이 출간한 서사시 《실낙원》에서 벨리알은 사탄을 따라 신에게 반역했다가 천국에서 지옥으로 떨어진 타락한 천사(악마)들 중에서 가장 음란하고 방탕한 존재로 등장한다.

또한 밀턴이 《실낙원》을 발표한 뒤 4년이 지나 1671년에 발표한 서사시인 《복락원》에서 벨리알은 사탄한테 "예수의 앞에 아름다운 여인들을 한 무더기로 가져다 놓으십시오. 그러면 그자도 유혹에 빠져 죄를 짓고 말 것입니다."라고 사악한 조언을 하는 참모 역할을 맡았다. 다만 사탄은 그런 벨리알더러 "예수는 신의 아들이기 때문에 하찮은 성욕 따위로는 도저히 유혹할 수가 없다."라고 면박을 주면서 거절한다.

065 아담의 첫 아내는 하와가 아니다 - 릴리트

《구약성경》에서 최초의 인간이자 남자인 아담은 신이 만들어준 여자 하와를 아내로 삼았다고 알려졌다. 그러나 유대인들의 전승에 의하면, 하와 이전에 신이 이미 릴리트(Lilith)라는 여자를 만들어 아담에게 아내로 삼게 했으나, 릴리트는 고집이 센 데다 죄까지 저질렀으며 아담한테서 벗어나 먼 사막으로 도망쳐 악마들과 몸을 섞어 사악한 마귀들을 낳았다.

릴리트 이야기의 뿌리는 사실 성경이 아닌, 고대 수메르 신화에 있다. 수메르 신화에서 우루크의 왕이자 영웅인 길가메시가 죽은 친구인 엔키두를 찾아서 저승으로 간 내용을 다룬 부분에서 "10년이 흘러 나무가 컸는데, 그 나무의 기둥에 젊은 여자 허깨비(귀신)가 집을 지었다."라는 대목이 나온다. 여기서 나온 '젊은 여자 허깨비'의 원래 발음은 릴리투(Lilitu)인데, 릴리트와 발음이 거의 같다. 이처럼 원래 릴리트는 사람이 아니라, 젊은 여자의 모습을 한 허깨비나 귀신을 가리키는 말이었다.

수메르 신화에서 만들어진 릴리트는 시간이 흘러 《구약성경》에도 그 흔적이 남았는데, 〈이사야〉 34장 14절을 보면 "들귀신과 물귀신이 만나는 곳, 털이 북슬북슬한 염소귀신이 제 또래를 부르고 도깨비가 안식처를 찾아 서성거리는 곳이 되리라."라는 구절이 나온다. 여기서 언급된 '도깨비'

가 바로 릴리트다.

혹은 일설에 의하면 《구약성경》〈잠언〉 2장 16~19절의 내용도 릴리트에 관해 묘사한 부분이다.

"그제야 너는 탕녀의 유혹에서 벗어나고 남의 계집이 꾀는 말에 넘어가지 않는다. 그런 여자는 하느님 앞에서 맺은 약조를 잊고 젊은 시절에 맺은 정을 저버린 몸이다. 그런 여자가 가는 뒷골목은 죽음에 이르는 길이니, 따라가다가는 죽음의 그늘진 곳으로 내려가게 된다. 그런 여자한테로 가면 돌아오지 못하고 다시는 살아날 길이 없다."

여기서 언급된 '탕녀'의 이미지는 훗날 《신약성경》의 마지막 책인 〈요한계시록〉에 등장하는 사악한 '대탕녀 바빌론'과 연결된다.

그러다가 서기 3~5세기에 작성된 유대인들의 전승 모음집 〈바빌론 탈무드〉에서 릴리트의 이미지는 한층 더 복잡해진다. 여기서 등장하는 릴리트는 남자를 유혹하는 정욕의 화신이자, 밤이 되면 어둠 속에서 갓 태어난 신생아를 훔쳐다가 목을 졸라 죽이는 마녀로 묘사된다. 이는 고대 수메르와 바빌론의 여자 흡혈귀 라마슈투에서 다분히 영향을 받은 흔적이다.

또한 서기 7~10세기에 걸쳐 만들어진 유대인들의 민간전승을 모은 〈시라크(Sirach)〉에서 릴리트는 그 성격이 더욱 다양해진다. 시라크에서 릴리트는 신이 아담처럼 진흙으로 빚어서 만든 최초의 여자 인간이자 그녀보다 앞서서 신이 만든 최초의 남자 인간 아담의 첫 번째 아내로 등장한다. 릴리트는 아담과 성관계를 가질 때, 언제나 자신이 위에 올라타고 싶었지만 아담이 그녀의 뜻을 무시하자 이에 불만을 품고 있다가 어느 날 화가 나서는 아담과 그가 있는 에덴동산에서 떠나 홍해로 달아나버렸다.

신은 천사들을 보내서 아담한테 돌아오라고 릴리트를 설득했지만, 그녀는 끝끝내 신의 경고를 무시했다. 그 일이 있고서 홍해 근처에서 홀로 살아가던 릴리트는 타락한 천사들의 우두머리인 사마엘(Samael)과 만나 그와 부부가 되었다고 전해진다.

　그런데 유대교나 중세 유럽의 민간 전설에서 사마엘은 곧 신의 적인 사탄과 동일시되기도 했다. 여기서 릴리트가 사탄의 아내가 되었다는 전승이 생겨난 듯하다. 그런 이유로 릴리트는 중세 유럽이나 유대인들로부터 수없이 많은 마귀를 낳은 악마들의 어머니로 여겨졌다. 그리고 릴리트가 낳은 여자 마귀들인 릴림(lilim)들로부터 사람을 지켜준다는 부적도 만들어졌다.

　릴리트가 부부 관계에서 상위 체위를 고집했다가 그것이 문제가 되어 타락했다는 전설은 곧 여성을 억압했던 유대인들의 남존여비 사고방식에서 비롯된 일종의 우화라고 할 수 있다. 실제로 고대의 유대인들은 사람의 수를 셀 때 여자는 아예 넣지도 않았다. 유대 사회에서 여자는 기본적으로 사람이 아니라 가축과 똑같은 취급을 받았기 때문이다.

066 이스라엘 민족의 수호천사
─ 미가엘

유대교와 기독교와 이슬람교는 모두 《구약성경》을 경전으로 삼는다. 《구약성경》에 등장하는 수많은 천사 중에서 이름이 알려진 자는 극히 일부인데, 그중에서도 가장 이름이 널리 알려진 천사가 바로 미가엘(Michael)이다.

미가엘은 '누가 신과 같은 자인가?'라는 뜻인데, 그 이름처럼 신을 섬기는 모든 천사 중에서 가장 신과 가까운 위치에 있다고 할 수 있다. 철저한 유일신 신앙의 경전인 《구약성경》에서도 미가엘만큼은 굉장히 비중 있게, 또 여러 차례 다루고 있다. 《구약성경》〈다니엘〉을 보면, 미가엘은 이스라엘 민족의 수호천사로 등장하기도 한다.

〈다니엘〉 10장에서 예언자 다니엘은 3주 동안 맛있는 음식이나 고기, 포도주를 먹지 않고, 머리에 기름을 바르지 않은 채 고행을 하다가 티그리스 강 강가에서 문득 환상을 보았다고 언급된다. 한 사람이 모시옷을 입고 순금띠를 두르고 있었는데, 몸은 감람석(녹색 광물질) 같았고 얼굴은 번갯불처럼 빛났다. 또한 눈은 등불 같았고 팔다리는 놋쇠처럼 윤이 났으며 음성은 뭇 사람이 아우성치는 것 같았다.

같이 있던 사람들은 그 모습을 쳐다보지도 못하고 겁이 나서 달아나 숨었지만, 다니엘은 그 모습을 계속 바라보고 있다가 그 사람의 목소리를 듣고는 그만 정신을 잃고 땅에 쓰러졌다. 그러다 누군가 흔들어 깨우기에 손으로 땅을 짚으며 무릎을 꿇고 일어나 앉으니, 바로 그 사람이 다니엘한테 이렇게 말을 걸었다.

"다니엘아, 두려워 마라. 네가 알고 싶은 일이 있어서 네 하느님 앞에서 고행을 시작하던 그 첫날 하느님께서는 이미 네 기도를 들으시고 대답을 내리셨다. 그 대답을 가지고 내가 너를 찾아온 것이다.

이리로 오는 길에 나는 페르시아 호국신(나라를 지키는 수호신)에게 길이 막혀 21일이나 지체해 있었다. 마침 일곱 수호신(수호천사) 가운데 한 분인 미가엘이 도우러 왔기에 나는 그를 거기 남겨두어 페르시아 호국신과 겨루게 하고는 너의 겨레(이스라엘인들)가 훗날에 당할 일을 일러주려고 왔다. 또 그때 일을 환상으로 보여줄 것도 있다.

나는 이제 곧 페르시아의 호국신과 싸워야 한다. 그리고 돌아서면 그리스 호국신이 달려들 것이다. 나는 반드시 이루어질 일을 기록한 책에 있는 것을 너에게 일러준다. 그들과 대항하는데 지금은 너희의 수호신 미가엘 외에 나를 도울 이가 없다. 그만은 나에게 힘이 되어 나를 도와줄 것이다."

그러면서 그는 다니엘한테 미래의 일을 예언해준다. 다니엘이 지금 살고 있는 페르시아 제국(아케메네스 왕조)은 앞으로 그리스의 알렉산더 대왕한테 멸망당하지만, 알렉산더 대왕은 젊은 나이에 죽어 그의 나라는 4개로 나눠지는데, 그 나라 중에서 셀레우코스 왕조의 잔인한 폭군(안티오코스 4세)은 스스로를 신이라 부르고, 유대교인들한테 신(야훼) 대신 자신을 숭배하라고 강요하며, 유대교의 율법을 파괴하려고 하는 등 온갖 횡포를 부린다. 그러다가 마지막 때에 가서 셀레우코스 왕조는 남쪽 나라인 이집트의 프톨레마이오스 왕조와 대전쟁을 치르는데, 그때에 가서 신의 뜻을 받아 대천사 미가엘이 이스라엘인들을 지켜주기 위해 나선다.

이것이 《구약성경》에서 묘사된 미가엘의 진면목이다. 그는 야훼가 선택한 민족인 이스라엘을 지켜주며, 페르시아나 그리스의 수호신과 싸울 만큼 강력하다. 성경 어디에서도 이렇게 강대한 위상을 가진 천사의 이름은 나오지 않는다.

《신약성경》에서도 미가엘은 등장한다. 〈유다서〉 1장 9절에서 미가엘은 모세의 시체를 차지하려고 악마(사탄?)와 다투며 논쟁할 때에 차마 악마를 모욕적인 언사로 단죄하지는 않고 다만 "주님께서 너를 꾸짖으실 것이다." 하고 점잖게 말했다고 한다.

그리고 《신약성경》의 마지막 부분인 〈요한계시록〉 12장 7~9절에서 미가엘은 자신의 부하 천사들을 거느리고 신의 적인 사탄(붉은 용)과 하늘에서 맞선다. 사탄 역시 자신의 부하들을 거느리고 미가엘의 천사 군단과 싸웠지만 결국 패배하여 부하들과 함께 땅으로 떨어진다.

서기 4세기부터 기독교가 로마 제국의 승인을 받고 유럽에 퍼지자, 그와 함께 미가엘의 이름도 널리 전파되었다. 영어의 마이클, 프랑스어의 미셸, 독일어의 미하엘, 스페인어의 미구엘, 러시아어의 미하일은 모두 미가엘에서 유래한 이름이다.

067 신의 결정을 알려주는 메신저
– 가브리엘

　미가엘에 이어 성경에서 두 번째로 이름이 자주 언급되는 천사가 가브리엘(Gabriel)이다. 그의 이름은 '신은 나의 힘이다'라는 뜻이며, 미가엘이 주로 악과의 싸움을 담당한다면 가브리엘은 사람들 앞에 나타나 신의 계시를 전하는 업무를 맡고 있다. 그중 가장 유명한 것이 마리아를 찾아와서 예수의 탄생을 알린 일이다.

　《신약성경》〈누가복음〉에 의하면, 헤롯왕(기원전 73~4년)이 유대를 다스리고 있을 무렵 유대인 성직자 즈가리야의 아내 엘리사벳이 아이가 없어서 고민하고 있었는데, 어느 날 즈가리야가 성소 안에 들어가 분향을 하자 가브리엘이 나타났다. 천사를 본 즈가리야는 무척 당황하고 두려웠는데, 가브리엘은 이렇게 말했다.

　"두려워하지 마라, 즈가리야. 하느님께서 네 간구를 들어주셨다. 네 아내 엘리사벳이 아들을 낳을 터이니 아기의 이름을 요한이라 하여라. 너도 기뻐하고 즐거워할 터이지만, 많은 사람이 또한 그의 탄생을 기뻐할 것이다. 그는 주님 보시기에 훌륭한 인물이 되겠기 때문이다. 그는 어머니 태중에서부터 성령을 가득히 받을 것이며 많은 이스라엘 백성을 그들의 주 하느님의 품으로 다시 데려올 것이다."

이 말을 들은 즈가리야가 "저는 늙은이입니다. 제 아내도 나이가 많습니다. 무엇을 보고 그런 일을 믿으라는 말씀입니까?" 하고 말하자 가브리엘은 "나는 하느님을 모시는 시종 가브리엘이다. 이 기쁜 소식을 전하라는 분부를 받들고 너에게 와 일러주었는데, 때가 오면 이루어질 내 말을 믿지 않았으니 이 일이 이루어지는 날까지 너는 벙어리가 되어 말을 못하게 될 것이다."라는 말을 남겼다. 즈가리야가 성소에서 나오자, 그는 가브리엘이 말한 대로 벙어리가 되어 말을 하지 못하고 손짓으로 시늉만 할 뿐이었다. 그 뒤에 그의 아내 엘리사벳은 가브리엘이 예언한 대로 정말로 임신을 하게 되었다.

엘리사벳이 아기를 가진 지 여섯 달이 되었을 때에 신이 가브리엘을 갈릴래아 지방 나자렛으로 보내서 요셉과 약혼한 처녀인 마리아를 찾아가게 했다. 가브리엘은 마리아의 집으로 들어가, "은총을 가득히 받은 이여, 기뻐하여라. 주께서 너와 함께 계신다." 하고 인사했다. 그러자 마리아는 몹시 당황하며 도대체 그 인사말이 무슨 뜻일까 하고 곰곰이 생각했다.

이에 가브리엘은 "두려워하지 마라, 마리아. 너는 하느님의 은총을 받았다. 이제 아기를 가져 아들을 낳을 터이니 이름을 예수라 하여라. 그 아기는 위대한 분이 되어 지극히 높으신 하느님의 아들이라 불릴 것이다. 주 하느님께서 그에게 조상 다윗의 왕위를 주시어 야곱의 후손을 영원히 다스리는 왕이 되겠고 그의 나라는 끝이 없을 것이다." 하고 일러주었다.

그 말을 듣고 마리아가 "나는 처녀인데, 어떻게 그런 일이 있을 수 있겠습니까?"라고 묻자, 가브리엘은 "성령이 너에게 내려오시고 지극히 높으신 분의 힘이 감싸주실 것이다. 네 친척 엘리사벳은 늙은 나이에도 아기를 가진 지가 벌써 여섯 달이나 되었다. 하느님께서 하시는 일은 안 되는 것이 없다."라고 알려주고는 떠났다. 그리고 가브리엘의 말대로 마리아는 처녀의 몸으로 임신하여 예수를 낳았다.

성경의 정경에서 설명하는 가브리엘의 모습은 이렇게 신의 결정을 인간에게 알려주는 메신저에서 그친다. 반면 외경인 〈에녹서〉에서는 다소 색다른 모습으로 등장하는데, 〈에녹서〉를 보면 신이 가브리엘한테 "아비 없는 아이나 불의한 아이, 간통하여 낳은 아이를 노려서 간통하여 낳은 아이와 쫓겨난 천사가 낳은 아이를 인간 가운데에서 없애 버려라. 그자들을 끌어내어 서로 싸움을 벌이게 하면 서로 죽이며 자멸할 것이다."라고 무서운 명령을 내리는 장면이 나온다.

또한 〈에녹서〉에서 가브리엘은 거룩한 천사의 하나로 에덴동산을 감시하는 역할을 맡았는데, 쇠로 만든 각종 고문 도구와 사슬을 준비하여 불이 타오르는 깊은 골짜기에 지상의 왕들과 권력자들을 붙잡아 와서는 던져버리고 영원한 지옥의 고통을 안겨주는 간수로도 등장한다.

한편 가브리엘은 이슬람교에서도 중요한 천사로 언급된다. 이슬람교의 창시자인 예언자 무함마드는 동굴 속에서 명상할 때에 홀연히 나타난 가브리엘로부터 "진정한 신은 오직 알라 한 분뿐이니, 그만을 믿고 섬겨라."라고 계시를 주었고, 이에 무함마드가 복종한다는 뜻인 '이슬람'이라고 한 말에서 이슬람교의 이름이 나왔다고 한다. 아울러 이슬람교에서는 가브리엘이 모든 천사 중에서 가장 위치가 높으며, 그가 바로 성령(聖靈)이라고 가르친다.

068 유대교 전승에 나오는 천사들

현재 성경 정경에 포함된 문헌들에서는 미가엘이나 가브리엘 같은 몇몇 천사를 제외하면 천사들의 이름이나 역할을 제대로 소개해주지 않는다. 그래서 천사들에 대해서 좀 더 자세히 알려면, 〈에녹서〉 같은 외경들이나 유대교의 전승들을 살펴보아야 한다.

우리엘(Uriel)은 성경 외경인 〈베드로계시록〉에 그 이름이 나오는데, 종말이 오면 우상(기독교가 아닌 다른 종교의 신들)을 숭배했던 사람을 모두 재판장으로 끌고 가서 심판을 받게 하는 임무를 맡고 있다. 아울러 살아생전에 죄악을 저지른 사람들을 영원히 타오르는 불의 강 속에 던져넣어 그들에게 끊이지 않는 고통을 주는 간수 역할도 담당한다. 또한 성경의 다른 외경인 〈에녹서〉에서 우리엘은 태양과 달과 별같이 하늘에 떠 있는 모든 빛나는 물체를 관리하면서, 세계와 저승을 지키는 임무도 맡고 있다.

메타트론(Metatron)은 성경의 외경 〈에녹서〉나 《탈무드》 같은 유대인들의 문헌에서 가장 높은 천사이자 '천국의 서기관'으로 언급된다. 유대교의 신비주의 전승인 〈카발라(kabbalah)〉에서 메타트론은 최초의 인류 아담의 후손으로 나오는 에녹이 천사로 변신한 후에 받은 이름이라고 한다. 이 증거로 〈카발라〉에서는 《구약성경》 〈창세기〉 5장 24절을 드는데, "에녹은 하느님과 함께 살다가 사라졌다. 하느님께서 데려가신 것이다."라고 한다. 에녹이 천국으로 올라가서 메타트론이 되었다는 것이다.

유대인들의 전승에서 메타트론은 '작은 YHWH'라고도 불리는데, 여기서 YHWH란 유대교의 신 야훼의 이름을 뜻하는 철자다. 그러니까 메타트론은 작은 신, 곧 신의 대리자라는 뜻이다.

라구엘(Raguel)도 〈에녹서〉에 그 이름이 나오는데, '빛의 세계에 복수한다'는 이상한 목적을 띠고 있다. 또한 그는 천국을 여행하는 에녹을 안내해주는 역할도 맡았다.

라지엘(Rasiel)은 유대교의 신비주의 문헌인 〈카발라〉에 그 이름이 나오는데, 세계의 모든 지식을 책으로 남겼고 그 지식 중 일부가 〈에녹서〉에 담겼다고 한다.

아자젤(Azazel)은 〈에녹서〉에 등장하는 타락 천사로 원래는 인간들을 감독하는 역할을 맡아 다른 천사들과 함께 지상으로 파견되었으나, 인간 여자들의 아름다움에 빠져 그녀들과 결혼하고, 인간들한테 금속을 가공하여 칼과 방패와 갑옷을 만드는 방법을 가르쳐주었다.

그 밖에 성경에는 없으나, 천사들의 계급에 관한 기독교의 전승을 소개한다.

치천사 세라핌(Seraphim)은 모든 천사 중에서 가장 높은 계급이다.《구약성경》〈이사야〉 6장 2~3절을 보면, 세라핌들은 6개의 날개가 달렸는데, 2장의 날개로는 얼굴을 가리고 다른 2장으로는 발을 가리고 나머지 2장의 날개로 하늘을 날아다니면서 "거룩하시다, 거룩하시다, 거룩하시다. 만군의 야훼, 그의 영광이 온 땅에 가득하시다."라고 서로 외치는 모습으로 그려졌다.

지천사 케루빔(Cherubim)은 세라핌 다음가는 제2계급의 천사들로, 아담과 하와가 에덴동산에서 쫓겨나자, 불타는 칼을 들고 에덴동산을 지켰다.

좌천사 트로니(Throni)는 제3계급의 천사들로 에메랄드빛이 나면서 불타는 것 같은 수많은 눈이 달린 수레바퀴로 묘사된다.

주천사 도미니온스(Dominions)는 제4계급의 천사들로 신의 지배와 권능을 상징한다.

역천사 비르투스(Virtus)는 제5계급의 천사들로 힘과 용기를 다스린다.

능천사 포테스타테스(Potestates)는 제6계급의 천사들로 주로 타락한 천사, 즉 악마들과의 전쟁에 투입되는 군인들이다.

권천사 프린치파투스(Principatus)는 제7계급의 천사들로 기독교 신앙의 수호 임무를 맡는다.

대천사 아르칸젤루스(Archangelus)는 제8계급의 천사들로 신의 뜻을 받들어 세상의 종말을 알리는 7개의 나팔을 차례대로 부는 역할을 담당한다.

천사 안젤루스(Angelus)는 제9계급의 천사들로 지상에 내려와 인간들을 감독하고 그들을 옳은 길로 인도하는 역할을 담당한다.

069 고대 아랍의 신들
– 후발과 여신들

서기 630년, 예언자 무함마드가 아랍 사회를 통일하여 이슬람교를 유일한 신앙으로 선포하기 전까지 아라비아반도의 아랍인들은 수많은 신을 섬겼다. 이 신들에 관한 내용은 히샴 이븐 알-칼비(Hisham Ibn Al-Kalbi, 737~819년)라는 아랍인 학자가 쓴 《우상의 책(Kitab al-Asnam)》에 언급된다. 고대 아랍인들이 숭배한 신들을 살펴보자.

《우상의 책》에 의하면, 고대 아랍의 신들 중에서 최고의 신은 후발(Hubal)이었다. 후발 신상은 붉은색 마노로 만들어졌으며 황금으로 만든 두 손을 달아놓았다. 오늘날 이슬람교의 성지인 메카의 카바 신전에 후발 신상이 모셔져 있었다. 아랍인들은 그를 숭배할 때마다 100마리의 낙타를 제물로 바쳤으며, 이슬람교를 창시한 예언자 무함마드의 할아버지 압둘 무탈립은 자신의 열 자녀 중 한 명을 후발을 위해 희생할 것을 맹세했다. 후발의 기원은 우가리트 신화에서 비와 풍요의 신인 '바알'이 아랍으로 전해진 것이라고 추정된다. 후발은 하늘에서 비를 내려 대지를 풍요롭게 하는 신이었으며, 전사들을 수호하는 신으로도 숭배를 받았다.

고대 아랍인들은 여신들도 믿었는데, 중요하게 여긴 여신들은 알 라트(Al-Lat)와 알 우자(Al-Uzza), 알 마나트(Al-Manat)였다.

알 라트는 메카와 타이프 지역의 주민들이 믿었고, 후발처럼 메카의 카바 신전 안에 알 라트를 상징하는 네모난 바위 신상이 있었다. 이슬람교의 경전인 《코란》에는 알 라트가 알 마나트와 알 우자와 함께 알라의 딸로 언급된다. 알 라트는 바빌론 신화에서 지하 세계의 여신인 에레쉬키갈(Ereshkigal)의 다른 이름으로 간주된다. 또한 알 라트의 다른 이름인 알라투(Allatu)는 카르타고에서 중요한 여신으로 숭배를 받았다.

알 우자는 아라비아의 강력한 세력인 쿠라이시(Quraysh) 씨족이 숭배했으며, 그녀를 상징하는 신상은 나무로 만들어졌다. 쿠라이시 씨족들은 전투에 나갈 때마다 알 우자의 이름을 외치며 전장에서 승리를 기원했다.

알 마나트는 메디나 주민들로부터 죽음과 운명의 여신으로 숭배를 받았다. 알 마나트를 상징하는 신상은 큰 바위였다. 또한 알 마나트는 최고신 후발의 아내로 간주되었다. 《코란》에는 알 마나트가 알 라트와 알 우자처럼 알라의 딸로 여겨졌다는 내용이 실려 있다. 또한 일설에 의하면 알 마나트는 그리스 신화의 크로노스처럼 시간을 지배하는 여신으로도 여겨졌다. 《우상의 책》은 알 마나트를 이렇게 설명한다.

"모든 우상들 중 가장 오래된 것은 알 마나트였다. 알 마나트의 우상은 메디나와 메카 사이의 바닷가에 세워졌다. 두 지역을 포함한 모든 아랍인들은 그녀를 존경했으며, 그녀 앞에 나아가 희생 제물을 바쳤다. 다른 지역의 아랍인들은 메카로 순례를 오면, 그녀를 기리기 위해 면도를 했다."

이슬람교 이전의 아랍인들도 알라(Allah)를 믿었다. '알라'는 고대 셈족-유대인들이 믿던 신 엘(El)인데, 아랍으로 전해져 알라가 되었다. 아랍인들은 알라가 알 마나트와 알 우자, 알 라트 세 여신의 아버지라고 믿었다. 알라를 상징하는 신상은 거대한 검은색 바위인데, 오늘날 메카의 카바 신전에 모셔진 그 돌이다. 이슬람을 연구하는 학자들은 이 검은 바위가 우주에서 떨어진 운석이라고 추정하고 있다. 성지 순례를 온 사람들이 검은 바위에 돌을 던지며 악마를 쫓는 의식을 하는 것도 이슬람 이전의 숭배 의식에서 비롯되었다고 여겨진다.

예언자 무함마드는 알라가 유대교와 기독교에서 섬기는 유일신 야훼와 같은 신이라고 주장했다. 그러나 여기에 반론을 제기하는 학자도 많은데, 알라는 아랍인들에게 달의 신으로 숭배를 받았다는 것이다. 여하튼 현대의 무슬림들은 알라가 유대교와 기독교의 신과 같은 존재라고 여긴다.

아래는 그 밖에 기록이 자세하지 않은 아랍 신들의 이름이다.

샴스(Shams): 태양의 여신.

와드(Wadd): 우정과 사랑의 여신. 뱀을 상징물로 삼았다.

알 콰움(Al Qaum): 나바테아인들이 숭배하던 전쟁과 밤, 그리고 카라반(무역상)인들의 수호신.

암므(Amm): 달과 날씨, 번개의 신.

탈라브(Talab): 예언의 신.

두샤라(Dushara): 산의 신.

둘 할라사(Dhul Halasa): 남부 아라비아에서 신봉된 예언의 신. 하얀 돌을 상징으로 한다.

아타르사마인(Atarsamain): 고대 아시리아인들이 숭배하던 금성(샛별)의 신으로 아랍인들도 믿었다.

070 아르메니아 전통 신앙의 신들

이란 서북쪽 캅카스산맥에 위치한 아르메니아는 서기 301년 기독교로 개종하기 전까지 전통 신앙과 조로아스터교를 믿었다. 아르메니아인들이 기독교를 믿기 전에 믿었던 신들을 알아보자.

고대 아르메니아의 우라르투 왕국(Urartu, 기원전 860~590년)에서는 칼디 (Khaldi), 테이스파스(Theispas), 시비니(Shivini)를 주요 신으로 숭배했다.

3대 주신(主神) 중에서 최고의 신은 칼디였다. 우라르투 왕국의 모든 신 중에서 가장 많은 비문이 칼디를 다루고 있다. 그는 등에 날개가 달려 있으며, 두 발로 사자를 밟은 채로 타고 다니는 건장한 젊은이로 묘사되었다. 칼디는 우라르투 왕국의 왕들이 전투에서 승리하기 위해 기도를 하는 전쟁의 신이었다. 칼디에게 바쳐진 신전은 칼, 창, 활, 화살 같은 무기로 장식되었고, 신전의 벽에는 방패가 걸려 있어서 칼디의 신전은 '무기 창고'로 불리기도 했다. 보통 칼디의 아내는 풍요의 여신 아루바니(Arubani)였으나, 바그바르티(Bagvarti)라는 여신이 칼디의 아내로 묘사되기도 했다. 일설에 의하면, 아르메니아를 창건한 전설적인 영웅 하이크(Hayk)도 바로 칼디의 이름에서 유래되었다.

칼디 다음은 테이스파스다. 그는 폭풍과 천둥을 다스리는 날씨의 신이었으며, 두 발로 황소를 밟은 채로 타고 다니는 젊은이로 묘사되었다. 《구약성경》에서 노아의 방주가 도착했다는 곳이자 아르메니아인들이 성스럽게 여기는 산인 아라랏산 부근의 도시 테이세바(Teyseba)와 테이셰바이니(Teishebaini)는 테이스파스의 이름에서 비롯되었다. 테이스파스의 유래는 지금의 터키에 있었던 히타이트 왕국에서 섬겼던 폭풍과 번개의 신 테슈보(Teshubo)라고 여겨진다. 그의 아내는 후바(Huba) 여신으로 알려져 있다.

우라르투 3대 주신 중 마지막인 시비니는 태양을 다스리는 신이었다. 그 유래는 고대 바빌론인들이 섬겼던 태양신 샤마슈(Shamash)로 추측된다. 시비니의 아내는 투쉬푸에아(Tushpuea)라는 여신이었다.

3대 주신 이외에 다른 신들은 다음과 같다.

우라르투 왕국에서는 셀라르디(Selardi)라는 달의 여신을 숭배했다. 그녀의 이름은 '태양(아르디Ardi)의 여동생(시엘라Siela)'이란 뜻인데, 유래는 수메르와 바빌론 사람들이 숭배한 달의 신인 신(Sin)으로 추정된다.

토르크(Tork)는 고대 아르메니아 왕국 시절에 힘과 용기, 예술의 수호신으로 숭배되었다. 강력한 힘을 가진 토르크는 아르메니아의 시조인 하이크의 손자 중 한 명으로 여겨지며, 아르메니아가 페르시아에서 들어온 조로아스터교와 그리스에서 들어온 올림포스 신앙을 믿기 전에 중요한 신(어쩌면 최고의 신?)으로 널리 숭배를 받았다. 또한 그는 외부에서 들어온 신이 아니라, 몇 안 되는 순수한 아르메니아 토착신이다.

바르사민(Barsamin)은 고대 아르메니아인들이 기독교를 믿기 전에 숭배한 하늘의 신이다. 그의 이름은 우가리트와 가나안의 신 바알 샤민(Baal Shamin)으로부터 유래했을 것이다.

아라마즈드(Aramazd)는 페르시아의 조로아스터교에서 숭배하던 빛과 창조의 신 아후라 마즈다(Ahura Mazda)가 아르메니아에 들어온 신이다. 그는 아르메니아에서 창조와 풍요의 신이자 다른 신들의 아버지 신으로 숭배를 받았다.

미흐르(Mihr) 역시 조로아스터교에서 숭배하던 하늘과 진실의 신 미트라(Mitra)가 아르메니아에 들어온 것으로, 아르메니아에서 같은 역할을 담당하는 신이 되었다. 한 해 중에서 2월은 미흐르에게 바쳐진 달이었고, 아르메니아인들은 그를 기념하여 2월에 불의 축제 트른데즈(Trndez)를 열었는데, 아르메니아인들이 기독교로 개종하고 나서도 트른데즈는 계속 열렸다.

티르(Tir)는 고대 아르메니아에서 지혜와 문학과 예술의 수호신이었다. 그는 아르메니아의 시조 하이크의 아들로 알려졌다. 티르는 꿈을 해석하고 사람이 살아생전에 했던 착한 일과 나쁜 일을 기록했으며, 죽은 사람의 영혼을 지하 세계(저승)로 데려가는 저승사자의 역할도 맡았다. 기원전 330년부터 아르메니아에서 그리스의 올림포스 신앙이 들어오자, 티르는 지혜의 신 아폴론이나 저승사자 역할을 했던 헤르메스와 같은 신으로 여겨졌다.

티르를 섬기는 신전은 오늘날 아르메니아 서부의 아르타샤트(Artashat)에 있었다. 또한 고대 아르메니아 달력의 4번째 달은 티르의 이름을 따서 트레(Tre) 또는 트리(Tri)라고 불렸다.

071 조지아의 다채로운 신들

구소련의 일부였던 조지아(그루지야) 공화국은 서기 4세기부터 기독교를 받아들였으나, 조지아의 변방이자 캅카스산맥의 깊은 골짜기 부근은 무려 20세기 초반까지 기독교를 거부하고 전통 신앙을 계속 간직하고 있었다.

조지아 신화에서 가장 높은 신은 모리지 그메르티(Morige Ghmerti)이다. 그는 우주의 창조주로, 가장 높은 곳인 9층 하늘의 황금 옥좌에 앉아 세상을 다스린다. 달은 그의 아들이며, 태양은 그의 딸이다. 훗날 기독교가 조지아에 들어오자, 그는 기독교의 유일신과 동일시되었다.

기원전 4세기에 현재의 조지아였던 이베리아 왕국의 국왕 파르나바스 1세(Pharnavaz I)는 아르마지(Armazi)를 최고신으로 숭배했다. 아르마지의 우상은 청동으로 만들어졌고, 투구와 사슬 갑옷을 입었으며, 두 눈에는 에메랄드 같은 눈부신 보석이 박혀 있었다고 전해진다. 아르마지는 페르시아 조로아스터교의 최고신 아후라 마즈다나 고대 히타이트(현재 터키 지역)에서 숭배한 달의 신 아르마(Arma)가 조지아에 들어온 것으로 추측된다.

아드길리스 데다(Adgilis Deda)는 비옥함과 목축의 여신인데, 조지아 북동부 주민들이 숭배했다. 그녀의 이름은 '지역의 어머니'를 뜻하는데, 그 때문에 기독교가 조지아에 들어온 이후, 그녀는 기독교의 성모 마리아와 동일시되었다.

아이니나(Ainina)와 다니나(Danina)는 한 쌍의 여신인데, 자세한 역할은 알려지지 않았다.

압사트(Apsat)는 새와 동물을 다스리는 신인데, 조지아 북서쪽의 소수 민족 스반인들(Svans)이 숭배했다. 일설에 의하면 압사트는 사냥의 신이면서 번개와 천둥을 다스린다고도 믿어졌다.

바르발(Barbale)은 태양의 여신이다. 그녀를 섬기는 사람들은 동지에서 일어나는 태양의 상징으로 그녀를 기리는 성대한 축제를 열었다.

바토네비(Batonebi)는 전염병을 다스리는 신이다. 조지아인들은 가족 중 누군가가 병에 걸리면, 나무 아래에 달콤한 맛이 나는 음식들을 바토네비에게 제물로 바치며 회복을 빌었다. 오늘날 조지아의 시골에서 바토네비라는 단어는 전염병을 가리킨다.

베리 베라(Beri Bera)는 농업과 수확의 신으로 주로 조지아 동부에서 숭배되었고, 그를 기리는 축제는 연말에 벌어졌다.

달리(Dali)는 사냥과 숲의 여신이다. 그녀는 기다란 황금빛 머리카락과 빛나는 하얀 피부를 가진 아름다운 미녀로 묘사되었고, 때로는 벌거벗은 몸으로 그려지기도 했다. 그녀는 높은 산의 동굴 안에 살면서 모든 야생동물을 다스렸다. 산속으로 들어가는 사냥꾼들은 사냥을 나가기 전날 밤에는 아내를 포함하여 어떤 여자와도 성관계를 갖지 않았는데, 자칫 달리가 질투해서 사냥을 망치거나, 심지어 동물들에 의해 죽임을 당할 수도 있었기 때문이다.

반대로 달리의 기분을 잘 맞추면 그녀는 사냥꾼에게 축복을 베풀어 많은 동물을 잡게 해주거나 심지어 사냥꾼과 성관계도 가졌다. 다만 달리와 성관계를 가진 사냥꾼이 이 사실을 다른 사람들에게 말하면 달리에게 저주를 받아 돌로 변하는 벌을 받았다. 조지아 전설에서 달리는 영웅 아미란

(Amiran)의 어머니로 등장한다.

라마라(Lamara)와 카마르(Kamar)는 하늘의 여신이다. 그중 카마르는 매우 아름다워서 아미란에 의해 지상으로 납치당했다.

맘베르(Mamber)은 늑대들의 신이며, 민도르트 바토니(Mindort-batoni)는 계곡과 들판과 들꽃의 신이다. 민도르트의 딸 민도르트 블드자네벨리(Mindort-brdzanebeli)는 아름다운 꽃의 여신이다.

오초핀트레(Ochopintre)는 숲과 야생 동물을 다스리는 신으로, 달리 여신을 돕는 역할도 한다. 그는 염소의 뿔과 다리를 갖고 있는데, 이는 그리스 신화에 등장하는, 사람과 염소의 모습이 뒤섞인 신 판(Pan)에서 영향을 받은 듯하다. 오초핀트레는 숲에 들어가는 사람들의 운명을 결정한다고 한다.

타마르(Tamar)는 땅의 여신으로, 뱀을 타고 있는 모습으로 묘사되었다.

테트리 기오르지(Tetri Giorgi)는 번개와 날씨를 다스리는 신이다. 그는 기독교의 성 조지와 동일시되었다.

테브도레(Tevdore)는 가축인 말과 농사를 다스리는 신이다. 그는 기독교 성인 성 테오도르(Theodore)와 동일시되었다.

츠카리쉬디다(Tskarishdida)는 강과 호수와 물고기를 다스리는 여신인데, 상반신은 사람이고 하반신은 물고기인 인어와 같은 모습을 지녔다.

자덴(Zaden)은 아이를 많이 낳게 해주는 다산의 신이었다.

피르쿠샤(Pirkusha)는 대장장이의 신으로 영웅 코팔라(Kopala)한테 강력한 무기인 철퇴를 만들어주었다.

072 신들의 축제가 펼쳐지는 캅카스
– 오세트 신화

유럽과 아시아를 잇는 캅카스 지역의 소수 민족 오세트인(Ossetian)은 기원전 4세기 무렵, 로마 제국을 침략한 이란 계통의 유목민 사르마티아족과 알란족의 후손이다. 이들은 서기 12세기부터 기독교의 일파인 동방 정교회로 개종했으나, 그 이전까지 믿었던 전통 신앙을 계속 간직하고 있었다. 다시 말해 오세트인들의 신앙은 사르마티아족과 알란족들이 가졌던 고대 신앙의 잔재라고 볼 수 있다.

수카우(Xucaw)는 모든 하늘의 신을 다스리는 오세트 신화의 최고신이다. 그는 위대한 신, 우주의 창조주, 신들의 신 같은 여러 별명을 지니고 있다. 수카우는 모든 살아 있는 존재에 거주하고, 합당한 의식을 치른다면 인류 앞에 그 모습을 드러낸다고 오세트인들은 믿었다. 지금도 오세트인들이 많이 거주하는 캅카스의 시골 지역에서는 수카우가 최고의 창조주 신으로 숭배를 받고 있다.

와슈티르지(Uastyrdzhi)는 남자와 여행자들을 지켜주며, 맹세의 수호신이자 오세트인들의 보호자이다. 그는 여성을 임신시키는 다산의 능력을 갖고 있기 때문에 오세트인 사회에서 여성들은 그의 이름을 말해서는 안 되는 금기를 갖고 있었다. 그래서 여성들은 와슈티르지를 말할 때 "성스러운 자"라고 돌려서 말했다.

와슈티르지는 기독교의 성 조지와 동일시되기도 한다. 그는 하얀 말을 타고 긴 수염을 기른 기사로 묘사된다. 그는 오세트 북쪽의 오세티아-알라니아(Ossetia-Alania)에 산다고 한다. 전설에 따르면 알란족 왕의 아들 헤타그(Hetag)가 그를 열렬히 숭배했다. 또한 소련이 무너진 이후, 오세트인들 사이에서 민족주의가 힘을 얻으면서 와슈티르지는 오세트인들에게 크게 인기를 끌었다.

와슈티르지를 기념하는 축제는 11월에 열렸고, 오세트인들은 한 해 동안 기른 수소를 희생 제물로 바쳤다. 아울러 와슈티르지를 숭배한 헤타그 왕자는 오세트인들에게 성자 헤타그(St Hetag)로 추앙받았는데, 그를 기념하는 축제는 7월의 첫 번째 일요일에 열렸다.

왓실라(Uacilla)는 비, 천둥, 번개의 신이자 추수의 보호자다. 오세트족 사회에서 번개에 맞은 사람은 누구든지 왓실라가 그에게 죽음을 내린 것으로 간주되었다. 번개에 맞고도 다행히 살아남은 사람은 왓실라에게 감사의 뜻으로 양 한 마리를 희생 제물로 바쳤다. 왓실라를 기념하는 축제는 여름에 열렸는데 어린 양과 황소가 희생 제물로 바쳐졌고, 특별히 빚은 맥주가 나왔다. 오세트인들은 그 맥주를 마시며 여름을 축하했고, 오세트인 여자들은 경건함을 나타나는 표시로 하루 종일 침묵하며 빵을 구웠다.

사파(Safa)는 난로의 신인데, 오세트인들은 그를 가정의 수호신으로 여긴다.

돈베티르(Donbettyr)는 물의 신이며, 그는 자신의 쇠사슬을 이용하여 바다에 빠진 사람들을 건져주기도 한다. 그는 슬라브 신화에서 물의 요정인 루살카(Rusalka)와 같은 아름다운 딸들을 거느리고 있다. 19세기까지 부활절 다음 토요일은 어린 소녀들이 그를 숭배하는 날이었다.

투티르(Tutyr)는 늑대들의 신이고, 파엘바에라(Faelvaera)는 양들의 신인데 양털을 깎기 전인 9월에 주로 숭배를 받았으며 한쪽 눈만 가지고 있다. 늑대와 양이 앙숙이듯, 파엘바에라는 투티르의 적이다.

아에프사티(Aefsati)는 사냥의 신이고, 쿠르달라에곤(Kurdalaegon)은 하늘의 대장장이이자 나르츠(Narts)의 친구이며, 사타나(Satana)는 신들의 어머니, 위대한 여신이다.

사우바라그(Saubarag)는 원래 오세트인들이 믿었던 어둠과 도둑의 신인데, 훗날 오세트인들이 기독교로 개종하자 기독교의 악마인 사탄과 동일시되었다. 이는 게르만족들이 믿었던 거짓과 재앙의 신 로키가 훗날 게르만족들이 기독교를 믿으면서 사탄과 동일시된 일과 같다.

후야엔돈(Huyaendon)은 물고기들의 신이자 강력한 마법사인데, 그의 이름은 '해협의 군주'를 뜻한다. 일설에 의하면 그가 사는 곳은 현재 크림반도의 보스포루스 케라치 해협이라고 한다.

바라스티르(Barastyr)는 지하 세계와 저승의 신으로 죽은 영혼들을 낙원이나 자신의 영역으로 데려온다. 아미논(Aminon)은 지하 세계의 문지기다.

알라르디(Alardy)는 천연두를 퍼뜨리는 전염병의 신이다.

073 나무를 숭배하는 정령 신앙
– 바이나크족의 신들

현재 러시아 영토인 캅카스 지역의 북부에는 바이나크족(Vainakh) 계열의 소수 민족, 체첸인(Chechens)과 잉구슈인(Ingush)이 산다. 이들은 16세기 무렵부터 이슬람교를 받아들여 지금은 거의 모두가 이슬람교 신도이지만, 원래는 자연 속의 여러 신을 믿는 다신교도들이었다.

원래 바이나크족은 나무를 숭배하는 정령 신앙을 지녔으며, 나무가 사람의 영혼이 머무는 거처라고 믿었다. 특히 바이나크족은 소나무를 성스러운 나무로 여겼으며, 겨울이면 소나무를 상대로 숭배 의식을 올린다거나 겨울이 되면 저승의 문이 열려 온갖 유령이 이승을 돌아다닌다고 믿었던 점에서 고대 유럽의 켈트족과 비슷하다.

바이나크족의 전통 신앙에서 최고의 신은 딜라(Deela 혹은 델라Dela)였다. 그다음에 위치한 신은 헬라(Hela)로, 어둠의 신이었다.

딜라와 헬라에 못지않게 바이나크족이 중요하게 여겼던 신은 실라(Seela 혹은 셀라Sela)였다. 그는 별과 천둥, 번개의 신이었다. 실라는 바이나크족의 신화에서 악의적이고 잔인한 모습으로 묘사되었다. 그는 동물 가죽으로 만든 느슨한 가방을 들고 다니면서 불타는 전차를 몰고 카즈벡(Kazbek)산의 꼭대기에 살았다. 실라는 불을 훔쳐내어 인간들에게 전해준 영웅 프카르마트(Pkharmat)를 미워하여 카즈벡산에 묶어놓았기에, 바이나크족은 실라를 자극하지 않기 위해 그에게 바쳐진 날인 수요일에는 불씨를 피우지 않았다. 바이나크족이 기독교를 접하면서, 실라는 기독교의 예언자 엘리야와 동일시되었다.

한편 실라는 그리스 신화의 최고신 제우스처럼 인간 여자들과의 불륜을 즐겼으며, 이 때문에 그의 아내 푸르키(Furki) 여신을 자주 분노하게 했다. 그 와중에 실라는 인간 처녀 한 명과 사랑을 나누어 딸 셀라 사타(Sela Sata) 여신을 탄생시켰다.

셀라 사타는 가정과 공예품의 여신이었다. 바이나크족의 신화에서 그녀의 얼굴은 태양처럼 빛나는 것으로 묘사되었다. 그녀는 인류가 불을 갖지 못해 추위에 떠는 모습을 보고 동정심을 느껴, 프카르마트가 카즈벡산 꼭대기에서 아버지 실라의 불을 훔쳐내도록 도와주었다.

마에트실(Maetsill)은 농업과 수확의 신, 약한 자를 보호해주는 신이다.

이슈타르-딜라(Ishtar-Deela)는 죽음과 지하 세계의 신이며, 사악한 인간을 처벌할 권한을 가졌다. 동양의 염라대왕과 비슷한 신이다.

몰리즈-예르디(Molyz-Yerdi)는 전쟁과 승리를 가져다주는 신이다.

엘타(Elta)는 동물과 사냥의 신이다. 그는 자신의 아버지인 최고신 딜라에게 불순종한 죄로 한쪽 눈이 머는 벌을 받았다.

타마슈(Taamash)는 운명을 다스리는 신인데, 평소에는 체구가 작지만 화가 나면 몸집이 커진다.

투숄리(Tusholi)는 아이를 많이 낳게 해주는 다산의 여신으로 딜라의 딸이었다. 그녀는 신성한 갈라인-암(Galain-Am) 호수에 살았고, 사람들은 건강한 자손과 풍성한 수확, 소 떼의 번식을 위해 그녀에게 기도를 올렸다. 또한 투숄리는 아이가 없는 불임 여성들의 숭배를 받았다. 개똥지빠귀에 속한 후투티는 투숄리가 기르는 신성한 새로 여겨졌고, 그래서 성직자들의 허락을 받지 않으면 바이나크족은 후투티를 사냥하지 않았다.

다르트사-난나(Dartsa-Naana)는 눈보라와 눈사태의 여신이었다. 그녀는 카즈벡산의 눈 덮인 정상에 살았고, 화가 나면 눈사태를 일으켜 인간들에게 재앙을 내렸다.

모크-난나(Mokh-Naana)는 바람의 여신이었고, 실라사트(Seelasat)는 처녀들을 지켜주는 여신으로 꾀꼬리를 상징으로 삼았다.

멜레르 예르디(Meler Yerdi)는 식물과 곡식의 신이었다.

갈-예르디(Gal-Yerdi)는 가축을 보호해주는 신이었다. 바이나크족은 새해가 시작되는 설날이 되면, 그를 숭배하기 위해 동물을 제물로 바쳤으며 금속으로 만든 둥근 공을 설치하고 촛불을 피웠다.

아이라(Aira)와 피르스카(Peerska)는 시간의 수호신이었다.

모즈(Mozh)는 태양과 달의 사악한 여동생으로 두 형제를 끊임없이 잡아먹으려 든다. 그녀가 태양을 삼키면 일식이 일어나고, 달을 삼키면 월식이 일어난다.

카르스(kars)는 하늘과 별의 신이었다.

7

괴물과 정령들

074 인류 역사상 최초의 흡혈귀
– 라마슈투와 라비수

라마슈투(Lamashtu)는 고대 수메르와 바빌론에서 믿었던 여성 악마다. 라마슈투는 여자들이 아기를 낳거나 아기한테 젖을 물리는 순간, 아기들을 납치하여 피를 빨아먹는 흡혈귀였다. 그래서 라마슈투는 메소포타미아의 여자와 아이들이 가장 두려워하는 사악한 괴물이었다.

라마슈투는 털이 많이 난 당나귀의 몸과 이빨, 귀를 지녔고, 긴 손가락과 손톱이 달렸으며, 암사자의 머리에 새의 날카로운 발톱을 가진 기괴한 모습의 혼종 괴물이었다. 그녀는 당나귀 앞에 무릎을 꿇고 있거나 돼지와 개를 돌보며 뱀을 안는 모습으로도 묘사되었다.

그러나 뜻밖에도 라마슈투는 고귀한 신분이었으니, 그녀의 아버지는 하늘의 신 아누(Anu)이다. 아누는 수메르 신화에서 사실상 최고신의 자리에 있는 위대한 신이다. 그런 아누의 딸 라마슈투가 어떻게 사람들을 해치는 사악한 괴물이 되었을까. 고대 중국 신화에서 위대한 신 전욱고양씨의 아들이면서 포악한 괴물이었던 도올(檮杌)이 떠오르는 대목이다.

또한 메소포타미아 전설에 나오는 다른 악마들과 달리, 라마슈투는 신의 지시가 아니라 자신의 의지로 행동했다. 이는 그녀가 신들에 종속된 단순한 괴물이 아니라, 독자적인 위치를 가진 일종의 신이라는 뜻이다.

라마슈투는 태어나지 않은 뱃속의 아기와 갓 태어난 아기, 어린아이, 임신부와 산모에게 해를 끼쳤다. 또한 그녀는 남자를 잡아먹고 그 피를 마시는 한편 사람들의 잠을 방해하고 악몽을 가져다주었으며, 강과 호수를 오염시키고, 사람들에게 병과 죽음을 가져다주는 무서운 여신이었다.

아울러 라마슈투는 강력한 힘을 지닌 여신이기도 했다. 한 예로 모래바람을 불러오고 기근을 일으키는 사악한 신이자 괴물인 파주주(Pazuzu)조차 라마슈투로부터 자주 공격을 당한다는 믿음이 고대 메소포타미아에 널리 퍼져 있을 정도였다.

라마슈투와 비슷한 이름과 역할을 가진 괴물이 있으니, 라비수(Rabisu)다. 라비수는 보통 지하 세계(저승)나 사막에 살면서, 사람들을 공격하여 피를 빨아먹는 흡혈귀이자 악마였다. 라비수를 쫓아내려면 바닷물을 졸여 만든 소금이 있어야 했다. 또한 라비수는 저승에 새로 도착한 사람들의 영혼을 괴롭혔고, 뼈로 만들어진 길을 따라서 영혼들이 산다는 저승의 도시를 오가며 살았다.

라마슈투와 라비수는 문헌에 기록된 가장 오래된 흡혈귀다. 인류 역사상 최초의 흡혈귀는 바로 중동에 있었던 것이다. 그래서인지 중동에 뿌리를 두고 있는 유대교와 이슬람교 같은 종교에는 피에 대한 금기가 있다. 《구약성경》〈레위기〉 7장 26~27절을 보면 "너희는 모든 새와 짐승의 피를 결코 먹지 마라. 어떤 피든지 그것을 먹는 사람은 겨레로부터 추방해야 한다."라는 내용이 나온다. 이 구절은 다분히 피를 먹는 것을 부정하게 여기고 있는데, 라마슈투와 라비수 같은 흡혈귀에 대한 혐오가 작용해서 만들어진 것은 아닐지.

지금도 유대교와 이슬람교처럼 《구약성경》의 율법을 지키는 사람들은 선짓국이나 순대, 블랙 푸딩(돼지의 피가 들어간 소시지)처럼 피가 들어간 음식들은 결코 먹지 않는다.

또한 《구약성경》〈출애굽기〉 4장 24절을 보면 이집트로 가서 이스라엘 백성을 데리고 나온 것으로 유명한 모세가 신의 명령을 받고 나서 길을 떠났는데 밤이 되자 신이 찾아와 갑자기 모세를 죽이려고 했다. 모세의 아내 시뽀라가 돌칼로 어린 아들의 포경을 자르고 그것을 모세의 발에 대면서 "당신은 피로 얻은 나의 신랑입니다."라고 말하자, 신이 모세를 놓아 주었다는 내용이 나온다.

이 구절은 매우 이상하다. 신이 왜 갑자기 모세를 아무런 설명도 없이 죽이려 들었을까? 자기가 보낸 모세가 아무런 잘못도 안 했는데 죽이려 들다니 도무지 이해가 가지 않는다. 또한 왜 시뽀라가 어린아이의 포경을 잘라서 피가 떨어지는 그 살점을 모세의 발에 대고서야 신이 모세를 놓아주었다는 것일까?

〈출애굽기〉의 저 구절에 대해 가장 그럴듯한 해설은 이렇다. 원래 라마슈투나 라비수 등은 밤이 되면 사람이나 동물의 피를 찾아서 움직이는 흡혈귀였고, 그들에게 붙들리면 피를 내어서 바쳐야 만족하고 물러갔는데, 〈출애굽기〉의 저 구절도 흡혈귀를 쫓아내는 내용이 시대가 흐르면서 잘못 전해진 것이라는 해석이다.

그런가 하면 〈출애굽기〉 12장 21절에서 30절을 보면, 이스라엘인들이 양을 죽여서 나온 피를 문에 바르면 신이 보낸 죽음의 천사(혹은 파괴자)가 그냥 지나갔지만, 그렇지 않은 이집트인의 집에는 들어가서 첫째 아이들을 죽였다는 내용이 나온다. 이 구절과 시뽀라의 포경 내용을 연관시켜 사람이나 동물의 피를 신에게 바치는 제사가 고대 이스라엘에서도 있었다고 보는 견해도 있다.

075 지하 세계로 사람을 이끄는 괴물
– 갈루와 구울

고대 수메르와 바빌론의 종교에서 갈루(Gallu)는 지하 세계(저승)에 사는 악마(아사그Asag, 남타르Namtar, 라비수Rabisu) 중 하나였다. 갈루는 지하 세계로 사람들을 끌고 가서 죽게 만드는 무서운 악마여서, 수메르인과 바빌론인은 제단에서 어린 양을 갈루에게 제물로 바치고 그들에게 자신과 다른 사람들을 제발 저승으로 데려가지 말아달라고 빌기도 했다.

수메르 신화에서 사랑의 여신 이난나(Inanna)는 지하 세계로 내려갔다가, 갈루 중에서 강한 힘을 가진 아사그에게 쫓기는 위기를 맞았다. 아사그는 그 존재만으로 물고기들이 강물에서 끓게 만들었고, 그가 산에서 낳은 자손들인 바위의 악마 군대를 함께 몰고 다녔다. 그러나 아사그는 이난나를 구하기 위해 온 전쟁의 신 니누르타(Ninurta)가 휘두른 샤루르(Sharur)라는 몽둥이에 맞아 죽었다.

그런가 하면 수메르 문화에서 갈루라는 호칭은 악마가 아닌 사람을 가리키는 데 쓰이기도 했다. 주로 무자비하거나 위험한 사람들(범죄자)을 갈루라고 불렀던 것이다. 현대 한국에서 무섭고 포악한 사람을 가리켜 저승사자라고 부르는 것과 비슷하다고 하겠다.

바빌론보다 훨씬 후세의 아랍 사회에서도 갈루만큼 무서운 마귀가 있었는데, 바로 구울(ghoul)이다. 구울은 이슬람교 이전에 아랍 전통 신앙에서 믿었던 악마 또는 괴물인데, 주로 공동묘지나 사람이 살지 않는 폐허에서 사는 것으로 묘사되었다.

사람처럼 구울도 남성과 여성의 구분이 있다. 남성 구울은 굴(ghul)이라고 불리고, 여성 구울은 굴라(ghulah)라고 불린다. 아랍의 전설에 의하면, 굴라들은 매우 아름다워서 남자들을 유혹하여 자신의 집으로 끌어들인 다음 잡아먹는 식인 괴물이다. 아랍 문학의 걸작인 《아라비안 나이트(천일야화)》에서도 구울은 자주 등장하는데, 한국어 번역본에서는 주로 '식인귀(食人鬼)'라고 불렸다.

구울은 대체로 사람과 비슷하게 생겼으나, 당나귀 발에 날카롭고 긴 이빨과 손톱, 발톱을 가지고 있다. 구울은 본래의 모습 이외에 다른 모습으로 자유롭게 변할 수 있는데, 대개는 하이에나의 모습으로 둔갑하여 사막에서 살고 있다가, 지나가는 사람을 보면 달려들어 해치고 잡아먹는다. 사람을 잡아먹은 구울은 그 사람의 모습으로 변할 수 있는데, 보통은 가장 최근에 잡아먹은 사람의 모습으로 변한다. 또한 구울은 어른보다 힘이 약한 어린아이들을 잡아먹고 피를 마시기를 좋아한다. 그래서 아랍의 어린아이들은 어릴 때부터 구울을 아주 두려워하며 자랐다.

살아 있는 사람을 잡아먹는 것 이외에도 구울은 공동묘지에 들어가 무덤에 묻힌 사람의 시체를 꺼내서 파먹는 행동도 자주 한다. 이 때문에 근대화 이후, 《아라비안 나이트》를 통해 구울을 알게 된 유럽의 학자들은 구울을 마치 흡혈귀나 좀비처럼 되살아난 괴물로 여기기도 했다. 하지만 구울은 엄연히 살아 있는 생물(환상종이지만)로 보아야 한다.

구울은 발음이나 역할이 갈루와 매우 비슷해서, 메소포타미아의 갈루가 아라비아반도로 전해져서 구울이 되었으리라는 추측도 가능하다. 수메르와 바빌론에서 갈루라는 단어를 무자비한 사람을 가리키는 데 사용했듯이,

아랍 사회에서도 구울이라는 단어를 탐욕스럽고 사악한 사람을 묘사하는
데 사용했다.

대체로 구울은 사람보다 훨씬 강한 힘을 지니고 있어서, 웬만한 검술의
고수가 아니면 힘으로 맞서 싸워 이기기 어렵다. 그래서 아랍의 전설에서
는 구울의 위협에서 몸을 지키려면, 이슬람교의 절대 유일신인 알라에게
간절히 기도하고 알라의 보호를 받아야 한다고 가르쳤다. 한편 구울이 쇠
를 싫어하여 몸에 칼 같은 쇠를 가지고 다니면 도망친다는 믿음도 있었다.

하지만 구울 중에는 쇠나 기도문을 두려워하지 않는 종류도 있었다. 그
럴 때는 얼른 최대한 점잖게 구울한테 인사하여 환심을 사면, 구울이 우쭐
해져서 해치지 않는다는 믿음도 아랍의 전설에 전해져 온다.

076 바다의 여신이 만든 괴물
– 우갈루와 우리딤무, 우무 답루투

　우갈루(Ugallu)와 우리딤무(Uridimmu), 우무 답루투(Umu dabrutu)는 바빌론의 창세 신화에서 바다의 여신 티아마트가 젊은 신들을 죽이기 위해서 만들어낸 11마리 괴물 중 대표적인 것들이다.

　우갈루는 아카드어로 '큰 날씨의 짐승'이라는 뜻으로, 글자 그대로 폭풍을 불러일으키는 능력을 가진 괴물이다. 얼굴은 사자, 발은 사람인데, 시간이 흐르면 사람 발이 독수리 발로 변했다. 바빌론인들은 그가 일으키는 폭풍을 두려워하여, 그의 모습이 그려진 부적을 만들어 폭풍에서 보호해달라고 빌었다.

　바빌론 신화의 최고신 마르두크가 티아마트를 죽인 후, 우갈루는 다른 괴물들과 함께 마르두크에게 항복하고 신들에게 봉사하는 역할을 맡았다. 그래서 아시리아 왕국의 수도 니느웨(Nineveh)의 궁전 남쪽에는 우갈루의 모습이 조각되었는데, 무서운 괴물의 모습으로 사람들을 괴롭히는 병마를 쫓아버리기 위해서였다.

　후기 바빌로니아 시대에 우갈루는 사자의 머리와 귀를 가지고, 오른손에 단검, 왼손에 몽둥이를 쥔 모습으로 나타났다. 그는 지하 세계를 오가며 소식을 전하는 전령(혹은 파수병) 역할을 맡았는데, 수메르 신화의 사악한 괴물 루랄(Lulal)과 함께 짝을 지어 등장했다.

우리딤무(Uridimmu)는 보통 '미친 사자'라는 뜻으로 해석되지만, '광견병에 걸린 개'라는 뜻으로도 해석될 수 있다. 보통 바빌론 신화에서 우리딤무는 사람 머리에 동물 몸을 가진 모습으로 묘사되는데, 동물의 몸은 사자 혹은 개로 그려진다. 그는 각종 미술품에서 사람처럼 두 다리로 선 채로 초승달처럼 생긴 뿔이 달린 티아라(tiara 왕관)를 머리에 쓰고 있다. 우리딤무는 '황소 남자'라는 뜻의 쿠사리쿠(Kusarikku)와 짝을 이루어서 등장하는데, 쿠사리쿠 역시 우리딤무처럼 반인반수라는 점에서 똑같다. 다만 쿠사리쿠는 황소와 사람의 모습이 뒤섞인 것으로 추정된다.

이 점에서 쿠사리쿠는 훗날 그리스 신화에서 소머리에 사람 몸을 지닌 반인반수의 괴물로 등장하는 미노타우루스와 비슷하다. 어쩌면 쿠사리쿠가 서쪽의 그리스로 전해져서 미노타우루스의 원형이 되었는지도 모른다. 실제로 그리스 신화는 문명의 역사에서 바빌론 같은 중동보다 그 시작이 늦었고, 따라서 신화 같은 정신문화에서 중동권의 영향을 많이 받았다.

우리딤무는 아리시아 왕국의 수도 니느웨의 궁전 북쪽에 있는 출입구에 그 모습이 조각되어 있는데, 학자들은 그가 온갖 사악한 귀신들로부터 북쪽 출입구를 지키는 수호신 역할을 했다고 추정한다. 신바빌로니아 왕국 시대에 우리딤무는 최고신 마르두크에게 인간들의 병을 낫게 해달라고 기도를 올리는 역할도 맡았다. (이는 현대 가톨릭교회에서 천사들한테 인간을 대신해 신에게 기도를 올려달라고 비는 이른바 중보자 의식과 같다.)

신바빌로니아 왕국 시대에 우리딤무는 바빌론 남부의 도시 우루크에서 각별히 숭배를 받았다. 훗날 바빌로니아 왕국을 멸망시키고 중동을 통일한 페르시아 아케메네스 왕조의 위대한 황제 키루스 2세도 우리딤무를 숭배했다고 전해진다.

우리딤무는 별자리의 신이기도 한 마르두크에 의해 하늘에 올려져 별자리가 되기도 했는데, 훗날 그리스인들이 늑대(Lupus) 자리라고 부른 별자리가 바로 우리딤무의 별자리였다.

우무 답루투(Umu dabrutu)는 '사나운 폭풍우' 혹은 '폭력적인 폭풍', '불타는 날'이라는 뜻이다. 그도 우갈루나 우리딤무처럼 티아마트에 의해 창조된 11마리 괴물 중 하나다. 아쉽게도 우무 답루투가 정확히 어떤 모습인지는 알려져 있지 않다. 다만 우갈루나 우리딤무처럼 우무 답루투도 사람과 동물이 뒤섞인 반인반수 형태의 괴물이라고 추정될 뿐이다.

바빌론 창세 신화를 기록한 점토판 〈에누마 엘리쉬(Enuma Elish)〉는 우무 답루투 등을 가리켜 "싸움에 대한 두려움이 없는 잔인한 무기로 태어났다. 마르두크가 그들을 극복하여 무기를 부러뜨리고 그들을 발로 묶어놓았다."라고 언급했다. 이는 사납게 날뛰는 괴물 우무 답루투 등이 마르두크와의 싸움에서 패배하여 그에게 복종하는 부하가 되었음을 표현한 말로 보인다. 우갈루나 우리딤무처럼 우무 답루투도 신전이나 궁궐의 출입구를 지키는 수호신으로 역할했고 그 모습이 조각으로 새겨졌다.

077 사자나 용의 모습을 한 괴물들
– 안주와 우숨갈루

안주(Anzu)는 수메르와 바빌론의 신화에 등장하는 괴물이다. 사자 머리, 사람 몸, 독수리의 날개와 발을 가지고 있는 종족이다. 안주는 민물의 신 압수(Apsu)와 맥주의 여신 시리스(Siris) 사이에서 태어났다.

안주라는 단어의 뜻이 무엇인지를 두고 여러 학자들이 논쟁을 벌여왔는데, 대체적으로 '하늘의 독수리'라고 해석하는 편이 적합할 듯하다.

수메르와 바빌론의 신화에서 안주는 폭풍우와 천둥 구름이 의인화된 존재다. 그래서 안주는 천둥을 일으킬 수 있는 권능을 지녔으며, 천둥과 함께 나타나는 전쟁의 신 니누르타(Ninurta)의 상징으로 쓰이기도 한다.

안주는 원래 신들에게 봉사하는 역할을 맡았으나, 바빌론 신화에서는 신성한 점토판을 훔쳐서 산꼭대기에 숨겨놓는 악역으로 등장한다. 안주가 신성한 점토판을 훔친 이유는 점토판에 담긴 힘을 이용하여 자신이 신들을 지배할 권능을 얻기 위해서였다. 실제로 바빌론 사회는 글자를 기록한 점토판에 그 자체로 신비한 힘이 담겨 있다고 믿었다.

점토판을 훔쳐낸 안주의 반역에 다른 신들은 겁을 먹거나 두려워서 어쩔 줄을 몰랐지만, 하늘의 신 아누(Anu)가 점성술의 신이자 최고신인 마르두크(Marduk)에게 이 사실을 알리자 마르두크는 직접 안주를 찾아가서 자신의 힘으로 안주와 싸워 이기고 그를 죽인 후에 점토판을 다시 찾아서 가져왔다.

하지만 다른 전승에 의하면 안주를 찾아가 죽이고 점토판을 가져온 신은 마르두크가 아니라 니누르타였다. 니누르타가 안주한테 화살을 쏘아서 그를 죽였다는 것이다. 만약 그것이 사실이라면, 이는 니누르타가 안주의 주인으로서 반역을 일으킨 종을 응징했다고 볼 수 있다.

신들에게 봉사하다가 반역을 일으키고 나서 신들에게 응징을 당한 안주의 이야기는 훗날 아브라함 계열의 종교들(유대교, 기독교, 이슬람교)에서 말하는 일명 '타락한 천사'와 비슷하다. 이는 신바빌로니아 왕국에게 나라가 멸망당하고 포로로 끌려간 유대인들이 바빌론에서 바빌론 신화를 알게 되면서, 그들의 신화를 자신들의 종교에 맞게 고쳐 넣은 것에서 유래하지 않았을까? 그렇다면 현재 아브라함 계열의 종교들에서 말하는 루시퍼 같은 타락 천사들의 원형이 안주일지도 모른다. (아이러니하게도 지금의 성경에는 루시퍼나 타락 천사들에 관한 자세한 내용이 전해지지 않는다.)

우숨갈루(Usumgallu)는 바스무(Basmu, 독을 뿜는 뱀)나 무스마후(Musmahhu, 강력한 뱀)와 함께, 바빌론 신화에서 바다의 여신 티아마트(Tiamat)가 만들어낸 11마리 괴물 중 하나였다. 바빌론의 창세 신화 〈에누마 엘리쉬(Enuma Elish)〉에서 "티아마트는 커다랗고 사나운 용 우숨갈루를 만들어 (신들을) 두려워하게 만들었다."라고 묘사된다.

그러나 이렇게 강력한 악역으로 등장한 우숨갈루는 티아마트가 마르두크와의 싸움에서 패배하고 죽임을 당한 뒤로 어떻게 되었는지 자세히 나오지 않는다. 바빌론 신화를 기록한 점토판들이 깨지거나 파손되어 내용을 제대로 알 수 없어 티아마트가 만들어낸 다른 11마리 괴물처럼 마르두크에게 제압당하고 다른 신들에게 봉사하는 역할을 맡았을 것이라고 추정할 뿐이다.

기원전 883~859년까지 집권한 아시리아 왕국의 국왕 아슈르나시르팔

2세(Ashurnasirpal II)는 자신이 섬기는 니누르타의 신상을 떠받치는 받침대를 황금으로 만든 우숨갈루의 모습으로 조각했다. 그 이후로 아시리아 왕실에서 우숨갈루라는 이름은 신들에게 붙이는 별명으로 쓰였다. 심지어 최고신 마르두크조차 '위대한 천국의 우숨갈루 용'이라고 불렀을 정도였다.

우숨갈루는 어떻게 생겼을까? 보통 바빌론 신화에서 우숨갈루는 사자와 용이 뒤섞인 괴물로 묘사되었지만, 후기 바빌론 신화에서는 4각형의 날개가 달린 용으로 그려졌다. 그런가 하면 바스무나 무스마후처럼 우숨갈루도 뿔이 셋 달린 뱀 중 하나라는 의견도 있다.

이러한 우숨갈루의 모습은 동서 무역로를 타고 멀리 중앙아시아까지 전파되었다. 중앙아시아의 오래된 유적지에서 발굴된 양탄자나 벽화에는 4개의 다리와 날개를 가진 용이 등장하는데, 이런 용은 뱀처럼 긴 몸통에 날개가 없는 중국의 용과는 전혀 다르다.

078 세계 최초로 기록된 인어
– 압칼루

허리 위는 사람이고 허리 아래는 지느러미가 달린 인어(人魚)는 전 세계 각 지역의 전설에서 언급된다. 그러나 세계 역사상 최초로 기록된 인어는 고대 메소포타미아 지역에 있었다. 메소포타미아의 인어는 고대 수메르인에게 압갈(Abgal), 아카드인에게 압칼루(Apkallu)라고 불렸다. 압갈과 압칼루는 모두 '지혜로운 사람'이라는 뜻이다. 그러니까 현대의 판타지 세계에 등장하는 우둔하고 포악한 괴물 같은 인어들과 달리 압칼루는 높은 지능을 가진 생물이었다.

압칼루는 모두 7위였는데, 그들은 단순한 인어가 아니라 절반은 신성한 존재로 반신(demi-god)이었다. 그리고 7위의 압칼루는 왕들을 도우며 그들에게 지식을 가르쳐주는 학자이기도 했다. 기원전 3세기, 바빌론에서 활동한 그리스인 학자 베로수스(Berossus)가 남긴 기록에 따르면 압칼루는 사람들에게 지식을 가르쳐주기 위해서 신들이 보낸 인어 종족이다. 그리고 베로수스는 압칼루를 오안네스(Oannes)라고도 불렀는데, 오안네스는 7위의 압칼루 중 첫째인 우난나의 별명이었다. 오늘날의 판타지 세계관에서는 압칼루보다 오안네스라는 이름이 더 친숙하다.

현재까지 기록에 남은 압칼루들의 이름은 다음과 같다.

우안나(Uanna, 하늘과 땅을 만들 계획을 끝낸 자)

우안네두가(Uannedugga, 포괄적인 지혜를 지닌 자)

엔메두가(Enmedugga, 좋은 운명을 나누어주는 자)

엔메갈람마(Enmegalamma, 집에서 태어난 자)

엔메불루가(Enmebulugga, 목초지에서 자라난 자)

안-엔릴다(An-Enlilda, 에리두 도시의 마법사)

우투아브주(Utuabzu, 하늘로 올라간 자)

압칼루라는 단어는 신들에게 제사를 지내는 성직자를 가리킬 때도 사용되었다. 일설에 의하면 압칼루들은 수메르 신화에서 물의 신 에아(Ea)의 다른 이름이다. 다른 주장에 의하면 에아의 아들이자 물고기를 잡으며 살면서 신들에게 지혜를 받아 하마터면 불사의 생명을 얻을 뻔했던 어부 아다파(Adapa)가 압칼루와 관련이 있다. 하지만 아직까지 널리 받아들여지지는 않는 내용이다.

압칼루들은 언제 어떻게 생겨난 종족일까? 이 의문을 풀어줄 정확한 자료는 아직 발견되지 않았다. 일설에 의하면 바빌론의 창조 서사시 〈에누마 엘리쉬〉에서 바다의 여신 티아마트가 최고신 마르두크와 싸우기 위해 창조한 괴물 중에서 힘이 센 물고기 종족이 있었는데, 이들이 바로 압칼루가 되었다고 한다. 마르두크가 티아마트와 싸워 그녀를 죽이고 모든 신의 왕이 되자, 티아마트가 만든 물고기 종족은 마르두크에게 항복하고 싸움을 멈추었다.

〈에누마 엘리쉬〉와 다른 내용을 가진 에라(Erra)의 서사시에서 압칼루들은 파라두(paradu)라는 이름을 가진 물고기로 묘사된다. 에라의 서사시에 의하면, 신들이 우트나피쉬팀을 제외한 지구상의 모든 인간을 대홍수로 멸망시킨 다음, 최고신 마르두크가 압칼루들을 깊은 바다로 보내서 살게 했다. 하지만 그 후에도 압칼루들은 지상에 자주 나타났고, 그들은 마르두크의 신전을 정화하는 임무를 맡기도 했다.

기원전 9세기 무렵, 아시리아 왕국의 궁전 유적에는 압칼루들의 모습이 새겨진 부조가 있었다. 아시리아의 궁전에 그려진 압칼루들은 물고기 가죽을 겉옷으로 걸친 사람의 모습을 하고 있었다. 아마 고대 수메르와 바빌론 사람들이 믿은 압칼루도 그런 모습이었으리라고 추측된다. 물고기 가죽을 겉옷으로 입은 사람의 모습은 아시리아 왕국뿐만 아니라 그 이후에 들어선 신바빌로니아 왕국 시대에까지 궁전과 신전에 자주 새겨졌다.

그러나 신바빌로니아 왕국 이후, 전 세계 각지에 나타난 인어들은 어떻게 된 건지 사람과 의사소통조차 제대로 하지 못하는 낮은 지능을 가진 기괴한 존재로 묘사될 뿐이다.

079 무서운 자연의 힘을 가진 괴물
– 파주주와 훔바바

북유럽 신화에는 신들이 두려워하는 강력하고 사악한 괴물로, 늑대 펜리르(Fenrir)와 뱀 요르문간드(Jormungand) 및 그들의 아버지 로키(Loki)가 등장한다. 수메르 신화에도 사악한 괴물로, 파주주(Pazuzu)와 훔바바(Humbaba) 및 그들의 아버지 한비(Hanbi)가 있다. 다만 북유럽 신화에서는 로키에 대한 여러 흥미로운 이야기가 나오는데 반해, 수메르 신화에서는 한비에 관한 이렇다 할 이야기가 없다. 그러니 한비의 이야기보다 그의 두 아들 파주주와 훔바바에 대해 알아보자.

고대의 수메르와 바빌론에서 파주주는 사막에서부터 뜨거운 모래바람을 불어오게 하거나 가뭄을 일으키는 무서운 악마였다. 파주주는 사람과 동물이 결합된 기괴한 모습을 지녔는데, 사자(또는 개) 머리와 사람 몸에, 독수리의 날개와 발톱, 전갈의 꼬리가 달린 괴물이었다. 수메르인들과 바빌론인들은 파주주가 모래바람과 가뭄뿐 아니라 메뚜기 떼를 일으켜 곡식을 먹어치워 기근이 들게 하는 재앙을 일으킨다고 믿어서 그를 무척 두려워했다.

그러나 파주주가 항상 사람들한테 나쁜 일만 저지르지는 않았다. 파주주는 산모와 아기를 해치는 사악한 여신이자 흡혈귀인 라마슈투와 적대 관계였고, 그 때문에 라마슈투의 재앙으로부터 가족을 지키려는 사람들은 파주주에게 제물을 바치며 라마슈투를 쫓아내달라고 기원하기도 했다. 또한 파주주는 힘이 강한 악마라서, 그에게 제물을 바치고 환심을 사면 힘이 약한 다른 악마들로부터 지켜준다는 믿음도 고대 수메르와 바빌론 사회에 널리 퍼져 있었다. 이런 이유로 메소포타미아에서 파주주는 단순한 악마가 아니라 신으로도 숭배를 받았다.

재앙을 끼치는 괴물을 신으로 섬긴다는 것이 좀 이상하지만, 고대 그리스인들도 홍수와 지진을 일으키는 포세이돈을 숭배하여 그가 일으키는 재앙으로부터 보호받으려 했던 일을 떠올리면 이해가 될 것이다.

두 번째로 소개할 훔바바는 파주주보다 그 기원이 거슬러 올라가는 괴물인데, 그는 고대 수메르의 영웅 길가메시의 무용담을 기록한 〈길가메시 서사시〉에 등장한다. 길가메시는 자신의 이름을 떨치기 위해 북쪽 자그로스 산맥에 가서 삼나무를 베어오겠다는 다짐을 하고는 친구 엔키두와 함께 떠났다.

그런데 길가메시가 나무를 베어오려고 떠난 숲은 빈 땅이 아니라, 엄연히 주인이 있었다. 그 주인이 바로 훔바바였는데, 〈길가메시 서사시〉에 의하면 훔바바는 용의 이빨, 사자의 얼굴을 하고 있으며 누구도 가까이 다가갈 엄두를 내지 못할 만큼 무섭고 힘이 센 괴물이었다.

숲에 다가가자 엔키두는 훔바바를 두려워하여 길가메시에게 "산으로 가려면 가십시오. 나는 집으로 돌아가겠습니다."라고 물러나려 했다. 그런 엔키두를 보고 "우리가 서로 돕는다면 얼마든지 훔바바를 이길 수 있다!"라고 꾸짖었으나, 7번째 산을 넘어가다 막상 훔바바를 만나자 길가메시도 온 몸이 떨리고 두려움에 사로잡혔다.

훔바바는 그런 길가메시를 보고는 "집으로 돌아가지 않겠는가?"라고 부드럽게 타일렀고, 길가메시는 훔바바가 자신을 적대하지 않는다는 사실을 눈치 채고는 훔바바한테 "내 여동생 엔메바라게시와 페쉬투르를 각각 당신의 아내와 하녀로 보내드리겠습니다."라고 아부를 했다. 훔바바는 그 제안이 마음에 들었는지, 길가메시한테 자신이 가진 힘을 주고는 등을 돌려 집으로 향했는데, 바로 그때 길가메시가 달려들어 훔바바를 때리고 팔을 묶어 붙잡았다. 비겁한 속임수로 훔바바를 제압한 것이다.

사로잡힌 훔바바는 길가메시한테 "나를 불쌍히 여겨 풀어달라."라고 애걸했고, 그 모습을 본 길가메시는 불쌍한 마음이 들었다. 엔키두도 길가메시한테 "그를 풀어주어 집으로 돌아가게 해주십시오."라고 권유했는데, 훔바바는 엔키두를 보고 "너는 길가메시의 하수인인 주제에 건방지게 까불고 있구나."라고 조롱했다. 그러자 화가 난 엔키두는 훔바바의 목을 잘라 죽여버렸다. 무서운 괴물치고는 너무나 허망한 최후였다.

길가메시와 엔키두가 훔바바의 목을 바람의 신 엔릴한테 가져오자, 엔릴은 훔바바의 죽음을 알고 길가메시에게 화를 내며 훔바바가 그에게 준 힘을 사방으로 흩어버렸다.

하지만 〈길가메시 서사시〉에서는 길가메시가 훔바바를 죽인 일을 두고 열렬히 찬양하고 있다. 아마 숲을 지키던 훔바바를 길가메시가 죽여서 수메르 사람들이 숲에서 귀중한 나무들을 마음껏 가져와 사용할 수 있도록 해준 것에 대한 감사의 뜻을 나타낸 듯하다.

080 키가 1350미터인 거인들 – 네피림

《구약성경》〈창세기〉 6장 4절은 "그때 세상에는 느빌림(네피림, Neplilim) 이라고 하는 거인족이 있었는데, 그들은 신의 아들들과 사람의 딸들 사이에서 태어난 자들로서 옛날부터 이름난 장사들이었다."라고 설명한다. 네피림이라는 거인족에 대해 성경의 정경에서는 이 정도로만 간략하게 언급되지만, 정경에 포함되지 않은 외경인 〈에녹서〉에는 네피림이 자세히 다루어진다.

〈에녹서〉에 의하면, 먼 옛날 인간 여자들을 지켜보던 세미하사와 아사셀을 비롯한 200위의 천사가 아름다움에 반해 결혼하여 아이를 낳았는데, 그들이 바로 네피림이다. 앞서 〈창세기〉 구절에서 말한 신의 아들들은 곧 천사였던 것이다.

그런데 네피림들은 키가 무려 1350미터나 될 만큼, 어마어마하게 자랐다. 그리고 그 큰 덩치를 유지하기 위해 음식을 마구잡이로 먹었는데, 처음에는 사람들이 재배한 작물을 먹다가 그것들이 바닥나자, 새와 동물과 물고기를 먹어치웠고, 그것들도 떨어지자 사람들을 잡아먹더니 마침내 같은 네피림들끼리도 잡아먹고 피를 빨아먹는 등 무자비한 짓을 저질렀다.

네피림들에게 잡아먹히고 죽임을 당한 인간들의 영혼이 천국에 있는 신에게 울부짖자, 신은 그들의 목소리를 듣고 화가 나서 다른 천사들을 보내 세미하사와 아사셀을 비롯한 200위의 타락 천사, 그리고 그들과 결혼하여 네피림을 낳은 인간 여자들을 천국으로 끌고 가서 영원한 감옥에 가두었다. 또한 신은 지상을 망친 네피림들을 멸망시키려고 대홍수를 일으켰는데, 이때 신이 선택한 정의로운 사람인 노아와 그 가족은 미리 신이 알려준 대로 거대한 방주를 만들어 살아남았다.

〈에녹서〉에 의하면 대홍수로 인해 네피림이 모두 물에 휩쓸려 멸망했다고 하지만, 《구약성경》의 다른 부분을 읽어보면 그렇지도 않은 모양이다. 〈민수기〉 13장 25~33절을 보면, 가나안 땅 헤브론을 정탐하고 온 이스라엘 백성이 겁에 질려서 "그곳에서 본 사람들은 모두 키가 장대같이 컸으며, 거기서 네피림의 후손인 아낙의 자손인 거인들을 보았다. 그들에 비하면 우리는 마치 메뚜기처럼 작았다."라고 털어놓았다.

이 말은 《구약성경》 〈신명기〉 1장 28절에서 다시 반복된다. "우리(이스라엘 백성들)가 어찌하여 그곳(가나안)에 가야 하느냐? 그들(네피림의 후손인 거인들)은 어찌나 큰지 우리 따위는 어림도 없으며, 그들이 사는 성과 마을을 둘러 싼 성벽은 하늘에 닿을 듯이 어마어마하고 아낙의 후손들까지 있다고 하지 않았느냐?"

《구약성경》에는 이 말의 진위를 알 수 있는 단서가 없다. 그러나 유대인들이 남긴 전승에 의하면, 노아의 대홍수가 일어났을 때 네피림 중 일부는 덩치가 워낙 커서 홍수의 물살조차 그들에게는 발뒤꿈치밖에 차오르지 않아 살아남았다고 한다. 특히 옥(Og)이라는 네피림은 노아의 방주 바로 옆에서 물살 위로 걸어 다니며 방주를 지켜주었고, 노아는 그 대가로 옥에게 음식을 나눠주어 서로가 살아남았다. 40일 동안의 홍수가 끝나고 방주가 현재 터키의 아라랏산에 도착하자, 옥은 요르단 동쪽의 바산으로 가서 60개의 도시를 다스리는 왕이 되었다.

옥처럼 노아의 대홍수 때 살아남은 네피림은 인간 여자들과의 사이에서 후손을 남겼고, 그들은 가나안 땅에서 도시를 이루고 살다가 훗날 이집트를 탈출한 이스라엘 백성과 마주쳤으며, 네피림의 후손인 아낙 자손들의 엄청난 덩치를 본 이스라엘 백성은 잔뜩 겁에 질려서 그들을 데리고 온 모세와 신을 향해 "왜 우리를 이집트 땅에서 죽게 내버려두지 않고, 이곳까지 오게 했느냐!"라고 원망을 퍼부었다는 것이 《구약성경》〈민수기〉와 〈신명기〉의 내용이다.

《구약성경》보다 훨씬 뒤인 《신약성경》 시대에도 네피림에 대한 인식은 성경 저자들에게 남아 있었다. 〈고린도전서〉 11장 10절을 보면, "천사들이 보고 있으니 여자들은 머리를 가려라."라고 하면서 여자 기독교 신도들은 머리카락을 덮으라고 말한다. 여기서 언급된 '천사들이 보고 있으니'란 구절은 〈에녹서〉의 전승처럼 타락한 천사들이 인간 여자들의 아름다움에 이끌려 네피림 같은 포악한 혼혈 자손을 낳을 것을 경계하는 내용이다.

081 바다 괴물 레비아탄의 비밀
– 우가리트 신화의 얌

《구약성경》〈욥기〉 41장 19~26절의 내용을 보면, 뜬금없이 '레비아탄 (Leviathan)'이라는 괴물이 언급된다. 이 레비아탄의 위용을 〈욥기〉는 다음 과 같이 장황하게 설명하고 있다.

"쇠와 청동을 지푸라기나 썩은 나무처럼 부러뜨리고, 심장이 바위 같 이 튼튼하여 칼이나 창이나 화살도 통하지 않으며, 입에서는 불꽃을 내 뿜으며 콧구멍에서는 연기를 쏟아내고, 몽둥이나 날아드는 표창 따위는 우습게 여기며, 바닷물을 기름가마처럼 부글거리게 하며, 한 번 일어서 면 신들(혹은 용사들)도 무서워서 혼비백산하여 거꾸러지고, 아무도 맞설 자가 없고 쳐다보기만 해도 다시는 싸울 생각을 하지 못하고, 태어날 때 부터 두려움을 모르며 모든 힘을 가진 자들이 그 앞에서 쩔쩔매니, 모든 거만한 것들의 왕이다."

〈욥기〉의 설명을 보기만 해도 레비아탄이 굉장히 강력한 힘을 가진, 두 려움을 모르는 존재라는 사실을 알 수 있다.

그런데 정작 레비아탄이 어떤 생물을 말하고 있는 것인지는 확실하지 않다. 또한 〈욥기〉 이전에는 레비아탄이라는 이름이 전혀 언급되지 않아서 도대체 왜 레비아탄에 대해 저렇게 장황하게 묘사하는지 그 맥락을 알 수가 없다. 이 때문에 레비아탄의 정체가 무엇인지를 놓고 여러 성경학자의 의견이 엇갈린다. 고래나 악어, 하마라는 의견도 있고, 심지어는 선사 시대에 멸종한 공룡이라는 주장도 있다. 과연 레비아탄은 어떤 생물을 가리키는 것일까?

그 의문을 풀려면 고대 시리아 북부 우가리트 지역의 신화를 알아야 한다. 우가리트 신화에서는 하늘과 풍요의 신 바알(Baal)이 중요한 신으로 등장하는데, 원래 바알은 아버지이자 모든 신의 왕인 엘(EL)에 맞서 반란을 일으켜 그를 왕위에서 쫓아내고 권력을 차지했다.(이는 그리스 신화에서 제우스가 반란을 일으켜 아버지인 크로노스를 몰아내고 최고신이 되었다는 내용과 비슷하다.)

그러나 반역자 바알한테 모든 신이 순순히 굴복한 것은 아니었다. 특히 엘의 총애를 받던 바다와 혼돈의 신 얌(Yam)은 바알을 불법으로 권력을 빼앗은 찬탈자라고 미워하여, 그의 왕위를 인정하지 않고 맞서 싸웠다.

바알은 얌과의 대결에서 무척 어려움을 겪었는데, 이는 얌의 힘이 굉장히 강했기 때문이다. 얌은 모든 신이 모여 회의를 벌이고 있는 장소에 자신의 부하를 보내서 "바알을 붙잡아서 나한테 데려오라!"고 요구했는데, 이 요구에 다른 신들은 겁에 질려서 머리를 숙이고 그렇게 하겠다고 승낙했다. 그만큼 얌은 두려움을 주는 강한 신이었다.

더구나 얌에게는 로탄(Lotan)이라는 바다 괴물이 있었다. 로탄은 7개의 머리를 가진 거대한 용(혹은 뱀)과 비슷하게 생겼는데, 얌의 부하이면서 얌과 동일시되기도 한다.

하지만 바알은 얌을 전혀 두려워하지 않고 "내가 직접 얌을 만나러 가겠다!"라고 말하면서 얌을 찾아가서 싸웠다. 이때 바알은 야그루쉬(Yagrush)와 아이무르(Aymur)라는 두 개의 곤봉을 휘둘러 얌을 공격했는데, 야그루

266

쉬로 내리칠 때는 얌이 버텨냈지만, 아이무르로 때리자 힘을 잃고 쓰러져버렸다. 그러자 바알은 더욱 힘을 내어 얌을 공격해 죽여버렸다.

바알이 죽인 로탄(얌)이 유대인들에게 전해진 것이 바로 레비아탄이다. 〈욥기〉나 《구약성경》의 다른 책에서 야훼가 레비아탄을 죽이는 모습을 찬양하는 구절은 우가리트 신화에서 영향을 받아 들어간 내용이다.

"당신은 그 크신 힘으로 바다를 가르시고 바다 위에 솟은 괴물들의 머리를 짓부수신 분, 레비아탄, 그 머리를 깨뜨리시고 그 고기로 사막의 짐승들을 먹이신 분, 샘을 터뜨려 물길을 트시고 유유히 흐르는 강물도 말리셨습니다."
　　　　　　　　　　　　　　　　　　　　 – 〈시편〉 74장 13절과 15절

"그날, 야훼께서는 날서고 모진 큰 칼을 빼어 들어 도망가는 레비아탄, 꿈틀거리는 레비아탄을 쫓아 가 그 바다 괴물을 찔러 죽이시리라."
　　　　　　　　　　　　　　　　　　　　　　　 – 〈이사야〉 27장 1절

'신의 강력한 적인 7개의 머리를 가진 용(뱀)'은 《신약성경》 〈요한계시록〉으로 이어지는데, 〈요한계시록〉에서 7개의 머리를 가진 용(뱀)으로 등장하는 사탄이 바로 로탄과 레비아탄이 변형된 모습이다.

082 공룡처럼 신비로운 짐승
— 욥기의 베헤못

《구약성경》〈욥기〉40장 15~25절을 보면, 이스라엘의 신 야훼가 베헤못이라는 신기한 짐승에 대해 한참 설명을 늘어놓는다.

"보아라 저 베헤못을, 황소처럼 풀을 뜯는 저 모습을, 내가 너를 만들 때 함께 만든 것이다.

저 억센 허리를 보아라. 뱃가죽에서 뻗치는 저 힘을 보아라. 송백처럼 뻗은 저 꼬리, 힘줄이 얽혀 터질 듯하는 저 굵은 다리를 보아라. 청동관 같은 뼈대, 무쇠 빗장 같은 저 갈비뼈를 보아라.

맨 처음에 하느님이 보인 솜씨다. 다른 짐승들을 거느리라고 만든 것이다.

산의 소출을 가져다 바치니 들짐승들이 모두 와서 함께 즐긴다.

푸성한 연꽃잎 밑에 의젓하게 엎드리고 갈대 우거진 수렁에 몸을 숨기니 연꽃잎이 그늘을 드리우고 강가의 버드나무가 그를 둘러싸 준다.

강물이 덮쳐 씌워도 꿈쩍하지 아니하고 요르단강이 입으로 쏟아져 들어가도 태연한데, 누가 저 베헤못을 눈으로 홀리며 저 코에 낚시를 걸 수 있느냐?"

이 내용을 쉽게 풀이하면 이렇다. 베헤못은 태초에 야훼가 만든 동물인데, 소처럼 풀을 먹고 살고, 허리가 억세고 뱃가죽에 힘이 넘치며, 큰 소나무(송백)처럼 꼬리가 굵고 길고, 다리도 힘줄이 터질 듯이 굵으며, 뼈는 청동이나 무쇠처럼 단단하다. 그리고 다른 들짐승들을 거느리면서 연꽃잎 밑에 엎드리거나 갈대가 우거진 늪에 숨고, 요르단강 강물을 통째로 삼킬 만큼 크고 힘이 세다.

이 베헤못의 정체가 도대체 무엇인지를 두고 오랫동안 성서학자들은 서로 치열하게 논쟁을 벌여왔다. 그중에는 코끼리나 하마, 악어, 코뿔소, 들소 등 실제로 있는 짐승을 비유한 말이라는 주장이 우세하다. 그렇다면 베헤못은 정말 우리가 알고 있는 짐승일까.

우선 코끼리부터 보자. 〈욥기〉 본문에서 언급한 '풀을 뜯는 저 모습', '힘줄이 얽혀 터질 듯하는 저 굵은 다리', '푸성한 연꽃잎 밑에 의젓하게 엎드리고 갈대 우거진 수렁에 몸을 숨기니'라는 구절들은 코끼리의 생태와 같다. 그러나 단 한 가지, '송백처럼 뻗은 저 꼬리'라는 구절은 도저히 코끼리라고 볼 수 없다. 코끼리의 꼬리는 매우 가늘고 얇아서 소나무처럼 크고 굵은 이미지와 어울리지 않는다.

하마도 베헤못이 될 수 없다. 하마의 다리는 매우 짧아서 '힘줄이 얽혀 터질 듯하는 저 굵은 다리'와 맞지 않으며, 하마의 꼬리도 매우 가늘고 짧아서 '송백처럼 뻗은 저 꼬리'라는 표현을 쓸 수 없다.

악어는 꼬리가 굵고 길어서 '송백처럼 뻗은 저 꼬리'와 그나마 일치하지만, 풀을 먹지 않기 때문에 '풀을 뜯는 저 모습'과는 맞지 않는다.

코뿔소나 들소 역시 꼬리가 가늘고 얇아서 '송백처럼 뻗은 저 꼬리'라는 말과 어긋나니, 베헤못이 될 수 없다.

그렇다면 베헤못의 정체는 창조과학회 등에서 주장하는 공룡일까? 거대한 초식공룡인 아파토사우르스는 〈욥기〉에서 말하는 베헤못의 생태와 대체로 일치한다. 그러나 문제는 아파토사우르스 같은 공룡은 자그마치 6500만 년 전에 멸종했다는 사실이다. 과연 〈욥기〉를 쓴 사람이 까마득히 먼 옛날에 사라진 공룡의 존재를 알았을까?

그렇다면 베헤못은 도대체 어떤 짐승이었을까? 아마도 베헤못은 〈욥기〉에 함께 나오는 레비아탄처럼, 실제로 있는 동물이 아니라 다분히 신화적인 환상의 동물일 것이다. 베헤못을 설명하는 〈욥기〉 40장 24절 바로 뒤에 레비아탄에 관한 내용이 이어지는데, 본문 전체적으로 본다면 베헤못과 레비아탄은 다분히 야훼가 만들었다고 자랑하는 신화적인 동물로 보인다.

다만 레비아탄의 정체가 가나안 신화에 나오는 바다의 신이자 괴물인 로탄으로 짐작되듯이, 베헤못도 가나안 신화에 나오는 육지의 강력한 괴물에서 온 것일 수 있다. 가나안 신화의 내용이 적힌 점토판에서 그 내용을 발견할 수 없을 뿐이다.

유대의 전설에서 베헤못은 에덴동산의 동쪽에 있는 보이지 않는 사막에 모든 육지 짐승을 거느리며 살다가, 세상의 마지막 날에 벌어진 전쟁에서 야훼한테 죽임을 당한 후 그 고기가 경건한 신자들에게 제공된다고 한다.

083 하늘의 거대한 새들
– 지즈와 로크

　고대의 유대인들은 바다와 땅과 하늘에 커다란 괴물이 한 마리씩 있다고 믿었다. 그들이 상상한 바다의 괴물은 레비아탄이고, 땅의 괴물은 베헤못이었으며, 하늘의 괴물은 지즈(Ziz)였다.

　지즈는 유대인들의 전설에 등장하는 새다. 그 크기가 얼마나 큰지, 한 번 날개를 펼치면 해를 가려서 세상을 어둡게 만들었다. 유대교의 율법학자 랍비(Rabbi)들은 지즈가 페르시아 신화에 나오는 전설의 새 시무르그(Simurgh)와 비슷하게 생겼다고 주장한다. 반면 현대의 학자들은 지즈가 수메르 신화에 나오는 신성한 새 안주(Anzu)나 고대 그리스에서 영원히 산다고 믿었던 전설의 새 피닉스와 비슷하다고 여긴다.

　바빌로니아에 살던 유대인들이 아람어로 쓴 문헌인 〈아가다(Aggadah)〉에서는 지즈에 대해 이렇게 말하고 있다.

　"지즈는 신이 세계를 만든 5번째 날에 창조되었으며, 모든 새를 다스릴 권한을 (신으로부터) 받았다. 지즈는 모든 바다 생물의 왕인 레비아탄만큼이나 거대하다. 지즈의 발목은 땅에 닿고, 지즈의 머리는 하늘에 이른다.

지즈의 알도 지즈만큼이나 커다란데, 목수의 도끼가 지즈의 알을 다 긁으려면 7년이 걸리고, 지즈의 알이 땅에 떨어져 부서지면 거기에서 나온 물이 60개의 도시들을 휩쓰는 홍수를 일으킨다.

레비아탄과 마찬가지로 지즈는 세상의 종말이 올 때 신에 의해 죽임을 당하고, 그 고기는 신을 믿으며 경건하게 살아간 사람들에게 음식으로 대접된다."

그런가 하면 1698년 영국 학자 험프리 프리도(Humphrey Prideaux)는 지즈를 하늘에 사는 커다란 수탉처럼 묘사했다. 그리고 매일 아침 큰 소리로 울어서 해가 뜨는 날짜를 신에게 알려준다고 했다.

한편 유대인들의 이웃인 아랍인들도 지즈처럼 전설적인 커다란 새를 믿었으니, 바로 로크(Roc)였다. 로크는 아랍의 전설과 민담에 자주 등장하는데, 아랍의 대표적인 구비문학 《아라비안 나이트》는 물론, 이탈리아의 마르코 폴로도 그의 저서 《동방견문록》에 로크의 존재를 넣었을 만큼 중세 시절에 그 존재가 널리 알려진 괴물이었다.

《동방견문록》은 로크를 이렇게 묘사하고 있다. 로크는 그 크기가 매우 커다란 새인데, 코끼리를 먹어치운다. 그 방법은 이렇다. 일단 하늘에서 내려와 발톱으로 코끼리를 붙잡아 하늘로 끌고 올라갔다가 땅으로 떨어뜨린다. 코끼리가 죽으면, 그 시체를 먹는다.

《아라비안 나이트》에서 묘사하는 로크는 더욱 생동감이 넘친다. 《아라비안 나이트》의 주요 등장인물 신드바드(Sinbad)는 두 번째 항해 중에 열대의 무인도에 갇혔다가 로크를 만난다. 신드바드는 로크의 커다란 다리에 옷을 묶어서 로크가 하늘을 날 때 무인도를 빠져나왔다. 신드바드가 비행 끝에 도착한 곳은 높은 산이었는데, 그곳에 다이아몬드가 매우 많다는 사실을 알고서 커다란 양고기를 굴려 다이아몬드를 잔뜩 묻히고는 그 안에 몸을 숨겨 로크가 낚아채게 만들어서 산을 무사히 빠져나왔다.

신드바드는 다섯 번째 항해에서 다른 선원들과 함께 로크가 사는 섬에 상륙했는데, 선원들이 그만 로크의 알을 부수고 로크의 새끼를 죽이는 바람에 화가 난 로크가 선원들의 배를 부숴버렸고, 신드바드만 간신히 살아서 달아났다.

신드바드처럼 《아라비안 나이트》의 등장인물인 알라딘(Aladdin)은 사악한 마법사의 요구로 램프의 요정 진(Jin)을 불러 "로크의 알을 내게 가져다 주시오."라고 부탁했다가, 화가 난 진에게 "우리 진들은 로크에 복종해야 하니, 절대 안 된다."라고 거절당한다.

지즈나 로크의 정체에 대해 흥미로운 가설이 있다. 바로 아프리카 동남쪽의 마다가스카르섬에 살았던 커다란 코끼리새가 무역 상인들을 통해 다음과 같이 부풀려졌다는 것이다. "남쪽 바다 건너에는 아주 큰 새가 산다! 그 새는 하늘의 해를 가리고 코끼리를 사냥할 만큼 크다!" 실제로 코끼리새의 크기가 거의 3미터에 달하니 과장할 만하다.

084 예언서에 나오는 짐승의 정체
– 다니엘서의 네 짐승

《구약성경》〈다니엘〉 7장 2절에서 27절까지의 내용은 바다에서 올라온 4마리의 이상하고 두려운 짐승에 대한 것이다.

먼저 첫 번째 짐승은 사자의 몸에 독수리의 날개가 달렸는데, 날개가 떨어져 나가더니 사람처럼 발을 딛고 땅에 섰다.

두 번째 짐승은 곰처럼 생겼는데 몸을 한쪽으로 비스듬히 일으키고 있었으며, 이빨 사이에 3개의 갈비뼈를 물고 있었는데, 어딘가에서 그 짐승을 향해 '어서 일어나 고기를 잔뜩 먹어라.'라고 말을 걸어왔다.

세 번째 짐승은 머리가 4개인 표범으로 옆구리에도 4개의 날개가 달려 있었는데, 권력을 받았다.

마지막으로 나타난 네 번째 짐승은 가장 무섭게 생기고 힘도 강력했다. 쇠 이빨과 놋쇠 발톱으로 모조리 부수고 먹어치웠으며, 그러다 남은 것은 발로 짓밟아버렸다. 그 짐승은 10개의 뿔이 달렸는데, 신을 섬기는 거룩한 백성(유대인)을 공격해 지배하고 못살게 굴다가 끝내 불 속에 던져져 죽임을 당했다.

네 마리 짐승은 괴기스럽고도 신비스럽게 묘사되었는데, 그 정체에 대해 성경학자들의 의견이 분분하다. 가장 유력한 견해는 짐승들이 유대인들을 지배한 고대 중동의 강대국들을 나타낸다는 것이다.

첫 번째 짐승인 날개가 달린 사자는 신바빌로니아 왕국(기원전 626~539년)을 가리킨다. 신바빌로니아 왕국은 기원전 586년 유다 왕국을 정복하고 유대인들을 포로로 붙잡아 바빌론으로 끌고 온 바빌론 유수를 일으켰다.

두 번째 짐승인 곰은 아케메네스 페르시아 제국(기원전 559~330년)을 가리킨다. 페르시아 제국은 기원전 539년 신바빌로니아 왕국을 멸망시키고 중동 전체를 지배했는데, 거기서 만족하지 않고 유럽까지 정복하고자 기원전 499년에 그리스를 침공하여 페르시아 전쟁을 일으켰다가 그리스인들에게 패배했다. 아마 이런 팽창욕을 풍자하기 위해 고기를 잔뜩 먹으라는 말이 붙은 듯하다.

세 번째 짐승인 4개의 머리와 날개가 달린 표범은 알렉산더 대왕의 마케도니아 제국(기원전 336~323년)을 가리킨다. 마케도니아 제국은 330년 페르시아 제국을 멸망시키고 그리스와 인도에 이르는 광대한 영토를 정복했으나, 알렉산더 대왕이 323년 33세의 나이로 후계자도 정해놓지 않은 상태에서 죽자, 대왕의 부하 장군들이 영토를 나눠가지면서 4개의 나라, 즉 셀레우코스 왕조, 프톨레마이오스 왕조, 카산드로스 왕조, 리시아코스 왕조로 분열되었다. 4개의 머리는 마케도니아 제국의 분열을 비유한 것이다.

그리고 네 번째로 10개의 뿔이 달린 짐승은 시리아의 셀레우코스 왕조(기원전 312~63년)를 가리킨다. 셀레우코스 왕조는 알렉산더 대왕의 부하 장군이었던 셀레우코스 1세(기원전 358~281년)가 세운 나라인데, 전성기인 안티오코스 3세(기원전 241~187년) 시대에는 지금의 터키에서 인도까지에 이르는 광활한 영토를 지배했다. 이를 두고 《플루타르코스 영웅전》에서는 "안티오코스는 로마인들이 가장 두려워하던 왕이었는데, 셀레우코스가 지배하던 아시아를 거의 모두 손에 넣었다."라고 표현했다.

그런데 〈다니엘〉에서는 셀레우코스 왕조를 가장 부정적으로 묘사하고 있다. 셀레우코스 왕조가 앞선 세 짐승, 즉 3개 나라와는 달리, 유대교를 가혹하게 탄압했기 때문이다. 특히 8번째 왕 안티오코스 4세(기원전 215~164년)는 유대인들을 상대로 "유대교의 축제일을 지키지 말고, 유대인들의 의식인 할례(포경 수술)를 하지 말고, 유대교의 율법을 지키지 말라."라고 유대교를 금지하는 폭압을 저질렀다. 이를 어기는 유대인들은 모조리 사형시켰으며, 유대교의 성지인 예루살렘 성전에 보관된 금은보화를 모조리 약탈했다.

아울러 짐승에게 난 10개의 뿔은 셀레우코스 1세에서 데메트리오스 1세에 이르는, 10명의 셀레우코스 왕을 뜻한다. 그중 〈다니엘〉에서는 '건방진 소리를 하면서 신에게 욕을 퍼부으며 거룩한 백성들을 못살게 구는' 뿔에 대해 묘사하는데, 이 뿔이 바로 유대교를 탄압한 안티오코스 4세를 가리킨다.

또한 〈다니엘〉 11장에서는 남쪽 나라의 왕과 북쪽 나라의 왕이 벌이는 전쟁을 묘사하고 있다. 여기서 말한 남쪽 나라는 알렉산더 대왕의 부하 장군 프톨레마이오스가 세운 이집트의 프톨레마이오스 왕조(기원전 305~30년)이며, 북쪽 나라는 앞서 말했듯이 시리아의 셀레우코스 왕조다. 실제로 프톨레마이오스 왕조와 셀레우코스 왕조는 중동의 패권을 놓고 여러 차례 전쟁을 벌였는데, 그중 기원전 217년의 라피아 전투에서는 두 나라가 각각 7만 5000명(이집트)과 6만 8000명의 군대(시리아)를 동원했다. 〈다니엘〉에서 이를 두고 '마지막 때의 전쟁'이라고 표현했는데, 아마 약소민족인 유대인들의 눈에는 그렇게 보였을 것이다.

085 종말을 가져오는 짐승의 비밀
– 요한계시록의 짐승

《신약성경》의 마지막을 장식하는 문서는 〈요한계시록〉(천주교에서는 〈요한묵시록〉)이다. 〈요한계시록〉은 그 내용이 무척 신비스럽고 기이하여 세계의 종말을 외치는 종교인들이 자주 인용한다.

〈요한계시록〉에서 가장 눈길을 끄는 부분은 13장에 등장하는 짐승이다. 이 짐승은 10개의 뿔과 7개의 머리를 가졌고, 뿔마다 각각 왕관을 하나씩 쓰고 있으며, 그 머리마다 신을 모독하는 이름이 쓰여 있었다. 짐승은 표범과 비슷하게 생겼는데, 곰의 발과 사자의 입을 가졌다. 짐승은 신의 적이자 붉은 용(또는 뱀)인 사탄으로부터 왕위와 권세를 받았으며, 머리 중 하나가 치명상을 입어 거의 죽게 되었다가 그 상처가 나았다. 그 모습을 본 전 세계 사람들은 "이 짐승처럼 힘이 센 자가 어디 있는가? 누가 이 짐승을 이길 수 있겠는가?"라며 짐승한테 절을 하고 숭배했다.

이 짐승은 성도들(기독교 신도들)과 싸워 이길 힘을 받았고, 모든 종족과 백성과 언어와 민족을 다스릴 권세를 받았다. 그러므로 땅 위에 살고 있는 사람들 중에서 예수의 생명책에 이름이 올라 있지 않은 자들은 모두 짐승에게 절했으며, 짐승의 모습대로 만든 우상에게 절하지 않은 사람들은 죽임을 당했고, 짐승의 이름이나 그 이름을 표시하는 숫자의 낙인이 찍힌 사람 이외에는 아무도 물건을 사지도 팔지도 못하게 했는데, 짐승을 가리키는 숫자는 666이었다.

〈요한계시록〉에서 나온 이 짐승은 흔히 예수 그리스도의 적대자라는 뜻에서 '적그리스도'라고 불린다. 그리고 종말론을 외치는 종교인들은 적그리스도의 정체를 두고 로마 교황, 마르틴 루터, 나폴레옹, 히틀러, 스탈린 (혹은 소련), 마오쩌둥, 사담 후세인, 유럽 연합이라느니 하며 온갖 논란을 불러일으키고 있다. 과연 이 짐승의 정체는 무엇일까?

성경학자들의 견해를 종합해보면, 〈요한계시록〉에 언급된 7개의 머리와 10개의 뿔을 가진 짐승은 다름 아닌 로마 제국이다. 7개의 머리는 로마 제국의 수도인 로마가 위치한 7개의 언덕을 비유한 것이고, 10개의 뿔은 아우구스투스부터 시작된 10명의 로마 황제를 가리킨다. 그중 '짐승의 머리 하나에 치명상을 입어 거의 죽게 되었다'라는 묘사는 아마 네로 황제가 반란군에 쫓겨 자살하고, 그 직후 황제 자리를 두고 여러 장군이 내전을 벌여 로마가 큰 혼란에 빠진 일을 풍자한다는 것이다.

네로 황제가 부정적으로 묘사된 이유는 그가 로마 황제 중에서 가장 처음 기독교도들을 박해한 인물이기 때문이다. 실제로 《쿠오바디스》 같은 기독교 문학 작품을 보면, 네로 황제를 잔인하고 미친 폭군으로 그려놓았으며, 그 때문에 국내에서도 오랫동안 로마 제국과 네로 황제에 대한 이미지가 무척이나 나빴다.

짐승의 머리에 신, 즉 기독교의 신을 모독하는 이름이 쓰여 있었다는 부분은 로마 황제들을 신으로 표현한 사실을 비유한 것이다. 실제로 로마 황제들은 살아 있을 때나 죽은 이후에 신으로 여겨졌다. 그러나 기독교도들은 오직 유일신만을 숭배했고, 엄연히 살아 있는 인간인 로마 황제를 신으로 부르는 것을 신에 대한 모독으로 간주하여 〈요한계시록〉에서 그렇게 표현한 것이다. 그리고 짐승의 우상에 절하지 않는 사람들은 죽임을 당했다는 부분은 로마 황제들을 신으로 숭배하지 않던 기독교도들이 박해를 받아 죽은 일을 나타낸 것이다.

또한 치명상을 입은 짐승의 상처가 회복되자 그 모습을 본 전 세계 사람들이 짐승을 가리켜 가장 강한 자라고 칭송하며 숭배했다는 부분은 네로 황제의 죽음 이후에 벌어진 내전을 새로운 황제 베스파시아누스가 수습하고 로마를 안정시키자, 로마 제국이 세계에서 가장 강한 나라라고 지중해 세계 사람들이 우러러 보았던 일을 풍자한 내용이다. 실제로 로마 제국은 네로의 자살 이후 망하기는커녕 오히려 나라의 힘이 더욱 강력해지고 오래 존속했으니 말이다.

"짐승의 이름이나 그 이름을 표시하는 숫자의 낙인이 찍힌 사람 이외에는 아무도 물건을 사지도 팔지도 못하게 하였다."라는 내용은 로마 황제의 초상이 들어간 동전을 쓰지 않으면 물건을 사고파는 일이 불가능했던 로마 시대의 일상을 공포에 떨듯 묘사한 것이다.

짐승을 가리키는 숫자가 666이라는 말은 이른바 게마트리아라는 문자 전환법으로 네로 황제의 이름을 알파벳과 숫자로 풀어서 쓴 결과이다. 네로 황제 때부터 시작된 기독교 박해로 로마 제국은 〈요한계시록〉에서 사악한 괴물로 풍자되고 있는 것이다.

마지막 부분에서 짐승은 신의 심판을 받아 영원히 불타는 지옥으로 떨어지는데, 이는 로마 제국의 기독교 박해가 끝나고 신앙의 자유가 오기를 바랐던 기독교 신도들의 염원이 담긴 묘사로 볼 수 있다.

086 음식을 통해 몸에 들어오는 괴물
– 다에바

　다에바(Daeva)는 조로아스터교를 비롯한 페르시아 신화에 등장하는 사악한 괴물이다. 원래 다에바는 조로아스터교의 가장 오래된 문헌 〈가타스(Gathas)〉에서 '거짓을 만들고 혼란을 조장하여 숭배를 받지 못하는 신'이라는 뜻이었으나, 후대에 가서는 사악한 신 앙그라 마이뉴(아흐리만)가 만든 악마가 되었다.

　일찍이 앙그라 마이뉴는 선한 신 아후라 마즈다가 만들어낸 6위의 야자타(Yazata, 천사)에 대항하기 위해서 6위의 다에바를 만들었다. 그들은 아래처럼 서로 맞선다.

　보후 마나흐(Vohu Manah, 선량함)/ 아카 마나흐(Aka Manah, 사악한 생각)

　아샤 바히스타(Asha Vahishta, 진실함)/ 인다르(Indar, 냉담함)

　스펜타 아르마이티(Spenta Armaiti, 신성함과 헌신)/ 나오냐이티야(Naonhaithya, 불만)

　크샤트라 바이르야(Kshathra Vairya, 정의와 지배)/ 사우르바(Saurva, 압제)

　하우르바타트(Haurvatat, 완벽함)/ 타우르비(Taurvi, 파괴)

　아메레타트(Ameretat, 불멸)/ 자우리(Zauri, 죽음)

정통 조로아스터교 교리에서 6위의 다에바는 앙그라 마이뉴의 명령을 받아 자신들보다 낮은 위치에 있는 다에바들을 통솔하는 사령관 역할을 맡았다. 그들의 지시에 따른 다른 다에바들은 대략 아나쉬티흐(Anashtih, 싸움), 아나스트(Anast, 거짓), 아파우쉬(Apaush, 가뭄), 아라스카(Araska, 복수), 아즈(Az, 탐욕), 디와쟈르(Diwzhat, 위선), 에쉼(Eshm, 분노), 프레프타르(Freptar, 속임수), 라쉬크(Rashk, 질투) 등이다.

그런가 하면 1010년 이란의 시인 피르다우시가 쓴 서사시 〈샤나마(Shahnameh)〉에서는 10위의 다에바가 등장한다. 그들의 이름은 아즈(탐욕), 카쉼(Kashm, 분노), 낭(Nang, 명예 훼손), 니아즈(Niaz, 결핍), 라쉬크(질투), 킨(Kin, 복수), 남남(Nammam, 이야기), 도루지(Do-ruy, 두 얼굴), 나팍-딘(napak-din, 이단), 그리고 그 이름이 명확하지 않으나 '은혜를 모르는'이라는 특성을 가진 다에바들이다.

아울러 〈샤나마〉에서는 디베 세피드(Div-e Sepid)라는 다에바들의 우두머리가 등장한다. 디베 세피드는 우박과 폭풍을 일으키는 마법을 사용하여 페르시아의 황제 카이 카부스(Kay Kavus)가 이끄는 군대를 혼란에 빠뜨리고, 황제와 장군들을 모조리 붙잡아 감옥에 가두었다. 그러자 〈샤나마〉의 가장 위대한 영웅 루스탐이 나서서 디베 세피드와 혈투를 벌인 끝에 그를 죽이고, 디베 세피드의 심장과 피를 사용하여 그가 부린 마법으로 눈이 멀었던 카이 카부스 황제를 치료했다고 전해진다. 죽은 디베 세피드의 머리는 루스탐이 사용하는 투구가 되었다.

또한 앙그라 마이뉴는 빛의 신 아후라 마즈다와 적대하는 어둠의 신이기도 해서 앙그라 마이뉴가 만든 다에바는 해가 지고 어둠이 깔린 밤에만 움직이는 괴물이었다. 그래서 조로아스터교 신도들은 밤을 악마들이 돌아다니는 시간으로 여겼고 밤에 음식을 먹는 일도 금기로 삼았다. 자칫 다에바들이 음식 속에 들어가 사람을 해칠 수도 있다고 보았기 때문이다. 다에바들은 주로 어두운 지하 세계에서 지내다가 밤이 되면 지상으로 나오는데, 햇빛을 싫어하여 아침이 되면 다시 지하 세계로 돌아갔다.

다에바들은 사람들에게 질병과 고통, 슬픔을 퍼뜨릴 뿐만 아니라, 가뭄, 태풍, 지진 같은 자연 재앙을 일으킬 수도 있다. 그들은 사람과 비슷하게 생겼으나, 짐승의 몸과 머리, 발톱을 가진 기이한 모습이기도 했다. 사람처럼 다에바들도 남성과 여성이 있어서 번식할 수 있었고, 심지어 사람과도 결혼할 수 있었다.

어둠의 피조물이라는 특성 때문에 다에바들은 빛의 신 아후라 마즈다가 만든 불을 두려워했다. 그래서 독실한 조로아스터교 신도들은 다에바들을 쫓아내려고 밤이면 집 주변에 밝은 불을 지펴놓았다. 반면 다에바들은 배설, 성관계, 죽음 등 사람들이 만들어내는 유기적인 현상의 냄새를 아주 잘 맡았고, 그런 일이 발생하면 사방에서 몰려왔다.

또한 사람들끼리 모여 식사하다가 쓸데없는 이야기를 하면, 그 소리를 듣고 다에바들이 나타나서 사람의 몸속으로 들어가 나쁜 일을 저지른다는 믿음도 있었기에 조로아스터교 신도들은 식사할 때 가급적 침묵을 지켰다.

그러나 조로아스터교의 교리에서 선은 언제나 악보다 강하기 때문에, 다에바들도 독실한 믿음을 가진 조로아스터교 신도들은 함부로 해칠 수가 없었다.

087 머나먼 동방의 치명적인 맹수
– 만티코어

만티코어(Manticore)는 페르시아의 전설에 등장하는 괴물이다. 만티코어의 머리는 사람이고 몸은 사자인데, 고슴도치 가시 같은 등뼈에 전갈의 꼬리를 달고 있다. 일부 전승에 따르면 등에 박쥐 날개 2장까지 달렸다. 사나운 육식 동물인 사자에게 뾰족한 등뼈와 날카로운 꼬리는 물론이고 거기에 날개까지 달려 하늘을 마음대로 날아다닐 수 있으니, 만티코어는 굉장히 치명적인 맹수였다.

그러나 만티코어의 가장 무서운 점은 사람을 뼛조각 하나 남기지 않고 모조리 먹어치운다는 것이다. 애초에 만티코어라는 이름 자체가 고대 페르시아어로 '사람을 먹는다'라는 뜻의 마르티코라(martichora)에서 파생된 것이다.

만티코어에 관한 가장 오래된 기록은 기원전 4세기에 페르시아의 황제 아르타크세르크세스 2세의 궁전에서 일하던 그리스인 의사 크테시아스(Ctesias)가 쓴 책《인디카(Indica)》에서 찾아볼 수 있다. 크테시아스는 이 책에서 "만티코어는 사람의 살을 매우 좋아하여 사람을 잡아먹기 위해 나타난다. 만티코어는 이빨이 매우 강하여 아무리 단단한 갑옷을 입은 병사라도 그대로 씹어먹어 버린다. 사람의 살에 대한 만티코어의 탐욕은 군대 전체를 잡아먹을 정도로 강렬하다."라고 무시무시하게 묘사했다.

그런데 크테시아스보다 후세에 살았던 서기 2세기 그리스의 지리학자 파우사니아스(Pausanias, 서기 110~180년)는 만티코어를 인정하지 않는다는 글을 남겼다.

"인도인들이 '마르티코라스(martichoras)'라고 불렀고 그리스인들이 '사람을 먹는 자(androphagos)'라고 부른 이 짐승(만티코어)은 아마 호랑이의 일종일 것이다. 이 짐승의 턱에는 이빨들이 3줄로 나 있고, 꼬리 끝부분에는 가시가 달려서 멀리 떨어진 적들에게 궁수의 화살처럼 쏘아대는 반면, 가까운 곳에서는 모든 공격을 막아낸다고 하는데, 이 모든 것은 짐승이 주는 두려움 때문에 사람들이 퍼뜨린 거짓 소문이라고 생각한다."

마찬가지로 그리스 사람인 작가 필로스트라토스(Philostratus, 서기 170~247년)는 자신의 글에서 만티코어의 존재에 대해 다소 모호한 입장을 취했다.

"인도에서 본 신화적인 동물들의 자료는 매우 중요하여 버려서는 안된다. 얻을 것이 무척 많다. 모든 내용을 믿지는 않지만 믿을 만한 것들도 있다. 마르티코라라는 짐승은 머리는 사람처럼 생겼으나 몸집의 크기는 사자와 비슷하다. 이 짐승의 꼬리는 길고 날카로운 가시처럼 털을 내고, 사냥꾼들에게 화살처럼 쏜다."

그리스인 작가들이 기록한 만티코어는 중세 유럽에서도 계속 여러 사람의 입에 오르내렸다. 중세 시대에 민간에서는 만티코어를 두고 사람과 호랑이가 합쳐진 괴물이라거나, 그 발이 원숭이처럼 생겼다거나 하는 추측이 덧붙었다. 또한 만티코어에서 파생된 만티게르(mantyger)라는 괴물도 만들어졌는데, 노인의 머리와 멧돼지의 어금니에 몸은 호랑이처럼 생겼고 머리에 소처럼 긴 나선형 뿔이 달렸으며, 손과 발은 원숭이처럼 생긴, 실로 기괴한 모습이었다.

고대와 중세 내내 만티코어는 혐오와 공포의 대상이었다. 다만 1470년 윌리엄 헤이스팅스(William Hastings)나 16세기의 서섹스 백작인 로버트 래드클리프(Robert Radcliffe) 같은 영국의 몇몇 귀족은 만티코어 그림을 자신의 문장에 넣기도 했다. 만티코어가 페르시아와 인도라는 머나먼 동방의 산물로 사람들의 호기심을 불러일으켰음은 물론, 사람을 잡아먹는다는 두려운 이미지를 사람들에게 전달하려는 것이었다.

그런가 하면 17세기 프랑스에서는 만티코어가 아름다운 여자 얼굴을 가진 괴물로 여겨지거나 그리스 신화에서 사람의 얼굴과 사자의 몸을 가진 괴물인 스핑크스와 동일시되기도 했다.

한편 스페인 남부 안달루시아 지역에는 사람의 살을 뜯어먹는다는 괴물 만테쿠에로(mantequero)가 전해 내려온다. 그 이름이나 활동으로 짐작하건대 아마 만티코어가 스페인에 전해지면서 변형된 존재일 것이다.

088 세계를 파멸로 몰고 가는 용
– 아지다하카

아지다하카(Azhi Dahaka)는 조로아스터교의 경전 《아베스타》에 나오는 사악한 용이다. 아지다하카는 3개의 머리에 3개의 입과 6개의 눈, 1000개의 기술을 지녔는데, 사악한 신 앙그라 마이뉴(아흐리만)가 세계를 파멸시키려고 만들어낸 사악한 피조물 중에서 가장 강한 힘을 갖고 있다.

《아베스타》에서 아지다하카는 바빌론에 있는 쿠이린타(Kuuirinta) 요새에서 살았다고 전해지며, 물의 여신 아나히타(Anahita)와 폭풍의 신 바유(Vayu)를 숭배했다. 아지다하카는 아나히타에게 100마리의 말과 1000마리의 소, 1만 마리의 양을 제물로 바치며 은총을 빌었으나, 아나히타는 아지다하카의 사악함을 싫어하여 은총을 내리지 않았다. 또한 아지다하카가 바유한테 "어떻게 하면 세상을 정복할 수 있습니까?"라고 물었으나, 바유는 "너는 사악한 존재라서 그 방법을 알려줄 수 없다."라고 거절했다.

아지다하카에게는 스피티유라(Spitiyura)라는 형제가 있었다. 두 형제는 페르시아를 평화롭게 다스리던 성군 잠시드(Jamshid)를 공격하여 사로잡아서는 톱으로 몸을 썰어 죽였다. 그리고 죽은 잠시드를 대신하여 아지다하카가 페르시아를 다스리는 임금이 되었다.

이런 아지다하카의 행동은 명백히 불법적인 찬탈이었지만, 후기 조로아스터교의 문헌 〈메노기 크라드(Menog-i Khrad)〉에서는 "아지다하카가 임금이 되지 않았다면, 불사신의 악마 아에스마(Aesma)가 대신 페르시아의 임금이 되어 영원히 악이 세상을 다스렸을 것이기에, 차라리 아지다하카가 나왔다."라고 서술했다.

여하튼 페르시아의 옥좌에 오른 아지다하카는 1000년 동안 앙그라 마이뉴의 도움을 받아서 페르시아를 다스렸다. 물론 그의 통치는 잠시드와는 달리 공포와 억압만이 가득한 독재 정치였다.

그러다가 아지다하카의 폭정을 견디지 못해 봉기가 일어났다. 봉기의 주인공은 페레이둔(Fereydun)이라는 영웅이었다. 페레이둔은 군사를 모아 아지다하카가 사는 궁전으로 쳐들어가 그와 치열한 싸움을 벌인 끝에 체포했다. 그러나 페레이둔이 아지다하카를 죽이려고 하자, 조로아스터교의 최고신 아후라 마즈다가 이렇게 말하며 말렸다.

"아지다하카를 죽이지 마라. 만약 그렇게 하면, 그의 상처로부터 뱀과 벌레 같은 해로운 동물들이 나와서 사람들을 더욱 괴롭히리라."

페레이둔은 아지다하카를 살려두는 대신, 그가 세상에 해를 끼치지 못하도록 다마반드(Damavand)산의 깊은 동굴 속에 쇠사슬로 묶은 채로 가둬버렸다.

그런가 하면, 서기 1010년 페르시아에서 만들어진 서사시 〈샤나마〉에 의하면 아지다하카는 원래 페르시아 서쪽 이라크의 왕자였다. 그는 '용'이라는 별명으로 불릴 만큼 전쟁터에서 용감했는데, 자신의 어머니 와다그 (Odag)와 근친상간을 했으며, 악마의 유혹을 받아 아버지를 죽이고 왕위에 올랐다. 아지다하카는 계속 용맹을 떨쳐서 수많은 전투에서 승리를 거두었으며, 급기야 페르시아를 정복하려는 야심을 품고 쳐들어갔다. 마침 페르시아를 다스리던 잠시드는 신의 은총을 잃은 상태여서, 용감한 아지다하카의 군대에게 패배하고 사로잡혀 죽임을 당했다. 그렇게 아지다하카는 잠시드를 없애고, 페르시아를 다스리는 임금이 되었다.

아지다하카를 유혹한 악마는 그의 두 어깨에 입을 맞추었는데, 그러자 아지다하카의 어깨에 두 마리 뱀이 솟아났다. 그리고 아지다하카는 사악한 본성을 드러내어 페르시아의 종교를 파괴하고 수많은 선량한 페르시아인들을 죽이거나 박해했다. 그의 지배는 1000년 동안이나 계속되었고, 페르시아인들은 가혹한 통치에 시달리며 고통을 받았다. 또한 아지다하카는 자신의 어깨에 솟아난 뱀들의 먹이로 매일 페르시아인 한 명을 죽여 그 뇌를 주었다.

그러다가 1000년 후, 대장장이의 아들 페레이둔이 자신을 따르는 사람들을 모아 반란을 일으켜 아지다하카와 싸워 승리하고, 그를 다마반드산의 동굴에 가두었다.

하지만 아지다하카의 운명이 그걸로 끝은 아니다. 《아베스타》와 〈샤나마〉의 내용을 종합해보면, 세계의 종말이 올 때 아지다하카는 쇠사슬을 끊고 다마반드산에서 뛰쳐나와 모든 인류와 가축 중 3분의 1을 죽일 것이라고 한다. 바로 그때, 고대의 위대한 영웅 키르사스프(Kirsasp)가 되살아나 아지다하카를 완전히 죽여 없앤다고 한다.

089 아르메니아의 환상적인 괴물들

이라크 북쪽의 캅카스산맥은 유럽과 아시아를 잇는다. 캅카스 지역의 오래된 나라 중 하나가 아르메니아인데, 서기 301년 기독교로 개종하기 전까지는 전통 신앙과 조로아스터교를 믿었다. 아르메니아는 기독교의 영향을 워낙 강하게 받는 바람에 전통 신앙의 흔적이 그리 많이 남아 있지는 않다. 아르메니아의 전통 신앙에서 등장하는 각종 환상적인 괴물에 대해 살펴보자.

알(Al)은 임신한 여성을 공격하고 갓 태어난 아기를 훔쳐서 달아나는 사악한 난쟁이 악령이다. 알은 몸의 절반이 짐승이고 나머지 절반은 남자인데, 이빨은 쇠와 놋쇠 또는 구리로 만들어졌으며 그 모습은 마치 못처럼 생겼다. 알은 종처럼 생긴 뾰족한 모자를 갖고 있는데, 이 모자를 쓰면 눈에 보이지 않는다.

알에 대한 전설은 본래 이란계 민족들의 신화에서 비롯되었는데, 아르메니아 역시 지리적으로나 역사적으로나 이란과 가까워서 다분히 그 영향을 받은 듯하다.

아랄레즈(Aralez)는 등에 깃털 가득한 날개 2장이 달린 개인데, 하늘 또는 아라랏산에 살고 있다. 아르메니아인들은 아랄레즈가 하늘에서 내려와 죽은 사람들의 상처를 핥으면, 그들을 다시 살려낼 수 있다고 믿었다. 고대 아르메니아의 역사가들에 따르면, 아르메니아의 장군 마미코니안 (Mamikonyan, 서기 393~451년)이 죽었을 때, 그의 친척들은 마미코니안의 시체를 탑 위에 올려놓고는 하늘에서 아랄레즈가 내려와서 그를 핥아서 살려내기를 바랐다.

아랄레즈와 관련한 오래된 전설도 있다. 아르메니아의 전설적인 영웅 아라(Ara)가 그를 사랑하여 쳐들어온 앗시리아의 여왕 샤미람(Shamiram 혹은 세미라미스Semiramis)과의 전쟁에서 죽임을 당하자, 샤미람은 아라의 부하들에게 "아랄레즈가 아라를 다시 살려낼 것이다."라면서 아라처럼 생긴 남자를 골라서 아라가 입었던 옷을 입히고 마치 아랄레즈의 도움으로 살아난 것처럼 속였다는 것이다. 일설에 의하면 아랄레즈는 사실 아르메니아 신화에서 가장 오래된 신이다.

데브(Dev)는 페르시아의 조로아스터교에서 말하는 악마 다에바(Daeva)에서 유래한 요괴다. 그들은 공기로 만들어진 사악한 정령인데, 돌이 많은 장소와 오래된 폐허에 살면서 지나가는 사람들을 괴롭힌다.

샤하펫(Shahapet)은 뱀처럼 생긴 수호신으로, 집과 과수원, 들판 혹은 숲과 묘지에서 살았다. 샤하펫은 두 종류가 있다. 집을 지켜주는 샤하펫과 농사일을 도와주는 샤하펫이다. 식구들이 집에서 사는 샤하펫에게 잘 대해주면 보답으로 황금을 남겨주지만, 샤하펫을 괴롭히면 화가 나서 집을 떠나고 집안에 분쟁과 재앙을 남긴다. 이런 샤하펫 전설은 구렁이를 업신이라 하여 집안을 지켜주는 수호신으로 여기고, 구렁이를 잘 대해주면 집안을 번창시켜 주지만 학대하면 집을 떠나 집안이 망한다는 한국의 터줏대감 설화와도 비슷하여 눈길을 끈다.

냥(Nhang)은 페르시아에서 '악어'라는 말이었는데, 아르메니아에 들어와서 강가에 사는 독사나 용이 되었다. 냥은 사악한 괴물로 여자의 모습으로 변신하여 지나가는 사람을 유혹한 다음, 그를 물속으로 끌어들여 빠뜨려 죽이고 시체의 피를 마셨다. 이 밖에도 고대 아르메니아 문학에서 냥은 바다에 사는 괴물들을 가리키는 말로도 사용되었다.

냥은 그 어원이 고대 인도의 뱀 종족 나가(Naga)에 있다고 여겨진다. 고대 인도-유럽어족의 확산 결과로 나가가 냥이 되었다고 보는 것이다.

피아텍(Piatek)은 독수리 머리에 사자 몸을 한 괴물인데, 고대와 중세 유럽에서 유명했던 괴물 그리핀처럼 생겼다. 다만 그리핀과는 달리 독수리의 날개가 없다.

090 조지아 신화의 초자연적 존재들

구소련의 일원이었다가 1991년 소련 붕괴 이후 독립한 조지아(그루지야)는 서기 4세기부터 기독교를 믿었다. 그러나 기독교로 개종한 이후에도 조지아인들은 자연에 존재하는 여러 괴물을 인정했다. 어떤 괴물이 있는지 알아보자.

먼저 소개할 괴물은 알리(Ali)이다. 조지아의 전설에서 알리는 사람들이 사는 곳으로부터 멀리 떨어진 숲이나 동굴, 폐허에서 사는 괴물 종족이다. 알리는 인간처럼 남성도 있고 여성도 있다. 남성 알리는 무척 혐오스럽고 못생겼지만, 여성 알리는 보는 사람을 유혹하고 사랑에 빠뜨릴 만큼 아름답다. 하지만 본모습은 남성 알리처럼 추악하다. 알리는 비열한 성품을 지녀서, 노약자나 임신한 여성을 괴롭히는 일을 좋아한다.

다음은 데비(Devi)이다. 일반적으로 조지아의 신화와 전설에서 데비는 악마로 불린다. 데비의 모습은 여러 개의 머리를 가진 거인으로 묘사된다. 이 머리 중에서 하나가 잘리거나 부서지면 즉시 다시 자라난다. 이런 설정은 그리스 신화의 히드라와 비슷하다. 데비들은 조지아 신화에서 괴물과 뱀 들이 사는 음침한 지하 세계 크베스크넬리에서 살지만, 간혹 인간 세계의 산속으로 올라와 지내기도 한다. 데비들이 사는 곳에는 온갖 보물이 있거나 그들에게 납치당한 인간들이 함께 있다. 보통 데비들은 아홉 형제로 이뤄진 한 가족을 이루고 있는데, 모든 데비 중에서 가장 강력한 것의 이름 은 박박 데비(Bakbak Devi)이다. 조지아 전설에서 영웅들은 데비들을 상대로 다양한 속임수를 펼쳐서 이긴다. 데비라는 이름은 페르시아의 조로아스터 교에 나오는 악마 다에바(Daeva)에서 유래한 것으로 보인다.

도빌니(Dobilni)는 전염병을 퍼뜨리는 괴물인데, 보통은 여자나 어린이, 동물의 모습으로 나타난다. 다만 모든 도빌니가 사악한 것은 아니고, 건강 한 아이를 낳게 하거나 여성들의 건강을 지켜주는 좋은 역할도 한다. 또한 선량한 마음씨를 가진 도빌니들은 소 같은 가축을 지켜주고 여행을 떠난 사람을 보호해주는 일도 맡고 있다.

그벨레샤피(Gveleshapi)는 호수와 강에 사는 사악한 뱀인데, 홍수를 일으 켜 사람들에게 피해를 준다. 그들은 인도 신화에 등장하는 뱀 종족 나가 (naga)와 비슷하다. 조지아 전설에서 영웅들은 그벨레샤피와 자주 싸웠다.

카지(Kaji)는 마법을 부리는 사악한 대장장이인데, 육지에 사는 패거리와 강과 호수에서 사는 패거리로 나뉜다. 육지의 카지들은 사악하지만, 강과 호수의 카지들은 인간에게 친절을 베풀기도 한다. 알리처럼 카지들도 남성 과 여성이 있는데, 남성 카지에 비해 여성 카지들은 아름답고 인간 영웅들 을 유혹하거나 도와준다. 조지아 전설에서 카지들은 네스탄 다레잔(Nestan-Darejan) 공주를 카제티(Kajeti) 요새로 납치하여 영웅과 싸우는 악역으로 등 장한다. 다만 다른 전승에 의하면 카지는 초자연적인 존재가 아니라, 지혜 를 가져다주는 뱀고기 스튜(찌개 요리)를 만드는 인간 마법사다.

쿠디아니(Kudiani)는 큰 이빨과 꼬리로 끔찍한 모습을 한 마녀들이다. 인 간들을 속이려고 이빨과 꼬리를 숨긴 모습으로 변신한다. 그녀들의 지도자 는 로캅(Rokap)인데, 다른 쿠디아니들이 빼앗아온 인간들의 영혼을 삼켜서 살아간다. 이에 최고신 그메르티는 그녀를 지구의 기둥에 묶어 벌을 주었는데, 매년 로캅은 자신을 해방하려 하지만 항상 실패한다.

마트실(Matsil)은 여행자와 사냥꾼을 괴롭히는 지하 세계의 사악한 영혼이다. 조지아의 전설에서는 영웅 코팔라(Kopala)가 마트실을 물리쳤다고 한다.

오초 코치(Ocho-Kochi)는 숲 속에 사는 괴물인데, 가슴에 뾰족한 뼈나 돌도끼 모양의 돌기가 달려서 지나가는 사람을 껴안아 죽인다.

파스쿤지(Paskunji)는 조지아 신화에서 인류를 돕는 불사조다. 파스쿤지는 지하 세계에서 살고, 그곳의 뱀과 싸운다. 조지아의 영웅들은 파스쿤지의 깃털 하나를 태워 그를 불렀으며, 다른 장소로 운반되어 상처와 병을 고칠 수 있었다. 다른 전승에서는 반대로 파스쿤지가 인간에게 적대적이며 박해를 당한 것으로 묘사된다. 파스쿤지는 조로아스터교의 신비한 새 시무르그에서 영향을 받은 듯하다.

쿠르샤(Qursha)는 영웅 아미란(Amiran)과 함께 행동하는 전설의 사냥개다.

라시(Rashi)는 그리스 신화의 페가수스처럼 날개가 달린 마법의 말이다. 라시는 사람을 태우고 바다 밑이나 하늘까지 다다를 수 있다. 조지아 신화와 전설에서 라시는 영웅들의 탈 것으로 등장한다.

091 캅카스 지역의 정령과 괴물

현재 러시아 영토인 캅카스 지역 북부에는 바이나크족(Vainakh) 계열의 소수 민족 체첸인(Chechens)과 잉구슈인(Ingush)이 산다. 이들은 16세기 무렵부터 이슬람교를 받아들여 지금은 거의 모두가 이슬람교 신도이지만, 원래는 정령 신앙을 믿는 다신교도였다. 바이나크족이 전통적으로 믿어왔던 정령과 괴물을 살펴보자.

프카갈베리(Pkhagalberi)는 바이나크족의 신화적인 난쟁이 종족이다. 그들이 만드는 온갖 무기의 성능은 무적이었다.

투르팔(Turpal)은 바이나크족의 위대한 영웅 프카르마트(Pkharmat)가 타고 다니는 말인데, 7개의 산에서 풀을 뜯고 바닷물을 마시며 번개보다 더 빨리 달린다.

우자(Uja)는 외눈박이 거인으로, 천둥 번개의 신 셸라(Sela)의 충실한 종이다. 그는 셸라의 명령으로 하늘에서 불을 훔친 프카르마트를 바이나크족 신화에서 지상의 중심인 카즈벡산(Mount Kazbek) 꼭대기에 쇠사슬로 묶었다. 이다(Ida)는 새들의 왕이자 힘센 매인데, 매일 아침 카즈벡산에 묶인 프카르마트의 간을 뜯어먹는다. 이는 캅카스산에 묶인 프로메테우스의 간을 제우스가 보낸 독수리가 매일 뜯어먹는다는 그리스 신화와 비슷하다.

이름이 확실하지 않은 갈라인-암(Galain-Am) 호수의 정령은 호수를 온갖 오염과 불경한 죄로부터 지키고 있으며 황소의 모습을 하고 있다.

멜훈(Melhun)은 신들을 섬기다 죄를 짓고 땅에 떨어진 타락한 천사다.

나르트(Nart)는 바이나크족의 신화적인 거인 종족인데, 캅카스의 다른 민족 신화와는 달리 경우에 따라서 선하게 등장하거나 악당으로 나온다.

알마스(Almas)는 숲 속에 사는 사악한 영혼들이다. 그들은 인간처럼 남성과 여성으로 나누어지는데, 남자 알마스는 몸이 머리카락으로 덮여 있으며 사납고 교활한 성품을 지녔고 가슴에 날카로운 도끼가 달린 끔찍한 모습을 하고 있다. 여자 알마스는 매우 아름답지만 남자 알마스와 마찬가지로 사악하고 교활하여 위험한 존재이다. 그녀들은 달빛을 받으며 춤을 추기를 좋아한다. 모든 알마스는 숲의 야생동물들을 반려 동물로 키우고, 때때로 동물들을 잡으러 숲에 들어오는 사냥꾼들과 사랑에 빠지기도 한다. 바이나크족의 전설에 따르면 사냥꾼들이 사냥을 잘하기 위해서는 알마스들에게 잘 보여야 한다.

감실그(Ghamsilg 또는 감-스타그Gham-stag)는 자신의 영혼이 동물의 몸속으로 들어갈 수 있는 능력을 가진 마녀였다.

지님(Djinim, 게니Genie)은 아랍 전설의 정령 진(jinn)이 바이나크족에게 전해져 만들어진 종족이다. 그들은 대체로 사악한 성품을 지녔고, 앞으로 일어날 일이나 사람들의 비밀을 훔쳐보고서 자신들과 친근한 상대한테 전해 준다. 그러나 평범한 사람이 이들과 접촉하면 미쳐버리고 만다.

타람(Taram)은 모든 사람과 자연 물체 속에 있다고 믿어졌던 수호신으로 사람의 눈에는 보이지 않았다. 그들은 모든 종류의 재앙으로부터 자신들이 살고 있는 사람과 자연 물체를 보호한다.

우부르스(Uburs)는 피에 굶주린 영혼이자 악마인데, 동유럽 슬라브족의 전설에 등장하는 흡혈귀 뱀파이어와 같다.

훈사그(Hunsag)는 숲과 숲 속의 동물들을 지키는 정령이다. 그들은 숲에서 만난 모든 사냥꾼이 숲과 동물들을 망친다고 여겨서 해치려고 한다. 훈사그들은 숲의 모든 동물과 새와 나무와 풀의 도움을 받을 수 있다.

바티가-셰르트코(Batiga-Shertko)는 지상과 지하 세계(저승)를 자유롭게 오갈 수 있는 정령이다. 그들은 지하 세계로 건너가서 죽은 사람의 영혼이 그곳에서 어떻게 지내고 있는지 죽은 사람의 가족들한테 알려주는 대가로 동물을 제물로 바치라고 요구한다.

와이기(Waigi)는 7개의 머리를 가진 외눈박이 거인이다. 그는 신에 의해 사람보다 먼저 창조되었으며, 엄청난 힘과 거대한 체구를 지녔다. 하지만 와이기는 어리석어서 인간들과의 싸움에서 계속 패배하다가, 결국 영웅 소슬란(Soslan)에게 죽임을 당했다.

기디르틱(Guidyrtyk)은 산에 사는 괴물인데, 윗턱이 하늘에 닿고 아래턱이 땅에 닿아 있다. 기디르틱은 시끄럽고 끔찍한 소리를 지르며, 포효와 함께 모든 사람과 동물을 집어삼킨다. 천둥 번개가 치는 동안 하늘을 흔들며 우박을 일으키는 능력을 갖고 있다.

아크사비다르(Akhsavidar)는 바이나크족의 이웃인 오세트족의 전설에 나오는 유령으로, 밤에 검은 말을 타고 달리며 만나는 사람한테 질병이나 죽음을 예고하는 저승사자다.

092 세계의 지배자를 꿈꾼 바위 괴물
– 울리쿰미

울리쿰미(Ullikummi)는 현재의 시리아 북부와 터키 동부에 살던 고대 민족 후리족(Hurrian)의 신화에 나오는 괴물이다. 후리족의 신화는 기원전 2000년에 우크라이나에서 터키로 이주해온 히타이트인들이 그대로 받아들여서, 울리쿰미는 히타이트족의 신화에도 등장한다.

후리족의 신화에 의하면, 원래 하늘에 사는 신들은 알라루(Alalu)라는 신이 다스리고 있었다. 그런데 알라루가 신들을 다스린 지 10년이 되는 해에, 알라루의 부하 아누(Anu)가 반란을 일으켜 알라루를 쫓아내고 자신이 신들을 다스리는 왕이 되었다. (여기서 아누는 글자 그대로 수메르와 바빌론의 신화에 등장하는 하늘의 신이다. 이는 후리족이 수메르와 바빌론의 신화를 받아들여 자신들의 신화로 삼았음을 드러낸다.)

왕이 된 지 9년째 되는 해에 아누의 부하 쿠마르비(Kumarbi)가 주인이 했던 행동을 그대로 본받아 반란을 일으켰다. 쿠마르비의 힘에 밀린 아누는 달아나다가 쫓아온 쿠마르비한테 그만 성기를 물어뜯겼다. 그러자 아누의 정액이 쿠마르비의 몸속에 들어갔다. 이 모습을 본 아누는 쿠마르비에게 이렇게 말했다.

"너의 몸속에 들어간 나의 정액은 신들도 두려워하는 힘을 갖고 있다. 앞으로 너는 나의 정액 때문에 망하리라."

그러자 쿠마르비는 자신의 파멸을 피하기 위해서 즉시 아누의 정액을 바위에 뱉어버렸다.

그런데 바위에 떨어진 아누의 정액에서 아이가 하나 태어났다. 쿠마르비는 아이의 이름을 울리쿰미라고 지어주었다. 울리쿰미는 처음에는 아주 작았지만 점차 몸집이 불어나서 어느새 그 머리가 하늘에 닿을 정도로 거대해졌다. 게다가 바위에 떨어진 정액에서 태어나서인지, 온 몸이 단단한 바위로 이루어져 있어서 그 힘 또한 매우 강력했다.

이렇게 큰 체구와 강한 힘을 갖게 된 울리쿰미는 "이제 내가 하늘로 올라가 모든 신을 정복하고, 세계의 지배자가 되겠다!"라는 야심을 품었다. 사실 그의 아버지라고 할 수 있는 아누도 주인 알라루를 쫓아내고 최고신이 되었으니, 딱히 잘못된 생각이라고 할 수는 없었다.

그러나 이미 하늘에 자리를 잡은 신들로서는 울리쿰미를 막기 위해 별의별 수단을 다 썼다. 먼저 사랑의 여신 이쉬타르(수메르의 이난나와 바빌론의 이쉬타르)가 나서서 울리쿰미를 상대로 옷을 벗으며 춤을 추고 유혹을 해보았다. 하지만 온 몸이 바위 그 자체인 울리쿰미는 '사랑'이라는 감정을 전혀 느끼지 못했기 때문에 아무리 이쉬타르가 울리쿰미를 유혹해도 헛수고였다.

유혹이 안 통하니 다른 수단인 힘이 필요했다. 신들 중에서 두 어깨로 하늘을 떠받치고 있을 만큼 힘이 강한 거인 우펠루리(Upelluri)가 나서서 울리쿰미를 제압해보려고 했으나, 울리쿰미의 힘이 더 강해서 우펠루리도 이기지 못하고 물러났다. 다음으로 비와 번개의 신 테슈브(Teshub)가 울리쿰미를 향해 비와 번개를 퍼부으며 공격했으나, 땅이 잠길 정도로 비를 내리고 하늘이 울릴 만큼 번개를 내리쳐도 울리쿰미는 전혀 상처를 입지 않았다.

모든 공격이 수포로 돌아가자, 신들의 대표로 테슈브가 지혜의 신 에아 (Ea)를 찾아가서 "저 울리쿰미라는 바위 괴물은 우리가 아무리 공격해도 죽지도 다치지도 않습니다. 그러니 지혜로우신 당신께서 부디 울리쿰미를 물리칠 방법을 가르쳐주십시오."라고 부탁했다.

테슈브의 부탁을 받고 에아는 아득히 먼 옛날, 하늘과 땅을 갈라놓은 신비한 힘을 가진 톱니 모양의 구리로 만들어진 칼을 가지고 울리쿰미를 찾아갔다. 그리고 칼을 휘둘러 울리쿰미의 발을 잘라서 그를 땅바닥에 쓰러뜨린 후 테슈브를 향해 "이제 저 괴물은 쓰러졌으니 그대들이 나서도 충분히 이길 수 있을 것이오."라고 말했다. 그 뒤의 점토판 내용은 끊어졌는데, 신화학자들은 울리쿰미가 신들에 의해 패배했을 것으로 추측한다.

울리쿰미 신화는 여러 면에서 그리스 신화와 매우 비슷하다. 우선 알라루의 부하 아누가 알라루를 몰아내고 왕이 되었다거나 아누의 부하 쿠마르비가 아누를 몰아내고 내용은 그리스 신화에서 우라노스의 아들 크로노스가 우라노스를 몰아내고 크로노스의 아들 제우스가 똑같이 크로노스를 몰아냈다는 내용과 너무나 유사하다. 그래서 일부 학자들은 울리쿰미 신화를 그리스인들이 받아들였다고 주장하기도 한다.

093 동양의 도깨비 같은 램프의 요정
– 진

서기 630년, 예언자 무함마드가 아랍 사회를 통일하고 이슬람교를 유일한 신앙으로 선포하기 전까지 아라비아반도의 아랍인들은 자연 속에 존재한다고 믿었던 수많은 신과 정령의 존재를 인정하며 살았다.

630년 이후로 절대 유일신 알라만을 숭배하는 이슬람교가 아랍 사회를 지배했지만, 그렇다고 아랍인들이 옛 조상이 믿었던 정령들인 진(Jinn)의 존재까지 완전히 부정한 것은 아니었다. 이슬람교 문화권에서도 진은 알라한테 죄를 짓고 하늘에서 떨어진 천사의 일종으로 취급되었다.

다만 이슬람교가 등장하기 전의 아랍인들은 진이 자연 속에 존재하는 정령 중 하나이며, 그들이 세상의 흐름과 인간들의 삶에 관여한다고 믿었다. 마치 우리 옛 풍습에서 만나는 친숙한 도깨비 같은 존재라고 하겠다.

아랍인이 믿었던 정령 진은 디즈니 만화 등 영어권에서 지니(Jini)라고 발음되는데, 진은 본래 '눈에서 숨겨진'을 뜻하는 아랍어 쟌(JNN)에서 유래한 말이다. 아랍어에서는 쟌에서 파생된 단어들이 있는데, 광기를 뜻하는 주눈(junun)과 자궁 속에 숨겨진 태아를 뜻하는 자닌(Janin), 그리고 미친 자를 뜻하는 마즈눈(majnun) 등이다. 고대 아랍인들은 진이 씐 사람이 미친다고 여겼기 때문에, 광기와 진을 결부시켰다. 귀신이 사람에게 들려서 미치는,

이른바 빙의 현상과 같다고 보면 된다.

진은 우물이나 사막, 바람 등 사람이 사는 자연 곳곳에 숨어 있었다. 그들은 자기들 마음대로 사람을 골탕 먹이거나 축복을 내리기도 했다. 그래서 아랍인들은 진들에게도 제물을 바치고 숭배했다. 진은 신보다 못하지만 신에 버금가며, 우주의 운명 같은 중대사는 신들이 결정하지만 일상의 사소한 일들은 진들이 조종할 수 있다고 생각한 것이다.

또한 사람이 마법의 힘을 쓰면, 진을 붙잡아다 노예로 부릴 수 있다고도 여겨졌다. 아랍권의 고전 문학 《아라비안 나이트》에 나오는 유명한 이야기 〈램프의 요정〉도 강력한 마법사에 의해 램프 속에 갇힌 진을 소재로 다룬 것이다. 〈램프의 요정〉에서 나타나듯이 진은 신비한 능력을 갖고 있어서, 마음만 먹으면 하루아침에 거지를 부자로 만들거나 궁궐과 도시를 건설할 수 있었다.

그런가 하면 아예 진이 신으로 숭배받는 일도 있었다. 북서 아라비아반도나 팔미라 근처에서 발견된 비문에는 진을 가리켜 '보답하는 착한 신'이라는 찬사가 새겨져 있기도 하다.

이슬람교가 등장하고 나서 진은 숭배를 받는 위치에서 인간에게 부림을 당하는 위치로 전락했으나, 그럼에도 불구하고 진은 여전히 강력한 마법을 부리며 인간에게 축복을 내려주는 존재로 남았다.

아랍인들은 진의 일종인 마리드(Marid)와 이프리트(Ifrit)도 믿었다. 마리드는 진보다 더 강력하고 거대하며, 사악하고 무자비한 마음을 가진 거인으로 묘사되었다. 이프리트는 마리드보다 더 힘이 세고, 진들 중에서 가장 강력하고 위험한 존재로 여겨졌다.

특히 이프리트는 지옥에서 사는 진의 종족인데, 아랍인들은 이프리트가 지옥에만 있는 것은 아니고 동굴이나 폐허 같은 황량한 장소에도 나타난다고 믿었다. 이프리트는 사람의 몸속으로 들어가 그에게 격렬한 분노를 불러일으키는데, 보통 가족과 친척이 살해를 당하여 분노와 복수심에 타오르는 사람의 핏속에 이프리트가 있다고 여겨졌다. 사람과 마찬가지로 이프리트도 알라를 믿을 수 있으나, 그럼에도 불구하고 이프리트는 마리드처럼 사납고 포악한 존재로 묘사되었다.

아랍 사회가 이슬람교를 믿기 시작하면서부터 마리드와 이프리트는 지옥에 살면서 인간들을 괴롭히는 악마로 탈바꿈했다. 특히 이프리트는 입에서 불이 튀어나오고 두 다리가 있어야 할 자리에서 불꽃과 연기가 나는 무시무시한 거인의 모습으로 그려졌다. 당연히 이프리트는 사람보다 훨씬 강력하지만, 사람이 이슬람교의 기도문을 정성껏 외우면 쫓아낼 수 있었다.

《아라비안 나이트》에서도 이프리트가 등장하지만, 대부분 인간 영웅들의 교활한 꾀에 속아 넘어가는 어리석은 역할로 웃음거리가 되고 만다.

8

사후 세계

094 정의의 신 미트라의 사후 심판
— 조로아스터교의 천국과 지옥

고대 페르시아의 종교인 조로아스터교에서는 사람이 죽은 후에 가는 사후 세계를 이렇게 묘사했다.

먼저 사람이 죽으면, 그의 영혼은 몸을 떠나서 3번의 밤을 거친다. 첫 번째 밤은 자신이 살아생전에 했던 말이 보관된 곳이며, 두 번째 밤은 살아생전에 했던 생각이 보관된 곳이고, 세 번째 밤은 살아생전에 했던 행동이 보관된 곳이다. 특히 세 번째 밤에는 죽은 사람의 영혼이 재판을 받는 재판소가 설치되어 있는데, 그곳에서 정의의 신 미트라와 그를 돕는 야자타(천사)인 스라오샤가 판사 역할을 맡아 영혼을 심판한다.

미트라는 1000개의 귀와 1만 개의 눈을 지녀 세상의 모든 것을 듣고 볼수 있으며, 1만 명의 첩자를 거느리고 있어서 지상에서 인간들이 벌이는 모든 일을 자세히 알고 있다. 따라서 죽은 사람의 영혼이 아무리 거짓말을 늘어놓아도 미트라를 속일 수는 없다.

이 재판에서 미트라는 죽은 사람의 영혼이 살아생전에 했던 말과 생각과 행동을 엄밀히 심사하여 그가 선량한 사람이었는지 사악한 사람이었는지 가려내어 판결을 내린다. 그리고 판결이 끝나면, 죽은 사람의 영혼은 재판소를 떠나서 각각 자신들을 데려가는 안내원을 만난다. 이때 선량한 사람의 영혼은 기분 좋은 향기를 풍기는 아름답고 상냥한 처녀한테 안내를 받는 반면, 사악한 사람의 영혼은 역겨운 악취가 진동하는 추악하고 심술 맞은 할멈한테 안내를 받는다. 선량한 사람의 영혼은 처녀로부터 따뜻한 위로의 말을 듣지만, 사악한 사람의 영혼은 할멈으로부터 저주와 조롱을 받는다.

그렇게 해서 죽은 사람들의 영혼은 친바트(Chinvat) 다리를 걷게 된다. 그런데 각각 미트라에게 판결을 받은 바에 따라 대우가 다르다. 선량한 사람의 영혼은 친바트 다리를 건널수록 다리가 넓어지고 튼튼해져서 걷기가 쉽지만, 사악한 사람의 영혼은 친바트 다리를 건널수록 다리가 좁아져서 걷기가 힘들어진다. 마지막에 가서 선량한 사람의 영혼은 다리를 무사히 건너 야자타들의 안내를 받아 천국으로 향하고, 사악한 사람의 영혼은 다리를 건너지 못하고 아래로 떨어지는데 그곳이 바로 사악한 사람들의 영혼이 영원히 고통을 받는, 끝없는 어둠과 절망만 가득한 지옥이다.

조로아스터교의 교리에 의하면 천국은 4개의 세계로 구성되어 있다. 첫 번째는 '별의 세계'인데, 선량한 사람의 영혼은 이곳에서 살아생전에 했던 좋은 생각에 대한 보답을 받는다. 그런 후에 두 번째 천국인 '달의 세계'에 이르면, 선량한 사람의 영혼은 살아생전에 했던 좋은 말에 대한 보답을 받는다. 세 번째 천국인 '태양의 세계'에서는 선량한 사람의 영혼이 살아생전에 했던 좋은 행동에 대한 보답을 받는다.

마지막 천국인 '눈으로 볼 수 없을 만큼 빛나는 세계'에서는 최고신 아후라 마즈다의 비서이자 모든 선함을 상징하는 야자타인 보후 마나흐(Vohu Manah)가 직접 나와서 선량한 사람의 영혼을 아후라 마즈다가 앉아 있는 왕좌로 데려간다. 그곳에서 선량한 사람의 영혼은 아후라 마즈다로부터 천국에 온 것을 환영하는 축하의 인사를 받고, 그가 직접 정해주는 공간에서 영원히 행복을 누리고 산다.

조로아스터교의 지옥도 천국처럼 4개의 세계로 이루어져 있다. 우선 친바트 다리에서 떨어져 지옥으로 간 사악한 사람의 영혼은 첫 번째 지옥인 '나쁜 생각의 세계'에서 살아생전에 했던 나쁜 생각에 대한 응징을 당한다. 그런 다음 사악한 사람의 영혼은 두 번째 지옥인 '나쁜 말의 세계'와 세 번째 지옥인 '나쁜 행동의 세계'를 거쳐 네 번째 지옥인 '눈으로 볼 수 없을 만큼 어두운 세계'에 가서 끝나지 않는 고통을 겪는다.

가령 '나쁜 행동의 세계'에 간 사악한 사람의 영혼은 살아생전에 했던 나쁜 행동에 대한 응징을 당한다. 백성을 핍박한 폭군은 50위의 다에바(악마)가 던지는 독사한테 온 몸을 물어뜯기고, 인색하고 탐욕스러운 구두쇠는 1000위의 다에바의 발에 마구 밟힌다. 일부러 품질이 나쁜 물건을 팔아먹은 장사꾼은 자신이 직접 재와 먼지의 개수를 센 다음에 모두 먹고 또 먹어야 하는 벌을 받는다. 배우자가 있으면서도 간통을 저지른 남자는 뜨거운 불가마 속에 내던져지고, 간통을 저지른 여자는 젖가슴이 허공에 매달린 채로 다에바들한테 온 몸이 당겨지는 고문을 당한다.

'눈으로 볼 수 없을 만큼 어두운 세계'에서는 추위와 더위와 어둠이 반복되어, 사악한 사람의 영혼은 아무런 희망도 품지 못하는 절망에 빠져 지낸다.

조로아스터교의 교리에서 천국행과 지옥행은 한 번 결정이 나면 바뀌지 않는다. 이런 영구불변의 사후 심판론이 유대교와 기독교의 교리에도 영향을 미쳤을 것으로 여겨진다.

095 구약성경에는 천국과 지옥이 없다
– 유대교의 사후 세계관

흔히 기독교와 이슬람교의 사후 세계관이라고 하면 사람이 살아생전에 한 일에 따라서 착한 영혼은 천국에 들어가서 영원히 행복하게 살고, 나쁜 영혼은 지옥에 떨어져서 영원히 고통을 받으며 산다는 내용을 떠올리기 쉽다. 그러나 정작 두 종교의 뿌리인 유대교, 그것도 《구약성경》이 기록된 시대의 유대인들은 그처럼 천국과 지옥으로 분류되는 사후 세계관을 믿지 않았다.

그렇다면 《구약성경》 시대의 유대인들은 어떤 사후 세계관을 가졌을까? 〈사무엘상〉 28장 3~23절을 보면 그 내용을 알 수 있다.

이스라엘의 첫 번째 왕 사울은 적대적 민족인 불레셋의 군대가 수넴에 몰려오자 겁을 먹고 어떻게 대책을 세워야 할지 안절부절못하다가 신하들한테 "혼백을 불러내는 무당을 찾아보아라. 내가 가서 (죽은 자의 혼백한테) 물어봐야 하겠다."라고 말했다. 하도 불안하니 물에 빠진 사람이 지푸라기라도 잡는 심정으로 그렇게 한 것이다.

그런데 우습게도 이전에 사울은 혼백을 불러내는 무당들을 나라에서 쫓아냈다. 그러니까 사울은 스스로 만든 법을 어길 정도로 무척이나 다급하고 불안했던 셈이다. (이 부분은 원래 유대 사회에도 한국인들처럼 죽은 사람의 혼백을 부르는 무당들이 있었음을 보여주는 대목이다.)

신하들로부터 "엔도르에 혼백을 불러내는 무당이 있습니다."라는 대답을 듣고, 사울은 행여 남이 알아보지 못하게 옷을 갈아입고는 두 신하를 데리고 밤에 무당을 찾아가서 "내가 말하는 혼백을 불러내어 내 운수를 보아다오."하고 부탁했다.

이 말을 듣고 무당은 "당신은 혼백을 불러내는 무당이 이 땅에서 왕의 명령으로 근절된 것을 모르십니까? 그런데 생사람을 잡으려고 이 목에 올가미를 씌우시는 겁니까?"라고 말하며 거부했다. 자칫 혼백을 불러내는 굿을 했다가 처벌을 받을 수 있으니 당연한 일이었다.

그러자 사울은 신(야훼)의 이름으로 맹세하면서 "자네는 결코 처벌을 받지 않을 걸세."라고 안심시키고 죽은 예언자인 사무엘을 불러달라고 말했다. 그제야 무당은 사울을 알아보고 놀라서 겁을 먹었으나, 사울은 사무엘의 영혼을 불러 자신한테 데려오라고 지시했다. 무당이 그대로 하자, 사무엘의 유령이 도포(유대 제사장의 옷)를 입은 채로 땅속에서 올라와서는 사울 앞에 나타났다. 사울은 사무엘의 유령 앞에 얼굴을 땅에 대고 절을 했고, 이에 사무엘은 "무슨 일로 나를 불러내어 성가시게 구느냐?"라고 물었다.

사울은 사무엘한테 "불레셋 군대와의 싸움이 앞으로 어떻게 되겠습니까?"라고 물었고, 사무엘은 "신이 너와 이스라엘을 불레셋의 손에 맡겼다. 내일이면 너와 너의 아들들은 나와 함께 있게 되리라."라고 불길한 미래를 예언했다. 사울과 아들들이 죽은 사무엘과 같이 있게 된다는 말은 곧 그들 모두가 죽게 된다는 저주였다. 그 말에 사울은 그만 겁을 먹고 땅바닥에 쓰러져 기절했다.

〈사무엘상〉의 이 기록에서 당시 유대인들의 사후 세계관을 알 수 있다. 그 무렵 유대인들은 사람이 죽으면 그 영혼이 땅속, 즉 지하 세계의 스올(Sheol)로 가서 머무른다고 믿었다. 다시 말해 사무엘같이 살아생전 신을 열렬히 믿었던 훌륭한 예언자라고 해도 죽으면 모두 지하 세계의 저승으로 가서 유령으로 지냈던 것이다.

심지어 훨씬 뒤인 《신약성경》 시대에도 유대인들의 사후 세계관은 변함이 없었다. 방금 전에 죽은 자기 딸을 살려달라고 회당장이 부탁해서 예수가 그의 집으로 갔는데, 주위 사람들은 모두 회당장의 딸이 죽었다고 가슴을 치며 슬피 울고 있었다. 그들을 보며 예수가 "이 아이는 죽지 않았고, 잠을 자고 있다."라면서 회당장 딸의 손을 붙잡고 "아이야, 일어나거라!"라고 말하자 그녀는 숨을 다시 쉬며 벌떡 일어났다.(《마태복음》 9장 18~26절)

여기서 주목할 점은 예수가 사람들더러 "이 아이는 죽어서 그녀의 영혼이 이미 하늘로 올라갔다."라고 말하지 않고, 그저 "잠을 자고 있다."라고 했다는 것이다. 잠을 자고 있다던 회당장 딸의 영혼은 지하 세계인 스올로 내려가 있었다가, 예수의 말에 올라왔던 것이 아닐까?

그러니까 사람이 죽으면 그 영혼이 하늘로 올라가거나 지옥에 떨어져서 각자 살아 있을 때 했던 일의 결과로 영원한 행복을 누린다거나 고통을 받는다는 생각은 《구약성경》은 물론이고 《신약성경》에도 없었다. 그런 사후 세계관은 오히려 조로아스터교의 교리라고 봐야 한다. 그런 의미에서 지금 전 세계의 수많은 유대교도와 기독교도와 이슬람교도는 자기도 모르게 조로아스터교의 사후 세계관을 믿고 있는 것인지도 모른다.

9
세상의 끝

096 세 번째 구세주가 오면 세상이 끝난다
– 조로아스터교의 종말

고대 페르시아의 종교인 조로아스터교에서는 선한 신 아후라 마즈다가 창조한 이 세상은 1만 2000년까지 존속하고 그 기간은 3000년씩 4개로 나뉘어 있다고 가르쳤다. 그리고 세상의 종말은 성스러운 예언자 조로아스터가 나타나 조로아스터교를 만든 네 번째 1000년 기간 동안 총 3회에 걸쳐 온다고 말했다.

우선 1만 년이 되면 사악한 신 앙그라 마이뉴의 상징이자 힘인 어둠이 세상에 널리 퍼져 태양과 달이 잘 보이지 않는다. 그러면 15세가 된 순결한 소녀가 조로아스터교의 창시자이자 신성한 예언자인 조로아스터의 정액으로 이루어진 호수에 목욕을 하고 '안셰다르'라는 구세주를 임신하여 낳는다.

조로아스터의 아들이라고 할 수 있는 안셰다르는 아버지처럼 신비한 능력을 타고난다. 그의 13번째 생일이 되는 날, 태양은 10일 동안 한자리에 머물면서 전 세계에 밝은 대낮이 계속된다. 그러면 안셰다르는 하늘로 올라가 야자타(천사)들과 만난 후 다시 땅으로 내려와서는 세상을 돌아다니며 사람들한테 정의를 가르친다. 안셰다르의 가르침을 받고 사람들은 악을 멀리하여 앙그라 마이뉴와 악마들은 잠시 힘이 약해진다. 그리고 성스러운 예언자 안셰다르의 능력 덕분에 그가 죽으면, 사람들은 병에 걸려 죽지 않는다.

안셰다르가 죽고 나서 1000년이 흐른 후, 앙그라 마이뉴의 힘은 다시 강해져서 사람들한테 질병과 전쟁과 굶주림 같은 재앙이 들이닥친다. 그래서 세상에는 고통이 들끓고, 사람들은 또 다시 구세주를 기다리며 재앙이 끝나기만을 기다린다. 그러한 부름에 응답하여 안셰다르의 탄생 때처럼 순결한 15세의 소녀가 조로아스터의 정액으로 이루어진 호수에 목욕을 하여 '아우셰다르마흐'라는 아이를 임신하는데, 그가 바로 안셰다르에 이은 두 번째 구세주이다.

아우셰다르마흐는 배다른 형인 안셰다르처럼 그의 나이 13세가 되는 해에 기적을 일으켜서 태양이 저물지 않고 계속 대낮이 이어지도록 한다. 다만 이번에는 그런 일이 6일 동안만 이어진다. 아우셰다르마흐 역시 안셰다르와 마찬가지로 정의와 도덕을 널리 세상에 전파하러 다니지만, 예전과는 달리 악의 힘이 순순히 약해지지는 않는다.

왜냐하면 아우셰다르마흐가 살아 있을 때, 옛날 다마반드산에 갇힌 악마 아지다하카가 쇠사슬을 끊고 산에서 뛰쳐나와 모든 인류와 가축의 3분의 1을 죽이는 재앙을 일으키기 때문이다. 그러나 아지다하카를 막기 위해서 최고신 아후라 마즈다는 고대 페르시아의 위대한 영웅 키르사스프(Kirsasp)를 되살려내고, 키르사스프는 아지다하카를 완전히 죽여 없애버린다.

그렇게 해서 아지다하카는 죽고, 그 후 아우셰다르마흐가 죽을 때가 되면, 세상 사람들은 너무나 평화로워서 아무도 죽은 동물의 고기를 먹지 않고 채소와 과일과 곡물로만 식사를 한다.

그러나 아지다하카가 죽었다고 해서 악이 깨끗하게 사라진 것은 아니다. 아우셰다르마흐가 죽고 1000년이 지난 뒤, 다시 세상은 종말의 위기를 맞는다. 이때도 지난번처럼 15세의 순결한 소녀가 조로아스터의 정액으로 가득 찬 호수에서 목욕을 하여 최후의 구세주인 샤오슈안트를 임신한다.

처녀의 몸에서 태어난 샤오슈안트가 자라면, 전 세계를 뜨거운 쇳물이 휩쓴다. 선량한 사람들은 그 쇳물에 몸이 닿아도 그저 따뜻한 목욕물 정도로밖에 느끼지 않지만, 사악한 사람들은 온 몸이 데여 죽는다.

그런 후, 과거에 죽은 사람이 모두 되살아나서는 하늘에서 그 모습을 드러낸 아후라 마즈다와 야자타들한테 최후의 심판을 받는다. 빛의 신이기도 한 아후라 마즈다는 부활한 사람들과 현재 살아 있는 세상의 모든 사람들에게 자신의 빛을 비추는데, 선량한 사람들은 그 빛을 받아 햇살처럼 눈부시게 빛나지만 사악한 사람들은 더러운 배설물처럼 추악한 모습으로 변한다.

구세주인 샤오슈안트는 최후의 심판을 맡아서 사악한 신 앙그라 마이뉴와 악마들, 그리고 그들을 따라 악을 저지른 모든 사람을 어둠과 고통이 가득 찬 지옥으로 떨어뜨린다. 그와 동시에 앙그라 마이뉴가 만들어 세상에 퍼뜨렸던 죽음과 병과 굶주림과 고통도 모두 앙그라 마이뉴를 따라 지옥으로 사라지고, 세상은 영원한 생명과 젊음과 행복만이 가득한 낙원이 되어 아후라 마즈다를 따라 선량하게 살았던 사람들은 끝나지 않는 즐거움을 누리며 살아간다.

097 예수의 종말 예언이 뜻하는 것
– 마태복음의 종말

《신약성경》〈마태복음〉24장 15~44절을 보면, 예수가 사람들 앞에서 아래와 같이 무시무시한 종말의 예언을 한다.

"그러므로 너희는 예언자 다니엘이 말한 대로 황폐의 상징인 흉측한 우상이 거룩한 곳에 선 것을 보게 될 것이다. 그때에는 유다에 있는 사람들은 산으로 도망가라. 지붕에 있는 사람은 집 안에 있는 세간을 꺼내러 내려오지 말며, 밭에 있는 사람은 겉옷을 가지러 집으로 돌아가지 마라.

이런 때에 임신한 여자들과 젖먹이가 딸린 여자들은 불행하다. 겨울이나 안식일에 피난 가는 일이 없도록 기도하여라. 그때가 오면 무서운 재난을 겪을 터인데, 이런 재난은 세상 처음부터 지금까지 없었고 앞으로도 다시 없을 것이다.

이것은 내가 미리 말해 두는 것이다. 그러므로 사람들이 '그리스도가 광야에 나타났다.' 해도 나가지 말고 '그리스도가 골방에 있다.' 해도 믿지 마라. 동쪽에서 번개가 치면 서쪽까지 번쩍이듯이 사람의 아들도 그렇게 나타날 것이다.

그런 재난의 기간이 지나면 곧 해가 어두워지고 달은 빛을 잃을 것이며 별들은 하늘에서 떨어지고 모든 천체가 흔들릴 것이다. 그러면 하늘에는 사람의 아들의 표징이 나타날 것이고 땅에서는 모든 민족이 가슴을 치며 울부짖을 것이다. 그때에 사람들은 사람의 아들이 하늘에서 구름을 타고 권능을 떨치며 영광에 싸여 오는 것을 보게 될 것이다.

나는 분명히 말한다. 이 세대가 지나가기 전에 이 모든 일들이 일어나고야 말 것이다. 그러나 그 날과 그 시간은 아무도 모른다. 하늘의 천사들도 모르고 아들도 모르고 오직 아버지만이 아신다. 이렇게 너희의 주인이 언제 올지 모르니 깨어 있어라. 만일 도둑이 밤 몇 시에 올지 집주인이 알고 있다면 그는 깨어 있으면서 도둑이 뚫고 들어오지 못하게 할 것이다. 사람의 아들도 너희가 생각지도 않은 때에 올 것이다. 그러니 너희는 늘 준비하고 있어라."

위의 문장은 곧 종말이 임박할 것처럼 매우 생동감 있는 문체로 기록되었다. 그래서 요즘도 기독교 계열의 신흥 종교들은 저 〈마태복음〉의 문장을 인용하여 당장 종말이 임박했다고 선전하고 다닌다. 과연 〈마태복음〉에서 예수가 한 예언은 어떻게 해석해야 할까?

먼저 문장의 첫 구절인 "예언자 다니엘이 말한 황폐의 상징인 흉측한 우상"이란 《구약성경》 〈다니엘〉 9장 27절의 "그 장군은 성소 한쪽에 파괴자의 우상을 세울 것이다."라는 구절에서 따온 것이다. 기원전 2세기 유대 지역을 지배한 그리스 계통의 셀레우코스 왕조가 그리스인들의 최고신 제우스 신상을 유대의 성지인 예루살렘 성전에 세우고 유대인들에게 숭배하도록 강요했던 역사적 사건을 뜻한다. 그러니까 예수가 말한 흉측한 우상은 곧 제우스 신상이다.

그런데 셀레우코스 왕조는 이미 예수가 태어나기 전인 기원전 60년에 망했는데, 왜 예수는 다시 제우스 신상을 들먹이며 종말을 말할까? 이는 예수가 살아 있을 때의 유대 지방은 셀레우코스 왕조처럼 제우스 신상의 숭배를 강요하던 이교도 세력인 로마 제국의 지배를 받고 있었기 때문이다. 로마인들의 최고신은 유피테르인데, 유피테르는 제우스와 동일시되었기에 자연히 예수는 과거의 셀레우코스 왕조와 현재의 로마 제국을 동일시하고 있는 것이다.

다시 말해, 〈마태복음〉의 저자가 과거 셀레우코스 왕조의 유대교 탄압에 저항한 유대인들이 큰 어려움을 이겨내고 셀레우코스 왕조를 몰아낸 것처럼, 당시의 유대인들도 로마 제국의 탄압에 맞서 이겨낼 수 있다고 희망을 주는 대목이다.

즉 〈마태복음〉에서 예수가 말한 종말의 예언이란 글자 그대로 전 세계가 한꺼번에 망하는 지구 종말이 아니라, 유대 민족에게 그들의 성지인 예루살렘 성전이 무너지고 이교도 세력인 로마의 지배를 받는다는 경고로 해석해야 옳다.

다만 이것은 〈마태복음〉의 집필 연대가 서기 66년에서 73년까지 벌어진 제1차 유대 전쟁 시기와 가까웠기 때문으로 볼 수 있다. 실제로 유대 전쟁 무렵 유대 지방에는 스스로를 그리스도(구세주)라 칭하면서, 종말이 다가왔으니 로마에 대해 무장 투쟁을 하자고 선동하는 급진주의 세력이 들끓었는데, 예수의 경고도 그런 의미로 봐야 한다.

일설에 의하면 예수도 로마에 대한 무장 투쟁을 꿈꾸던 급진 세력으로, 〈마태복음〉에서 예수가 말한 예언의 배경도 그런 이유에서 비롯되었을지도 모른다. 그러나 1차 유대 전쟁과 그 이후에 벌어진 2차 유대 전쟁은 모두 유대인들의 참혹한 패배로 끝났다.

098 세상을 떠들썩하게 만든 휴거 소동
— 기독교의 휴거

1992년 우리나라를 온통 떠들썩하게 만든 사건이 있었다. 기독교 단체인 다미선교회에서 그해 10월 28일 휴거가 일어난다고 주장한 것이다. 여기서 휴거는 2000년 전에 하늘로 올라간 예수 그리스도가 다시 세상에 그 모습을 나타내고, 믿음이 깊은 기독교 신도들이 하늘로 올라가서 예수를 맞이하며, 그리하여 예수가 세상을 심판하여 종말이 온다는 일을 가리킨다. 이 휴거 주장으로 실제로 수많은 사람이 휴거가 일어나리라고 믿어 다미선교회에 가담하는 등 사회적인 여파가 매우 컸다.

그러나 10월 28일이 왔는데도 끝내 휴거 현상은 나타나지 않았다. 이 일로 휴거라는 말과 다미선교회가 많은 사람들로부터 비웃음의 대상이 되자, 기독교 교단들은 행여 그 불똥이 자기들한테 튈까 봐 다미선교회가 이단이라느니 휴거는 잘못된 시한부 종말론이라느니 하며 꼬리 자르기에 나섰다.

하지만 휴거 자체는 엄연히 성경에 기록된 바이며, 다미선교회가 멋대로 만들어낸 교리는 아니었다. 사도 바울이 써서 기독교 신도들에게 보낸 편지인 《신약성경》의 〈고린도전서〉 7장 26~31절을 보면 이런 구절이 나온다.

"지금 닥쳐오는 재난 때문에, 사람이 현재 상태대로 살아가는 것이 좋다고, 나는 생각합니다. 아내가 있는 사람은 아내와 헤어지려 하지 말고, 아내가 없는 사람은 아내를 얻으려고 하지 마십시오. 때가 얼마 남지 않았으니, 이제부터는 아내 있는 사람은 없는 사람처럼 지내고, 슬픔이 있는 사람은 슬픔이 없는 사람처럼 지내고, 기쁜 일이 있는 사람은 기쁜 일이 없는 사람처럼 살고, 세상과 거래를 하는 사람은 세상과 거래를 하지 않는 사람처럼 살아야 합니다. 이 세상의 형체는 사라집니다."

위의 문장을 해석하면, 앞으로 세상이 사라지는 종말이 올 것이니 바울의 편지를 받은 사람들은 이혼이나 결혼을 하지 말고, 슬픔이나 기쁨을 느끼지도 말고, 상거래도 하지 말라는 뜻이다.

바울의 편지인 〈데살로니가전서〉 4장 16~17절에서도 종말과 휴거에 대한 그의 믿음이 드러난다.

"주님께서 호령과 천사장의 소리와 하나님의 나팔 소리와 함께 친히 하늘로부터 내려오실 것이니, 그리스도 안에서 죽은 사람들이 먼저 일어나고, 그다음에 살아남아 있는 우리가 그들과 함께 구름 속으로 이끌려 올라가서, 공중에서 주님을 영접할 것입니다."

위의 문장이 바로 휴거의 내용을 보여주고 있다. 예수 그리스도가 직접 하늘에서 내려오면, 죽은 사람들이 살아나고, 그다음에 살아 있는 기독교 신도들이 부활한 사람들과 함께 하늘로 올라가서 예수를 맞이한다는 것이다. 1992년 다미선교회에서도 "예수가 꽃가마를 타고 하늘에서 내려온다."라고 적힌 전단지를 서울 시내에 살포했다.

다시 말해서 지금으로부터 2000년 전의 사람인 바울도 휴거가 일어날 것이라고 믿었다는 이야기다. 그리고 바울이 신도들에게 말하는 휴거가 일어나는 때는 아마도 그들의 살아생전이라고 추측된다. 만약 바울이 자기가 살던 시대로부터 아주 먼 훗날에 휴거가 일어난다고 믿었다면, 신도들에게 편지를 보내서 이제부터 이혼이나 결혼, 상거래도 하지 말고 살라고 절박한 어조로 말했을까?

이는 곧 초대 교회가 시한부 종말론을 믿었던 집단임을 드러내는 대목이다. 실제로《신약성경》〈마가복음〉9장 1절에서 예수는 "여기 서 있는 사람들 중에는 죽기 전에 하나님의 나라가 오는 것을 볼 사람도 있다."라고 말했다. 그런 이유로 예수와 사도들은 살아 있을 때에 성경을 쓰지 않았다. (지금 남아 있는《신약성경》의 문헌들은 모두 예수가 죽은 지 수십 년이 지나고 나서 작성된 것들이다.)

그런데 예수가 죽고 사도들도 하나씩 죽어가는데 휴거도 종말도 오지 않자, "그리스도가 다시 온다는 약속은 어떻게 되었는가? 그 약속을 기다리던 선배들도 죽었고 모든 것이 창조 이래 조금도 달라진 것이 없지 않으냐?(〈베드로후서〉 3장 4절)"라는 항의가 초대 교회에 전해졌다. 그러자 초대 교회에서는 "주님께는 하루가 천 년 같고, 천 년이 하루 같습니다.(〈베드로후서〉 3장 8절)"라고 해명했다. 살아생전에 종말이 온다는 예수와 바울의 말과 어긋나게 종말의 날짜를 거의 수천 년이나 뒤로 미루어버린 것이다.

비록 1992년 휴거 소동은 허무하게 끝났지만, 앞으로도 휴거 날짜가 임박했다며 세상을 시끄럽게 하는 일은 또다시 벌어질지도 모른다.

099 지상 최후의 전쟁 아마겟돈 – 요한계시록의 종말

기독교의 경전인 《신약성경》의 마지막 책 〈요한계시록〉의 종말은 이렇게 시작된다. 우선 하늘에 있는 어린 양이 신이 만든 7개의 봉인을 차례로 떼자, 하얀 말과 붉은 말과 검은 말과 푸른 말을 탄 사람들이 나타났다. 그들은 각각 승리와 전쟁과 굶주림과 죽음을 상징했고, 그들과 함께 전쟁과 굶주림과 죽음이 세상을 휩쓸었다. 그리고 나팔을 가진 일곱 천사가 나타나 차례대로 나팔을 불자 7가지 재앙이 나타났다.

1. 피로 범벅이 된 우박과 불덩어리가 땅에 떨어져 땅의 3분의 1과 풀들이 모두 타버렸다.

2. 바닷물의 3분의 1이 피로 변하고 바다 속 생물 3분의 1이 죽고 모든 배의 3분의 1이 부서졌다.

3. 쑥이라는 별이 하늘에서 횃불처럼 타면서 떨어져 모든 강의 3분의 1과 샘물들을 덮쳤으며 그 물을 마신 사람들이 죽었다.

4. 해와 달과 별들의 3분의 1이 어두워졌다.

5. 지옥의 입구가 열려 메뚜기 같은 괴물들이 땅속에서 뛰쳐나와 5달 동안 사람들을 쏘아서 죽을 만큼의 고통을 주었다.

6. 유프라테스강에 묶인 4명의 천사들이 풀려나 2억 명의 기마병을 거느리고 전 인류의 3분의 1을 죽인다.

7. 하늘에 있는 신의 성전이 열려서 천둥과 지진이 일어나고 우박이 쏟아진다.

그리고 하늘에는 구세주를 임신한 여자와 그 여자를 잡아먹으려는 사악한 붉은 용인 사탄이 나타났다. 여자가 구세주를 낳자 아기는 신의 옥좌가 있는 곳으로 올라갔고, 여자는 광야로 도망쳤다. 사탄은 대천사 미가엘이 데리고 온 부하 천사들과의 전쟁에 져서 자신의 부하들과 함께 땅으로 떨어졌다. 그러자 사탄은 구세주를 낳은 여자를 죽이러 입에서 물을 강처럼 토해냈으나, 땅이 입을 벌려 용이 토해낸 강물을 마시어 그 여자를 구해 냈다.

사탄은 화가 나서 그 여자의 자손들과 싸우러 바닷가에 섰고, 잠시 후 바다에서 7개의 머리와 10개의 뿔과 뿔마다 왕관이 달린 짐승이 올라왔다. 그 짐승은 표범처럼 생겼으나 곰의 발과 사자의 입을 지녔고, 사탄으로부터 42개월 동안 세상의 모든 종족과 민족을 지배할 힘과 왕위와 권세를 받았다.

또한 땅으로부터도 양처럼 두 개의 뿔이 달린 다른 짐승이 올라와 10개의 뿔을 가진 짐승을 대신하여 권력을 행사하고 하늘에서 땅으로 불이 내리는 기적을 벌였다. 이 짐승은 첫째 짐승을 위한 우상을 만들어서 그 우상에게 절하지 않는 모든 사람을 죽이도록 했고, 첫째 짐승의 이름을 표시한 숫자 666을 이마나 오른손에 찍지 않은 사람은 어떠한 상거래도 하지 못하게 막았다.

사탄과 두 짐승의 입에서는 개구리처럼 생긴 더러운 악령 셋이 나와 '하르마게돈(아마겟돈)'이라 불리는 곳으로 전 세계의 왕을 모아 신의 군대에 맞서 싸울 준비를 했다.

그러나 머리에 많은 왕관을 쓰고 불꽃 같은 눈을 한 채로 하얀 말을 탄 구세주가 하늘에 나타났다. 그는 입에서 모든 나라를 쳐부술 날카로운 칼을 토해냈고, 하늘의 군대를 이끌고 와서 사탄과 두 짐승을 따르는 군대와 싸워 이겼다. 두 짐승은 사로잡혀 산 채로 유황이 타오르는 불의 연못(지옥)에 던져졌고, 사탄도 붙잡혀 끝없이 깊은 구덩이에 1000년 동안 던져졌으며, 그들을 따랐다가 신의 군대에 죽임을 당한 사악한 자들의 시체는 모든 새에게 뜯어먹혔다.

그로부터 1000년이 지나자 사탄은 감옥에서 풀려 나와서 온 땅에 널려 있는 나라들, 곧 곡(Gog)과 마곡(Magog)을 찾아가 현혹하고 그들을 끌어들여 신이 사랑하는 도시를 포위했으나 하늘에서 내려온 불에 휩싸여 먼저 두 짐승이 떨어진 불의 연못에 영원히 던져져 고통을 받게 된다.

이로써 악은 사라지고, 그동안 인류 역사에서 죽었던 사람이 모두 살아나서 각자가 한 일에 따라 심판을 받는다. 그러나 신이 미리 기록해둔 '생명의 책'에 그 이름이 올라 있지 않은 사람은 모두 사탄을 따라 불의 바다에 던져진다.

그런 후, 예전의 하늘과 땅은 사라지고 새로운 하늘과 땅이 나타난다. 또한 하늘에서 새로운 도시인 예루살렘이 내려오는데, 그곳은 신이 직접 살기 때문에 죽음과 슬픔이 없고 오직 영원한 행복만이 가득하다. 살아생전 신을 믿고 선량하게 살았던 사람들은 모두 새로운 예루살렘에 들어가 신과 함께 영원무궁토록 즐거움을 누리며 살아간다.

100 심판을 당하는 사람들의 특징 – 이슬람교의 종말

유대교와 기독교에 영향을 받아 만들어진 이슬람교에서도 당연히 세계 종말의 신화는 있다. 마지막으로 이슬람교의 경전인 《코란》과 이슬람교의 전승인 〈하디스〉에서 말한 종말의 내용을 소개해보겠다. 먼저 《코란》의 56~57장에서 언급된 종말은 이렇다.

"(종말의 때가 오면) 땅은 크게 흔들리고 산들은 무너져 먼지가 되며, 인류는 오른편과 왼편과 맨 앞에 서서 3개의 무리로 분류될 것이다. 오른편에 선 사람들은 알라의 축복을 받고, 왼편에 선 사람들은 알라의 저주를 받고, 맨 앞에 선 사람들은 알라로부터 가장 많은 축복을 받는다. 맨 앞에 선 사람들은 즐거움의 낙원에서 알라의 옆에 살게 된다. 그곳에는 옛날 사람들이 많은 반면, 후세의 사람들은 별로 없다.

낙원에 살게 된 사람들은 보석이 박힌 침대에 기대어 앉아서, 죽지 않는 청년들이 따라주는 술을 마시는데, 그 술은 아무리 마셔도 머리가 아프지 않고 취하지도 않는다. 또, 낙원에 살게 된 사람들은 온갖 과일과 새들의 고기를 마음대로 먹을 수 있다. 아울러 순결하고 검은 눈을 가진 여자들이 그들의 아내가 될 것이다. 왜냐하면 낙원에 살게 된 사람들은 살아생전에 훌륭한 일을 했기 때문이다. 낙원에서 사람들은 그저 '평화가 있으시기를'이라는 말 이외에 다른 잡다하거나 나쁜 말은 전혀 듣지 않는다.

두 번째로 분류된 오른편에 선 사람들도 행복을 누린다. 그들은 바나나가 열린 그늘 자리에 앉는다. 거기에는 물이 흐르고 과일이 가득하며, 그들은 마음껏 물을 마시고 과일을 먹는다. 그들은 천국에 사는 순결한 처녀들을 아내로 맞아 살 수 있으며, 그곳에는 옛날 사람들과 후세 사람들 모두 많이 살고 있다.

세 번째로 분류된 왼편에 선 사람들은 오직 불행만을 맛볼 뿐이다. 그들은 뜨거운 바람과 끓어오르는 물속에 살면서, 어떠한 시원함도 느끼지 못한다. 그들은 살아생전에 안이하고 사치스러운 생활을 즐기면서 부활을 믿지 않았다.

종말의 날이 오면 참된 믿음을 가진 사람들은 시냇물이 흐르는 낙원에 들어가 영원히 살 수 있다. 그러나 거짓된 믿음을 가졌던 사람들은 어느 곳에서도 행복과 안식을 얻거나 머물지 못하고 여기저기서 쫓겨난다.

진실한 믿음을 가진 사람들은 문 안에 서고, 거짓된 믿음을 가진 사람들은 문 밖에 선다. 거짓된 믿음을 가진 사람들이 문 안의 사람들을 향해 '우리도 당신들처럼 신앙생활을 했다.'라고 하소연을 해도, 진실한 믿음을 가진 사람들은 그들에게 '당신들은 알라의 뜻을 따르지 않고 사악한 욕망을 따랐으니, 지옥에 가서 사시오.'라고 말할 것이다."

다음은 〈하디스〉의 종말 신화다.

"종말이 닥치면, 사람들은 알라의 가르침을 멀리하고 돈과 쾌락만을 찾아다닌다. 그러다 전염병과 기근과 지진과 폭풍 같은 재앙이 아라비아와 북아프리카와 터키와 이란을 휩쓸고, 이라크는 나쁜 도적들이 차지하고 만다. 먼 동양은 홍수가 계속되어 모든 사람이 물에 떠내려간다. 윤리가 무너지고 사람들은 죄다 이기심만을 추구한다. 이 무렵, 다이잘(Daijal, 거짓된 구세주)이 나타나서 전 세계를 지배하게 된다.

다이잘은 세상을 폭력으로 다스리지만, 40일이 지나면 알라가 예수를 세상에 보내서 다이잘을 물리치게 한다. 다이잘의 지배하에 신음하던 이슬람교도들은 예수와 힘을 합쳐 다이잘과 싸우고, 예수가 알라의 도움을 얻어 다이잘을 죽인다. 그 후 예수는 87일 동안 세상을 평화롭게 통치하다가, 기한이 다 지나면 예루살렘의 바위 사원에서 기도를 하고 하늘로 돌아간다.

그다음에는 알라가 죽음의 천사 아즈라일을 세상에 보내는데, 아즈라일은 진실한 믿음을 가진 사람들을 쉬게 하고 나쁜 사람들을 죽인다. 그 후에는 다른 천사 이스라필이 내려와서 최후의 심판을 알리는 나팔을 분다. 그 나팔 소리와 함께 산들은 부서져 먼지가 되고, 40년 동안 지진과 폭풍이 세상을 가득 채운다.

그 후에 알라가 모든 사람 앞에 나타나서는 선한 사람은 천국으로 데려가고, 나쁜 사람은 지옥으로 떨어뜨린다. 천국도 지옥도 영원히 계속되고, 거기서 누리는 행복과 고통도 영원히 이어진다."

짧다면 짧고, 길다면 긴 《중동의 판타지 백과사전》 집필 과정이 이제야 끝났다. 이 책을 쓰기 전에 나는 《성경》을 비롯해서 중동의 신화와 전설에 관련된 자료가 많이 있으니, 전작인 《한국의 판타지 백과사전》이나 《중국의 판타지 백과사전》보다 훨씬 쉽게 쓸 수 있으리라고 생각했다. 그러나 막상 원고를 쓰면서 그런 생각이 완전히 잘못되었음을 깨달았다.

《중동의 판타지 백과사전》을 쓰기 위해 나는 유대인들의 전승 이외에 고대 수메르와 바빌론, 페르시아와 가나안, 그리고 심지어 국내에는 잘 알려지지 않은 캅카스 지역의 전승을 담은 외국 자료들을 뒤적여야 했다. 출판사와 약속한 마감일은 성큼성큼 다가오는데 원고를 미처 완성하지 못한 상황에 놓이고 말았다. 결국 이번 책 집필 과정은 나의 교만함을 깊이 반성하는 계기가 되기도 했다.

우여곡절 끝에 전체 원고를 드디어 완성했다. 한국편이나 중국편을 쓸 때는 100가지 이상의 항목을 채우기가 어렵지 않았다. 분량상의 문제로 넣지 못해 아쉬웠던 내용도 많았는데, 이번 중동편 작업을 하면서는 100가지 항목을 구상하고 분류하는 일이 무척 고되었다. 나에게 익숙하지 않은 다른 문화권의 신화, 전설, 민담을 정리하여 쉽게 전달한다는 게 얼마나 어려운 일인지를 새삼 실감할 수 있었다.

　판타지 백과사전 시리즈도 이번 책을 출간하며 벌써 3권이 되었다. 《중동의 판타지 백과사전》을 읽어주신 독자 여러분께 머리 숙여 감사드린다. 현재 준비 중인 4권은 《유럽의 판타지 백과사전》이다. 더 재미있고 풍성한 이야기를 담아 돌아올 테니 기대해주시기 바란다.

참고 자료

도서 자료

J. F. 비얼레인 지음, 현준만 옮김, 《세계의 유사신화》, 세종서적, 2000.

가쓰라 노리오 지음, 이만옥 옮김, 《이슬람 환상세계》, 들녘, 2002.

게리 그린버그 지음, 김한영 옮김, 《성서가 된 신화》, 씨앗을뿌리는사람, 2001.

고원 지음, 《알라가 아니면 칼을 받아라》, 동서문화사, 2002.

김정위 지음, 《중동사》, 대한교과서, 2005.

다케루베 노부아키 지음, 임희선 옮김, 《판타지의 마족들》, 들녘, 2000.

도현신 지음, 《지도에서 사라진 사람들》, 서해문집, 2013.

_____, 《지도에서 사라진 종교들》, 서해문집, 2016.

_____, 《어메이징 세계사》, 서해문집, 2012.

래리 고닉 지음, 이희재 옮김, 《세상에서 가장 재미있는 세계사 1》, 궁리, 2006.

리처드 F. 버턴 지음, 김병철 옮김, 《아라비안 나이트》, 범우사, 1992.

_____, 김하경 옮김, 《아라비안 나이트》, 시대의창, 2006.

마노 다카야 지음, 신은진 옮김, 《천사》, 들녘, 2000.

_____, 《타락천사》, 들녘, 2000.

마이클 베이전트·리처드 레이머 지음, 김문호 옮김, 《사해사본의 진실》, 위즈덤하우스, 2007.

마이클 우드 지음, 남경태 옮김, 《알렉산드로스, 침략자 혹은 제왕》, 중앙M&B, 2002.

사무엘 헨리 후크 지음, 박화중 옮김, 《중동 신화》, 범우사, 2001.

새뮤얼 노아 크레이머 지음, 박성식 옮김, 《역사는 수메르에서 시작되었다》, 가람기획, 2018.

안 마리 델캄브르 지음, 은위영 옮김, 《마호메트: 알라의 메신저》, 시공사, 1997.

에드워드 기번 지음, 윤수인·김희용 옮김, 《로마제국 쇠망사 1》, 민음사, 2008.

오함 지음, 박원호 옮김, 《주원장전》, 지식산업사, 2003.

윌리스 반스토운 지음, 이동진 옮김, 《숨겨진 성서 1~3》, 문학수첩, 2006.

유흥태 지음, 《페르시아의 종교》, 살림, 2010.

정기문 지음, 《그리스도교의 탄생》, 길, 2016.

조철수 지음, 《메소포타미아와 히브리 신화》, 길, 2000.

_____, 《수메르 신화》, 서해문집, 1996.

케네스 C. 데이비스 지음, 이충호 옮김, 《세계의 모든 신화》, 푸른숲, 2008.

크세노폰 지음, 천병희 옮김, 《아나바시스》, 단국대학교출판부, 2001.

타임라이프 지음, 권민정 옮김, 《거인》, 분홍개구리, 2004.

_____, 김명주 옮김, 《물의 유혹》, 분홍개구리, 2005.

톰 홀랜드 지음, 이순호 옮김, 《이슬람제국의 탄생》, 책과함께, 2015.

플라비우스 요세푸스 지음, 박찬웅·박정수 옮김, 《유대 전쟁사 1》, 나남출판, 2008.

하선미 엮음, 《세계의 신화 전설》, 혜원출판사, 1994.

헤로도토스 지음, 박광순 옮김, 《헤로도토스 역사 ─ 상, 하》, 범우사, 1995~1996.

경전 자료

공동번역 개정판 성서

공동번역 성서

코란

인터넷 사이트 자료

GEORGIA.COM TRAVEL, https://georgiacom.org

sacred-texts.com, http://www.sacred-texts.com/neu/index.htm

Vainakh mythology, https://mshwan1.livejournal.com/8169.html

대한성서공회, https://www.bskorea.or.kr/

위키피디아(영어), https://en.wikipedia.org/wiki/Main_Page

위키피디아(러시아어), https://ru.wikipedia.org/wiki/